SOLUTIONS
TO
CORPORATE EQUITY DISPUTES

公司股权纠纷解决之道

苏文卿　白定球　李青松　主编

法律出版社 LAW PRESS · CHINA
北京

图书在版编目(CIP)数据

公司股权纠纷解决之道 / 苏文卿，白定球，李青松主编. -- 北京：法律出版社，2021
ISBN 978-7-5197-5798-4

Ⅰ. ①公… Ⅱ. ①苏… ②白… ③李… Ⅲ. ①公司-股权-经济纠纷-案例-中国 Ⅳ. ①D922.292.915

中国版本图书馆 CIP 数据核字(2021)第 150667 号

公司股权纠纷解决之道
GONGSI GUQUAN JIUFEN JIEJUE ZHI DAO

苏文卿　白定球　李青松 主编

策划编辑 林　蕊
责任编辑 周　洁　林　蕊
装帧设计 鲁　娟

出版发行 法律出版社
编辑统筹 司法实务出版分社
责任校对 杨锦华　王沁陶
责任印制 胡晓雅
经　　销 新华书店

开本 710 毫米×1000 毫米　1/16
印张 20.5　　**字数** 350 千
版本 2021 年 12 月第 1 版
印次 2021 年 12 月第 1 次印刷
印刷 永清县金鑫印刷有限公司

地址：北京市丰台区莲花池西里 7 号(100073)
网址：www.lawpress.com.cn
投稿邮箱：info@lawpress.com.cn
举报盗版邮箱：jbwq@lawpress.com.cn

销售电话：010-83938349
客服电话：010-83938350
咨询电话：010-63939796

书号：ISBN 978-7-5197-5798-4
定价：68.00 元

凡购买本社图书，如有印装错误，我社负责退换。电话：010-83938349

本书编委会

主编

苏文卿　暨南大学法学院/知识产权学院

李青松　天津澍泽律师事务所

白定球　北京德恒（广州）律师事务所

副主编

林伯青　资深律师、仲裁员、博士

赵宏伟　北京市炜衡（太原）律师事务所

蔡益根　北京市京师（珠海）律师事务所

蔡延云　青海卫方律师事务所

詹定东　北京盈科（武汉）律师事务所

编委会委员（以下排名不分先后）

王　军　北京盈科（杭州）律师事务所

幸泽胜　北京市京师（中山）律师事务所

张学凯　山东三禾律师事务所

梁兆泉　广东奇才律师事务所

姚慧溶　北京京师（昆明）律师事务所

郑小林　福建公治律师事务所

李　梅　北京大成（广州）律师事务所

吴晓峰　上海锦天城（合肥）律师事务所

邱志国　泰和泰（南京）律师事务所

陈显明　浙江明显律师事务所

李升友　北京盈科（昆明）律师事务所

夏文铎　四川昊通律师事务所

陈　清　江苏高瞻律师事务所

朱志龙　福建杰斐逊律师事务所

彭小武　湖北瀛沧律师事务所

程　胜　北京市盈科（青岛）律师事务所

金泓毅　北京盈科（上海）律师事务所

黄露清　广东蕴德律师事务所

许　辉　江苏钟山明镜律师事务所

曹燕贻　上海融孚（常熟）律师事务所

梁冠华　广东济方律师事务所

李　军　北京大成（南京）律师事务所

吴玉鹏　山东鼎颢律师事务所

吴银书　江苏圣典（泰州）律师事务所

宋小玲　广东尚辰律师事务所

邱玉明　北京市惠诚律师事务所

王帅可　河南银隆律师事务所

蔡有联　四川三才（盐边）律师事务所

孙　俊　广东海埠律师事务所

梁竣庭　广西益远律师事务所

李　伟　上海鼎善律师事务所

罗海燕　北京康达（成都）律师事务所

方琼燕　广东舜华律师事务所

牛　坤　云南天外天（大理）律师事务所

刘　军　上海市锦天城（深圳）律师事务所

许玉森　上海天之健律师事务所

郝秀凤　北京市盈科（常州）律师事务所

魏英虎　山西尧龙律师事务所

易海东　广东海瀚律师事务所

谭　坤　贵州瀛黔（贵安新区）律师事务所

李岩珈　贵州黔骏律师事务所

廖治超　广东舜华律师事务所

序 一 PREFACE

社会发展离不开政治和经济的发展,经济发展更是社会发展必不可少的物质条件,而商事主体就是经济发展的主要推动者。公司作为商事主体中的重要成员,已被公认为社会活动中最有效的经济组织形式之一。哥伦比亚大学校长尼克拉斯·默里·巴特勒直言道:“有限责任公司是近代最伟大的发明,少了它,就是蒸汽机和电力的重要性也会降低!”现代公司制度自身有着独特的治理结构和复杂的内外关系,同时又深受社会经济发展变化的影响,由此形成商事领域中纷繁复杂的法律问题和法律纠纷。

我国的公司法律制度始于20世纪90年代。1992年10月,我国正式确立建设社会主义市场经济体制的改革目标。1993年12月29日,第八届全国人民代表大会常务委员会第五次会议通过《公司法》。此后,《公司法》于1999年、2004年、2005年、2013年、2018年先后进行了5次修订、修正,最高人民法院在此期间又先后制定了5部司法解释。从如此频繁的立法活动足见公司法律制度随着经济发展也在不断地快速发展,并由此产生了众多的疑难复杂问题。

因此,无论是就刚开始从事公司法业务还是已经有一定经验的公司律师而言,如果有一本公司法实务及应用指南的工具书,他们无疑会很快跨越“门槛”而进入更高层面的领域,这也是笔者写作本书的初衷之一。本书系公司法业务的实务书籍,主要讲述律师及其他法律职业从业人员在公司法律实务中,面对常见的发起人责任纠纷、股东出资纠纷、股东资格确认纠纷、股东权利义务纠纷、公司决议纠纷、股权转让纠纷等股权纠纷时,如何快速准确地运用公司法原理、法学理论和现有的法律法规解决实际问题。针对诸如发起人未履行出资义务需承担何种法律责任;商业秘密的保护是否以申请专利为前提;股东出资不足或抽逃出资需承担哪些法律责任;股东受让未足额出资的股权会面临哪些法律风险;股东对新增注册资本是否享有优先认购权;名义股东擅自决策需要承担哪些法律责任;注册资本认缴制背景下股东应当如何出资;股权转让未经工商变更登记能否对抗善意第三人;投资方与目标公司股东在股权转让协议中订立的"对赌协议"条款是否有效;禁售期内能否签署股权转让协议等常见或新型的公司股权纠纷,本书都将一一进行详细陈述。

本书通过构建"情景案例""案例分析""风险防范建议""法条链接"四个模块,从案件焦点归纳与分析、法院审理思路、风险提示及防控、最新法律规定等内容全面讲解、剖析了155个经典案例。全书结构紧密,内容层层递进,将需要特别关注的、最为核心的股权法律问题呈现给每位读者,也为每位读者提供了较为全面的公司股权纠纷解决方案,具有较强的可操作性和阅读性。希望本书能成为广大企业老板、公司高级管理人员、投资者、创业者全面了解公司法律制度的工具书,解决股权纠纷问题的指南针。

客观而言,本书系笔者基于最新的公司法律制度规定、《民法典》规定以及司法实务案例的研究、理解、总结和探索,错误和不妥之处在所难免。请各位读者在实务中一定要以当时有效的法律法规为准,避免生搬硬套造成不必要的偏差和错误,在面临重大法律风险时应当咨询专业律师,避免造成重大的经济损失。非常欢迎各位专家学者、执业律师、企业管理者、财税专业人士不吝赐教,对本书内容的错误和不足之处给予批评指正。

最后,请允许笔者对创作团队的每位成员表示衷心的感谢和由衷的敬意,正是你们的辛勤付出成就了本书!感谢参与本书写作的全体编委会成员,感谢梁冠华、郭汉斌、梁悦停律师的辛勤付出!

苏文卿

2021 年 11 月

序　二 PREFACE

“大众创业，万众创新”，自2014年9月达沃斯论坛上李克强总理提出这个口号后，在祖国大地掀起了一阵阵创业浪潮，合伙创业，已经成为时代潮流。“人无股权不富”越来越成为共识，人人都想当老板，越来越多的人希望通过股权投资和创业一夜暴富。然而，因为太多的创业者、投资人对股权重视不够，理解不深，风险意识不够强，没能做好风险防范，最终结果往往难逃“兄弟式合伙”“仇人式散伙”“外来股东夺取公司控制权”的悲惨结局。根据《中国股权投资纠纷大数据研究报告（2013－2018）》，短短5年时间内，中国的股权纠纷案件从4000多单上升到30多万单，预计未来每年趋势依然会是剧增的。股东纠纷，已经成为制约公司发展的最重要因素之一，如何避免和减少股东纠纷，是公司股东、也是我们法律人，特别是我们公司股权律师需要重点研究的课题。

本人从事律师工作10多年，专研公司股权业务，先后担任过包括世界500强上海绿地集团在内的数百家企业法律顾问，办理过大量的公司股权纠纷案件。从2016年开始，本人在广州每个月都会给来自全国各地的企业家讲授立体股权课，5年以来培训过上万企业家，每次课程现场，都会有很多企业家咨询各种各样的股权纠纷问题，更是深切感受到公司股东纠纷发生后股东们的痛苦与无奈，公司想要长盛不衰，股权制度的设置至关重要。好的制度可以让坏人变好，坏的制度可以让好人变坏。公司应该提前把预防和解决股东纠纷的内容约定在章程和股东协议书里，做到有据可依，有制度可执行。而我们作为专业的股权律师，作为律师行业内的股权领域先行者，更应该专注于研究股权纠纷发生规律，深刻把握股权纠纷的解决规则，探索防范化解股东纠纷的有效方法，提升我们律师在股权纠纷领域的专业能力，以切实帮助客户及时、妥善地解决股东纠纷。

公司股权，是指有限责任公司或者股份有限公司的股东基于其股份比例而对公司享有的人身和财产权益的一种综合性权利和义务，包括但不限于股权出资、分红权、表决权、公司治理、股权转让、公司清算等。广义的股权还可以包括合伙企业等法人组织的合伙人之间的权利义务。凡是涉及上述股东权利义务的纠纷，都可称为股权纠纷。因此股权纠纷不仅包含了通常所说的股权转让纠纷，还包括股东出资纠纷、股东资格确认纠纷、股东知情权纠纷、公司分红纠纷、公司决议纠纷、请求变更公司登记纠纷、股东名册记载纠纷、请求公司收购股份纠纷等涉及股东权益保护的各类纠纷。最高人民法院《民事案件案由规定》所列明的涉公司股权纠纷的案件案由就有58类，然而在现实中这58类案由并不能穷尽所有涉公司股权纠纷的类型。

本书结合律师实务中常见的股权纠纷问题，分六个章节对公司发起人责任纠纷、股东出资纠纷、股东资格确认纠纷、股东权利义务纠纷、公司决议纠纷、股权转让纠纷这六大常见股权纠纷解决之道进行讲解。本书每个章节小知识点，都会通过情景案例介绍、案例分析、风险防范建议、法条链接四个角度来深入浅出地分析，手把手教授解决问题的方法。希望本书真正能够帮助公司股东、创业者、投资人了解股权知识、学习预防和解决股东纠纷，今后不再受股权纠纷困扰，保障公司良好运营。同时也希望本书能够帮助从事公司股权法律业务的律师同人提升在解决公司股权纠纷领域的专业能力。此亦为我等编写此书之初衷。

本书创作历时一年有余，创作团队为本书的出版付出了太多心血和汗水，在此深表感谢。囿于学识和精力，本书难免有疏漏和不妥之处，敬请广大读者批评指正！

是为序。

白定球

2021年11月

序　三 PREFACE

当下的生活中，形形色色的公司数不胜数，我们更是经常听到“李总”“张总”“王总”等称呼，也时常见了某人尊称某总，这也多源于以公司总经理尊称而来。简言之，总经理只是一个组织内的职位名称，传统意义上总经理是一个公司的高层领导人或该公司的创始人。但实际上总经理所在的层级、总经理的权力有多大、总经理的位置有多高，还会因公司的规模、组织架构等而有所不同。

从中华民国时期到中华人民共和国成立，从改革开放前到改革开放后，从计划经济到社会主义市场经济，公司的发展变化，促使了《公司法》的出台。从1993年《公司法》颁布至今，随着市场经济的快速发展，我国《公司法》的不断修订以及司法解释的陆续出台也是推动市场经济发展不可或缺的环节。2013年《公司法》作了改革性的修正，将注册资本实缴登记制改为认缴登记制，从而有了谁都可以开公司的可能。随着“大众创业，万众创新”浪潮的此起彼伏，新注册的公司数量激增，出现井喷式发展。也就出现了生活中常常听到的“李总”“张总”“王总”等称呼。但随之而来的就是股权纠纷的增加，公司类的诉讼案件量更是相应增加。目前法院确定的与公司有关的诉讼种类案由共有25个，随着相应法律、法规以及司法解释的完善，人们法律风险防范意识不断提高，在成立、经营公司过程中更需要提前做好法律风险防范，降低试错成本，避免出现纠纷给自己带来损失。

其实，公司本质上是股东与股东的集合体，公司的经营发展离不开股东资金投入的支持。筹备成立公司，直至公司成立后的经营，股东之间的利益平衡自始至终都是需要处理面对的。实质要解决的，则是公司股权纠纷，公司股权纠纷是否能够及时妥善解决，当下社会正越来越成为一个专业性非常强的领域。

换言之，股权纠纷就是指公司股东权上的争议。而争议会各式各样，有你想得到的，更有你想不到的，凡事有因亦有果。本书从公司发起人、股东出资、增资减资、资格确认、权利义务、公司决议、股权转让等方面，就公司股权纠纷疑难解答与自助维权等方面做了阐述，希望通过大数据分析，结合相关案例，以期在股权纠纷发生的规律、解决方案方面，探索出防范化解股权纠纷的方法，从而切实有效地帮助有需要的人。

我作为一名律师，我的执业中接触更多的则是公司运营，依托于对天津澍泽律师事务所的管理，结合与律所同人的合作和自己多年的从业经验，成就了澍泽律师团队在民商方面，尤其是公司实务、股权及企业刑事法律风险防范等领域，有自有的实践与理解。

本书旨在与同人交流，与有此需求的人共同探讨。感谢各位主编、副主编和编委们的专业付出。更期待各位读者提出宝贵意见，共同提升和促进公司股权纠纷在解决之道上的成长与完善。

李青松

2021 年 11 月

目　录 CONTENTS

第一章

发起人责任纠纷

一、公司未成立的发起人纠纷

1. 一方不按约定出资导致公司不能设立,需要承担什么法律责任?

【情景案例】

2021年3月1日,赵某与钱某签订了一份《投资协议》,主要内容为:双方拟组建成立的企业名称为甲公司,注册资本500万元,其中钱某以现金投资300万元(占60%股权),赵某以现金投资200万元(占40%股权),该注册资金于2021年3月31日全部出资到位,并存入双方指定的银行账户;双方以各自认缴的出资额为限对甲公司的债权债务承担责任,各方按其出资比例分享利润,分担风险及亏损。2021年3月3日,赵某将300万元存入协议指定的银行账户。公司设立过程中共花费30万元,包括写字楼租金、装修等,该费用从赵某的出资款中支付。待写字楼装修完成后,按照行业习惯需要先行采购一批价值400万元的物资,赵某便要求钱某赶紧完成出资。但出资期限届满后,钱某仍以资金周转困难为由未出资,并建议用赵某出资的钱先将公司筹建起来,等自己资金宽裕后肯定会出资。经多次催告后,钱某仍以各种理由拒绝履行出资义务。之后,赵某经调查得知,钱某并非资金周转困难,是故意不出资且希望"空手套白狼"。对此,赵某认为钱某是一个不讲诚信的人,决定不与其合作并放弃成立甲公司。

请问:赵某可向钱某主张什么责任?

【案例分析】

本案涉及的是设立公司的发起人未履行出资义务时所需要的承担的责任问题。

《最高人民法院关于适用〈中华人民共和国公司法〉若干问题的规定(三)》第

四条第三款规定，因部分发起人的过错导致公司未成立，其他发起人主张其承担设立行为所产生的费用和债务的，人民法院应当根据过错情况，确定过错一方的责任范围。《民法典》第五百七十八条规定，当事人一方明确表示或者以自己的行为表明不履行合同义务的，对方可以在履行期限届满前请求其承担违约责任。

本案中，双方约定出资实缴期限为 2021 年 3 月 31 日，赵某于 2021 年 3 月 3 日已经按约定履行出资义务，但钱某在出资期限届满后，经赵某多次催促仍未履行出资义务，其行为已经构成违约。由于钱某迟迟未能履行出资义务，且具有“空手套白狼”的主观恶意，钱某对公司的设立失败负有全部过错。因此，设立公司过程中产生的 30 万元租金、装修费用，应当由钱某全部承担，赵某可要求钱某返还此前垫付的 30 万元。

【风险防范建议】

公司设立过程中，为避免发起人不按约定履行出资义务引发的法律风险，建议如下：

(1)发起人应当在投资协议中尽可能作出详细的约定，约定好不履行出资义务的违约责任承担以及设立公司费用的分担问题。如约定：一方不按约定履行出资义务，经催告后在合理期限内仍不履行导致公司不能设立的，不仅要承担公司所有设立费用与债务，还要赔偿其他发起人 × 万元违约金。

(2)签约前，要对其他发起人进行背景调查，尽量与信用良好、有实力的相对方(包括自然人与法人)一起合作，调查方式如下：

①通过登录中国裁判文书网、中国执行信息公开网，搜索合作方的姓名或名称，可以查看合作方是否存在重大的法律纠纷以及目前的案件进程，判断合作方的法律风险状态。

②通过登录国家企业信用信息公示系统，输入企业信息后点击“查询”，了解企业的股东、高管、注册资金、成立时间等基本信息，并在“股东及出资信息”中查看详细的注册资金认缴、实缴情况，了解合作方是否已经实际出资。

③通过登录中国市场监管行政处罚文书网，输入企业信息后点击“查询”，了解合作方是否曾经被处以行政处罚，行政处罚的种类、幅度及次数。

④在征得合作方同意的情况下，还可以要求其提供由中国人民银行征信中心出具的个人/企业信用报告，了解合作方的各项基本信息以及银行信贷交易信息。个人基本信息包括身份信息、婚姻信息、居住信息、职业信息等内容，银行信贷交易信息包括合作方在各商业银行或者其他授信机构办理的贷款或信用卡账户的明细和汇总信息。以上信息可以作为我们选择合作方的重要依据。

需要提醒的是，对于重大投资，建议聘请专业律师进行尽职调查。

【法条链接】

《民法典》第五百七十八条　当事人一方明确表示或者以自己的行为表明不履行合同义务的，对方可以在履行期限届满前请求其承担违约责任。

《最高人民法院关于适用〈中华人民共和国公司法〉若干问题的规定（三）》第四条　公司因故未成立，债权人请求全体或者部分发起人对设立公司行为所产生的费用和债务承担连带清偿责任的，人民法院应予支持。

部分发起人依照前款规定承担责任后，请求其他发起人分担的，人民法院应当判令其他发起人按照约定的责任承担比例分担责任；没有约定责任承担比例的，按照约定的出资比例分担责任；没有约定出资比例的，按照均等份额分担责任。

因部分发起人的过错导致公司未成立，其他发起人主张其承担设立行为所产生的费用和债务的，人民法院应当根据过错情况，确定过错一方的责任范围。

2. 公司因故未设立，设立公司所支出费用应当如何分担？

【情景案例】

2019年6月8日，刘某、关某与张某经过商议和讨论，当日签订了一份《合作协议》，约定：三人共同出资设立一家灯饰公司，注册资本300万元，刘某占80%的股权，关某与张某各占10%的股权，由刘某办理公司的设立事项。在公司设立过程中，刘某先行支付了设立公司所必需的费用，包括进行厂房租赁、购置机器设备、购买原材料等相关费用，共计支出60万元。后因市场发生重大变化，竞争激烈，如果继续成立公司，会造成更大的损失。2019年6月26日，三人经商量后，一致决定放弃成立该公司。三人对于公司设立不成功，如何分担设立公司所支出的费用并未约定。刘某认为，费用应当由三人平分，每人承担20万元。关某认为，费用应当按所占股权比例承担，刘某应当承担48万元，其与张某各承担6万元。

请问：关某的说法符合我国法律规定吗？

【案例分析】

本案涉及的是对于公司因故未成立所支出的费用，发起人内部应如何分担的问题。

《最高人民法院关于适用〈中华人民共和国公司法〉若干问题的规定（三）》第四条第一款、第二款规定，公司因故未成立，债权人请求全体或者部分发起人对设立公司行为所产生的费用和债务承担连带清偿责任的，人民法院应予支持。部分发起人依照前款规定承担责任后，请求其他发起人分担的，人民法院应当判令其他发起人按照约定的责任承担比例分担责任；没有约定责任承担比例的，按照约定的出资比例分担责任；没有约定出资比例的，按照均等份额分担责任。

本案中，由于市场发生重大变化，继续成立公司会导致更大的损失，刘某、关某与张某经过协商后一致决定放弃成立该公司，故三方均无过错，均不存在违约责任。另外，刘某、关某与张某并未事先约定发起人对公司因故设立不成功支出的费用如何承担责任。因此，对于设立公司所花费的60万元，刘某、关某与张某应当分别按照约定的出资比例承担责任，即刘某承担48万元、关某和张某各自承担6万元。综上所述，关某的说法符合我国法律规定。

【风险防范建议】

为避免公司设立失败后，各发起人对设立费用产生纠纷，建议如下：

(1)发起人在筹备设立公司的过程中，应当在《发起人协议》中明确约定公司设立不成功时因设立行为所产生的支出费用应当如何承担，如“若公司因为市场变化等客观原因设立失败，每位发起人按照认缴的出资比例分别承担设立过程中产生的费用；若设立失败是由发起人未能按期履行出资义务等主观过错导致的，则该发起人应当承担全部的设立费用”。

(2)负责筹备公司成立的发起人也要做好自我保护工作。发起人应尽量以设立中的公司的名义对外签署合同，或者在合同中注明购买的材料或设备是用于公司建设的。此外，发起人还应当细心保留公司设立过程中的费用支出凭证，如场地租赁合同、机器设备买卖合同、增值税专用发票、银行流水、微信聊天记录等证据，以便在日后诉讼纠纷中举证证明因筹备公司设立所产生的费用支出。

【法条链接】

《最高人民法院关于适用〈中华人民共和国公司法〉若干问题的规定(三)》第四条　公司因故未成立，债权人请求全体或者部分发起人对设立公司行为所产生的费用和债务承担连带清偿责任的，人民法院应予支持。

部分发起人依照前款规定承担责任后，请求其他发起人分担的，人民法院应当判令其他发起人按照约定的责任承担比例分担责任；没有约定责任承担比例的，按照约定的出资比例分担责任；没有约定出资比例的，按照均等份额分担责任。

因部分发起人的过错导致公司未成立，其他发起人主张其承担设立行为所产生的费用和债务的，人民法院应当根据过错情况，确定过错一方的责任范围。

3. 发起人挪用公司设立过程中的投资款，要承担什么责任？

【情景案例】

2021 年 6 月 10 日，吴某与郑某两人商议设立一间教育培训公司，当日双方签订了一份《投资协议》，约定：公司注册资本 50 万元，吴某出资 30 万元，占 60% 的股权，郑某出资 20 万元，占 40% 的股权；入股资金要在 2021 年 6 月 30 日前转到以吴某名义新开设的银行账户中，待公司银行账户开设后，再将这笔钱转存到公司银行账户中去。2021 年 6 月 15 日，郑某按约定将 20 万元存入上述指定的银行账户。2021 年 6 月 27 日，吴某因为妻子发生交通事故，急需 60 万元的医疗费，由于吴某资金不够，因此挪用了郑某的 20 万元投资款。之后，由于吴某没钱再出资，公司设立失败。另外，郑某为成立公司事宜，共花差旅费、交通费等费用共计 3800 元，该费用由郑某个人垫付。

请问：吴某要对郑某承担什么责任？

【案例分析】

本案涉及的是发起人挪用设立中的公司财产应当承担何种责任的问题。

我国《民法典》第一千一百六十五条第一款规定，行为人因过错侵害他人民事权益造成损害的，应当承担侵权责任。《最高人民法院关于适用〈中华人民共和国公司法〉若干问题的规定（三）》第四条第三款规定，因部分发起人的过错导致公司未成立，其他发起人主张其承担设立行为所产生的费用和债务的，人民法院应当根据过错情况，确定过错一方的责任范围。

本案中，吴某私自挪用郑某 20 万元的投资款，且又无力继续出资，直接导致公司设立失败，存在严重的主观恶意和过错。由于郑某是基于《投资协议》将 20 万元投资款汇入吴某的私人账户的，吴某挪用投资款的行为直接侵害了郑某的财产权，应当承担侵权赔偿责任，向郑某返还 20 万元的投资款及资金占用期间的利息。3800 元的差旅费、交通费等费用属于设立公司所产生的费用，公司未能成立是吴某的过错导致的，该费用应由吴某承担，先行垫付该费用的郑某可以向吴某追偿。

【风险防范建议】

在设立公司的过程中，为合理管理各发起人的投资款项，避免某一发起人利用职务便利侵占其他投资者的财产，建议如下：

（1）由于开立公户需要准备营业执照、企业公章、基本存款账户开户许可证等材料,为确保投资人的资金能尽早到位,建议将投资者的出资存放在一个新设立的共管账户中,账户联名人可以分别设置密码。在日常使用中,各联名人可随意向该账户存入资金,但支取资金时,必须所有联名人到柜台办理支取手续、依次输入密码才可实现,从而实现发起人对账户进行共同管理。

(2)如果公司在设立前期不需要太多的筹备资金,建议由某一发起人(如出资最多的发起人)先行垫付出资,同时在《投资协议》中明确约定公司设立成功以及不成功时因设立行为所产生的支出费用如何承担的条款,避免个人出资被挪用的风险。

【法条链接】

《民法典》第一千一百六十五条第一款 行为人因过错侵害他人民事权益造成损害的,应当承担侵权责任。

《最高人民法院关于适用〈中华人民共和国公司法〉若干问题的规定(三)》第四条第三款 因部分发起人的过错导致公司未成立,其他发起人主张其承担设立行为所产生的费用和债务的,人民法院应当根据过错情况,确定过错一方的责任范围。

4. 股份有限公司因故未设立,认股人可要求发起人返还投资款并按贷款市场报价利率(LPR)支付利息吗?

【情景案例】

2019年3月25日,曹某、刘某与孙某共同发起成立一家电器股份有限公司,三人共同制定及签署了《发起人协议》,并且分别承购一部分股份,其余的股份实行公募。曹某、刘某与孙某在《招股说明书》中承诺自2019年4月1日至2019年7月1日,3个月内首批向社会公开募集资金3000万元后,召开公司创立大会。2019年4月20日,褚某按照《招股说明书》应募,并缴纳300万元投资款。但是,由于未能按期募足资金,电器股份有限公司未能设立起来。为此,褚某便要求曹某、刘某与孙某三人偿还其所缴纳投资款并按贷款市场报价利率(LPR)支付利息。曹某认为,投资款可以返还,但不同意支付利息。协商无果后,褚某诉至法院。

请问:褚某的请求能得到法院支持吗?

【案例分析】

本案涉及的是股份有限公司的发起人因公司未能成立对认股人应负哪些法律责任的问题。

我国《公司法》第九十一条规定，发起人、认股人缴纳股款或者交付抵作股款的出资后，除未按期募足股份、发起人未按期召开创立大会或者创立大会决议不设立公司的情形外，不得抽回其股本，这是《公司法》贯彻资本充实原则的体现。根据《公司法》第九十四条第二项的规定，股份有限公司不能成立时，发起人对认股人已缴纳的股款，负返还股款并加算银行同期存款利息的连带责任。

本案中，结合曹某、刘某与孙某共同制定并签署的《发起人协议》以及《招股说明书》，成立电器股份有限公司是曹某、刘某及孙某的真实意思表示，曹某、刘某及孙某是该电器股份有限公司的发起人。褚某按照《招股说明书》应募并缴纳300万元投资款，已经充分履行出资义务。曹某、刘某与孙某未能按期募足资金，未履行设立公司应当承担的义务，致使该公司未能成立，应当共同承担向褚某返还股款300万元并按贷款市场报价利率（LPR）支付利息的责任，褚某的请求能得到法院支持。

【风险防范建议】

在实践中，关于认股人在认购股份有限公司的股份时应当如何保障自身的合法权益，建议如下：

（1）认股人在认购股份时应填写认股书并按照所认股数缴纳股款；认股人应当在指定的时间内，直接向指定的代收股款的银行缴足股款，并备注“某公司认股款”，切勿因贪图方便而转给公司发起人，让其代为缴纳，否则该笔款项的法律性质会被法院认定为认股人与发起人之间的“借贷款项”而非“认股款”。股款缴足后，认股人应当要求银行出具收款单据。

（2）认股人应按规定参加出席创立大会，行使创立大会规定的认股人的权利，通过创立大会了解公司设立情况的进展工作，选出公司的业务执行机关即董事会的成员以及监督机关即监事会的成员，审查公司设立工作的财务状况，对有关的事项作出表决，从而全面掌握公司的情况。

（3）按照《公司法》及相关法律规定，公司未能成立时，发起人仅需向认股人返还股款并按贷款市场报价利率（LPR）支付利息。但贷款市场报价利率（LPR）相对较低，不一定能完全弥补认股人的实际损失。因此，建议认股人在认股书中另行约定违约金（如股款总额的6%），以充分保障自身的合法权益。

【法条链接】

《公司法》第九十一条　发起人、认股人缴纳股款或者交付抵作股款的出资后，除未按期募足股份、发起人未按期召开创立大会或者创立大会决议不设立公司的情形外，不得抽回其股本。

第九十四条　股份有限公司的发起人应当承担下列责任：

（一）公司不能成立时，对设立行为所产生的债务和费用负连带责任；

（二）公司不能成立时，对认股人已缴纳的股款，负返还股款并加算银行同期存款利息的连带责任；

（三）在公司设立过程中，由于发起人的过失致使公司利益受到损害的，应当对公司承担赔偿责任。

5. 公司未设立，发起人对在设立公司过程中所知悉的其他发起人的商业秘密，有保密义务吗？

【情景案例】

2018年8月1日，甲、乙、丙三人签订一份《投资合作协议》，约定：三人共同成立一家电动牙刷公司，注册资本600万元，甲以现金投资300万元（占50%股权），乙以现金投资150万元（占25%股权），丙以电动牙刷的制作技术入股（占25%股权）；上述注册资金于2018年8月15日前全部出资到位，并存入三方指定的银行账户。该项技术的某些功能为全国首创，丙不想将该项技术公开，因此将其作为商业秘密进行保护，并没有申请专利。在与甲、乙谈合作的过程中，丙将该项技术资料打印了一份给甲与乙。协议签订后，甲按约定出资300万元，但乙以资金周转困难为由没有出资。经三方协商一致，最终决定放弃成立公司。令丙没有想到的是，甲与乙两人于2018年10月在外地成立了一家电动牙刷公司，且该公司所生产的电动牙刷所用的技术正是丙所研发的技术。2018年11月1日，丙遂诉至法院，以甲、乙侵犯商业秘密为由要求其终止该电动牙刷生产并赔偿实际损失100万元。甲、乙辩称，丙的技术没有申请专利，不受我国法律保护，因此不同意丙的诉求。

请问：甲、乙的说法符合我国法律规定吗？

【案例分析】

本案涉及的是商业秘密的保护是否以申请专利为前提的问题。

我国《反不正当竞争法》第九条第一款规定,经营者不得实施下列侵犯商业秘密的行为:(1)以盗窃、贿赂、欺诈、胁迫、电子侵入或者其他不正当手段获取权利人的商业秘密;(2)披露、使用或者允许他人使用以前项手段获取的权利人的商业秘密……该条第四款规定,该法所称的商业秘密,是指不为公众所知悉、具有商业价值并经权利人采取相应保密措施的技术信息、经营信息等商业信息。该法第十七条第一款规定,经营者违反该法规定,给他人造成损害的,应当依法承担民事责任。

本案中,丙虽然没有为商业秘密申请专利保护,但法律保护商业秘密不以专利申请为前提。甲、乙、丙三人订立合同,虽然没有明文约定保密义务,但依据民事领域诚实信用原则的要求,甲、乙对于与丙协商过程中得知的商业秘密负有保密义务。因此,丙可以要求甲、乙赔偿实际损失 100 万元并立即停止涉案电动牙刷的生产和销售。另外,丙还可以去市场监督管理局举报甲、乙的违法行为,由监督检查部门责令其停止违法行为,没收违法所得,并处 10 万元以上 100 万元以下的罚款。综上所述,甲、乙的说法不符合法律规定。

【风险防范建议】

与外部相对方的合作几乎遍布企业运作中的每一个环节,从原材料采购到合作研发,从产品发布到经销商管理,从客户意见反馈到市场战略布局,每一步都可能意味着将企业的商业秘密与他人分享。因此,企业在对外进行商务合作时,也需要建立一定的操作原则,以保护自身的商业秘密。为此,笔者建议如下:

(1)在商事谈判中,应当避免留有记载商业秘密、核心技术的纸质文件、电子资料等技术资料,尽量以口头表达的方式讨论涉及商业秘密的内容。具体的讨论内容也应当“点到为止”,不宜对其进行长篇大论,这样既可以防止他人窃取商业秘密,又可以借此研判合作方的合作诚意。

(2)如果系涉及重大利益的商业秘密,针对不同的合作对象,还应当签署不同要求的保密协议,明确约定泄露商业秘密时所需承担的违约责任(可约定较高标准),并在指定的会议室进行业务磋商。

(3)没有商业秘密交换的记录,单凭一纸合同,往往很难有效行使企业的权利。因此,在业务磋商完毕后,商业秘密的所有者还应当做好交换商业秘密的工作,简要概括磋商中所涉及的商业秘密。在会议记录工作完成后,还应当让对方签名确认内容无误。

【法条链接】

《反不正当竞争法》第九条　经营者不得实施下列侵犯商业秘密的行为:

（一）以盗窃、贿赂、欺诈、胁迫、电子侵入或者其他不正当手段获取权利人的商业秘密；

（二）披露、使用或者允许他人使用以前项手段获取的权利人的商业秘密；

（三）违反保密义务或者违反权利人有关保守商业秘密的要求，披露、使用或者允许他人使用其所掌握的商业秘密；

（四）教唆、引诱、帮助他人违反保密义务或者违反权利人有关保守商业秘密的要求，获取、披露、使用或者允许他人使用权利人的商业秘密。

经营者以外的其他自然人、法人和非法人组织实施前款所列违法行为的，视为侵犯商业秘密。

第三人明知或者应知商业秘密权利人的员工、前员工或者其他单位、个人实施本条第一款所列违法行为，仍获取、披露、使用或者允许他人使用该商业秘密的，视为侵犯商业秘密。

本法所称的商业秘密，是指不为公众所知悉、具有商业价值并经权利人采取相应保密措施的技术信息、经营信息等商业信息。

第十七条　经营者违反本法规定，给他人造成损害的，应当依法承担民事责任。

经营者的合法权益受到不正当竞争行为损害的，可以向人民法院提起诉讼。

因不正当竞争行为受到损害的经营者的赔偿数额，按照其因被侵权所受到的实际损失确定；实际损失难以计算的，按照侵权人因侵权所获得的利益确定。经营者恶意实施侵犯商业秘密行为，情节严重的，可以在按照上述方法确定数额的一倍以上五倍以下确定赔偿数额。赔偿数额还应当包括经营者为制止侵权行为所支付的合理开支。

经营者违反本法第六条、第九条规定，权利人因被侵权所受到的实际损失、侵权人因侵权所获得的利益难以确定的，由人民法院根据侵权行为的情节判决给予权利人五百万元以下的赔偿。

第二十一条　经营者以及其他自然人、法人和非法人组织违反本法第九条规定侵犯商业秘密的，由监督检查部门责令停止违法行为，没收违法所得，处十万元以上一百万元以下的罚款；情节严重的，处五十万元以上五百万元以下的罚款。

二、公司成立的发起人纠纷

6. 公司成立前，发起人以自己名义对外签订合同，责任由谁承担？

【情景案例】

2021 年 1 月 7 日，沈某、韩某与杨某三人约定成立某科技公司，由沈某担任公司的法定代表人，经过一番商议之后，三人决定由沈某办理公司筹建的所有事宜。2021年1月10日，沈某以个人名义与朱某签订一份《写字楼租赁合同》，约定：合同期限为5年，租金为每月2万元，每月5日前交付上月租金。2021年2月3日，某科技公司成功申领到营业执照，并以合同所涉的写字楼作为办公地点。由于经营不善，某科技公司于2021年6月开始欠租，直至2021年8月还没交租。多次催收无果后，朱某要求租赁合同签订人沈某交租，但遭到沈某拒绝。沈某认为，其是代表某科技公司签订的合同，租金应当由公司交纳，与其无关。

请问：朱某应当向谁追讨租金？

【案例分析】

本案涉及的是公司成立前发起人对外签订的合同由谁承担责任的问题。

根据《最高人民法院关于适用〈中华人民共和国公司法〉若干问题的规定（三）》第二条的规定，发起人为设立公司以自己名义对外签订合同的，合同相对人可以请求该发起人承担合同责任；如果公司成立后对发起人签订的合同予以确认，或者已经实际享有合同权利或履行合同义务，合同相对人也可以请求公司承担合同责任。该条司法解释既坚持了合同的相对性原理，但又在一定程度上免除了发起人的责任，并赋予了合同相对人选择权。

本案中，沈某作为某科技公司的发起人，以个人的名义签订了《写字楼租赁合同》，根据合同的相对性原理，朱某可以请求沈某承担合同义务并交付拖欠的租金。此外，由于某科技公司成立后便以合同所涉的写字楼作为办公地点，以默示方式（合同权利的实际享有者）对发起人沈某的行为予以认可，根据上述法律规定，朱某同样可以请求某科技公司支付拖欠的租金。

综上所述，朱某可以请求沈某或者某科技公司交付拖欠的租金。需要说明的是，朱某只能在二者中择一起诉，即要么起诉沈某承担责任，要么起诉某科技公司承担责任，不能要求二者承担共同责任。实务中，笔者会建议朱某在立案时将沈某和某科技公司列为共同被告，以更好地查明真相并增加双方压力以达成庭外和解等其他目的。在后期的审理过程中，当法院要求选择明确的责任承担方时，再视二者的经济实力作出选择。值得注意的是，这样的诉讼策略存在无法顺利立案、延误程序的风险，建议大家聘请专业律师充分评估案件情况后，再作出最佳选择。

【风险防范建议】

在公司设立过程中，关于发起人对外签订合同应当注意哪些法律风险，建议如下：

（1）发起人为设立公司对外签订合同时，首先应当与合同相对人明确在公司成立后，合同责任是由发起人自己承担，还是由公司承担。如果合同责任由发起人自己承担，发起人应以自己的名义对外签订合同；如果合同责任由公司承担，发起人应以设立中公司的名义对外签订合同。

（2）发起人为设立公司以自己名义对外签订合同时，即使公司成立后明确表示愿意承担合同责任，但由于相关法律及司法解释赋予了合同相对人选择权，合同相对人仍可选择由发起人承担合同义务，而非公司承担合同义务。为此，笔者建议大家在发起人协议、合伙协议或者公司章程中对公司发起设立阶段的责任承担问题进行明确约定，如在合伙协议或投资协议、公司章程中约定："公司设立成功之前由发起人签订的业务合同，在公司正式成立后自动转化为公司的对外债务，发起人不对业务合同产生的相关债务承担责任。"如此，即使债权人起诉发起人承担责任，发起人也可以根据发起人协议或公司章程的上述约定向成功设立后的公司进行追偿。

（3）实务中，为避免不必要的法律风险，建议大家在为筹备公司设立而对外签订合同时，应该在合同第一条便明确约定"本合同的甲方为×××公司（筹）。由于本合同签订时×××公司（筹）仍处于设立过程中，×××的签字属于发起人以设立中公司名义对外签订合同"，此时合同的落款为发起人自己的签名。如果条件允许，还可以把发起人之间的合伙协议或投资协议作为合同附件，让合同相对人充分了解公司仍处于筹备阶段的事实。待公司正式成立并取得公章后，发起人可以在上述合同中补盖公司公章以加强合同效力。

值得注意的是，以上三点建议均是以"公司最终成功设立"为前提的。如果公司最终成立失败，按照相关的法律法规及司法解释，债权人可以请求全体或者部分发起人对设立公司行为所产生的费用和债务承担连带责任，与"合同是否以设立中的公司名义签订"无关。

【法条链接】

《民法典》第七十五条第二款 设立人为设立法人以自己的名义从事民事活动产生的民事责任，第三人有权选择请求法人或者设立人承担。

第四百六十五条第二款 依法成立的合同，仅对当事人具有法律约束力，但是法律另有规定的除外。

《最高人民法院关于适用〈中华人民共和国公司法〉若干问题的规定（三）》第二条 发起人为设立公司以自己名义对外签订合同，合同相对人请求该发起人承担合同责任的，人民法院应予支持；公司成立后合同相对人请求公司承担合同责任的，人民法院应予支持。

第四条 公司因故未成立，债权人请求全体或者部分发起人对设立公司行为所产生的费用和债务承担连带清偿责任的，人民法院应予支持。

部分发起人依照前款规定承担责任后，请求其他发起人分担的，人民法院应当判令其他发起人按照约定的责任承担比例分担责任；没有约定责任承担比例的，按照约定的出资比例分担责任；没有约定出资比例的，按照均等份额分担责任。

因部分发起人的过错导致公司未成立，其他发起人主张其承担设立行为所产生的费用和债务的，人民法院应当根据过错情况，确定过错一方的责任范围。

7. 发起人在公司设立过程中意外受伤，公司要承担赔偿责任吗？

【情景案例】

2019年6月1日，甲、乙两人签订了一份《合作协议》，约定：双方共同成立某网络科技公司，甲出资70万元，占70%的股权，乙出资30万元，占30%的股权；注册资金于2019年6月10日出资到位，存入以甲名义临时开的银行账户。协议签订后，甲、乙双方都按约定缴纳出资。2019年6月15日，甲在办公室装修过程中不小心摔倒导致腿部骨折，共花医疗费6万元。2019年7月3日，某网络科技公司才正式成立。对于甲所花医疗费用的承担，甲、乙两人发生争议。甲认为，公司虽然没有成立，但自己是在履行设立公司的职责过程中受伤的，且自己没有过错，医疗费应当由公司承担。乙认为，甲受伤时公司还没有成立，医疗费应当由其自己承担。

请问：本次事故中，应当由谁来承担甲的医疗费用？

【案例分析】

本案涉及的是发起人因履行公司设立职责导致自身受伤时，应当由谁承担赔偿责任的问题。

《最高人民法院关于适用〈中华人民共和国公司法〉若干问题的规定（三）》第五条规定，发起人因履行公司设立职责造成他人损害，公司成立后受害人请求公司承担侵权赔偿责任的，人民法院应予支持；公司未成立，受害人请求全体发起人承担连带赔偿责任的，人民法院应予支持。公司或者无过错的发起人承担赔偿责任后，可以向有过错的发起人追偿。

本案中，甲在办公室装修过程中不小心摔倒导致腿部骨折，属于因履行公司设立职责而受伤。《最高人民法院关于适用〈中华人民共和国公司法〉若干问题的规定（三）》第五条规定之目的是赋予被公司职务行为伤害的受害者向公司以及全体发起人追偿的权利，并未限制发起人因意外事故导致自身受伤向公司要求赔偿。尽管甲发生工伤时公司并未正式成立，且发起人甲导致自己而非他人受伤，但某网络科技公司仍应当承担甲全部的医疗费用。

【风险防范建议】

在公司日常经营的过程中，难免会出现公司职工受伤的情况，为防止不必要的法律风险，建议如下：

（1）企业应当自觉为职工购买工伤保险，这既是法律法规明确规定的义务，也是保障工伤职工医疗期间生活的重要手段，并在一定程度上解决了工伤职工和企业的后顾之忧。

（2）值得提醒的是，如果企业职工没有参加工伤保险，一旦发生工伤事故，企业将自行承担职工工伤所带来的全部的医药费、伤残补助金、伤残津贴等诸多费用，并不得申请从工伤保险基金中支付。

（3）对于公司设立期间这种特殊的过渡状态，可以选择为每位公司职工购买商业保险，以确保平稳过渡。

【法条链接】

《最高人民法院关于适用〈中华人民共和国公司法〉若干问题的规定（三）》第五条　发起人因履行公司设立职责造成他人损害，公司成立后受害人请求公司承担侵权赔偿责任的，人民法院应予支持；公司未成立，受害人请求全体发起人承担连带赔偿责任的，人民法院应予支持。

公司或者无过错的发起人承担赔偿责任后，可以向有过错的发起人追偿。

《工伤保险条例》第二条　中华人民共和国境内的企业、事业单位、社会团体、民办非企业单位、基金会、律师事务所、会计师事务所等组织和有雇工的个体工商户（以下称用人单位）应当依照本条例规定参加工伤保险，为本单位全部职工或者雇工（以下称职工）缴纳工伤保险费。

中华人民共和国境内的企业、事业单位、社会团体、民办非企业单位、基金会、律师事务所、会计师事务所等组织的职工和个体工商户的雇工，均有依照本条例的规定享受工伤保险待遇的权利。

8. 发起人因履行公司设立职责造成他人损害的，由谁来承担赔偿责任？

【情景案例】

2021年5月1日，秦某与尤某签订协议决定共同出资成立一家文化传播公司，并决定由秦某负责办理设立公司的筹备事宜。2021 年 5 月 8 日，秦某在开车前往工商部门办理公司注册手续的途中发生交通事故，将行人许某撞伤并花费医疗费 20 万元，该费用由许某垫付。经交警部门认定，秦某因酒后驾驶对该交通事故负全责。2021 年 6 月 10 日，某文化传播公司正式成立。事后，许某要求秦某赔偿医疗费，但遭到秦某拒绝。秦某认为，我当时是在履行设立公司的职责才致他人受伤，因此医疗费应当由公司赔偿。

请问：秦某的说法符合我国法律规定吗？

【案例分析】

本案涉及的是发起人因履行公司设立职责造成他人损害时，谁来承担赔偿责任的问题。

根据《最高人民法院关于适用〈中华人民共和国公司法〉若干问题的规定（三）》第五条的规定，发起人因履行公司设立职责造成他人损害，公司成立后受害人可以请求公司承担侵权赔偿责任；公司未成立的，受害人可以请求全体发起人承担连带赔偿责任的。公司或者无过错的发起人承担赔偿责任后，可以向有过错的发起人追偿。

秦某作为公司的发起人并负责公司的筹备事宜，他在公司设立过程中，因履行公司设立职责即前往工商部门办理公司注册手续的过程中造成了他人损害，某文化传播公司成立后，受害人可以请求某文化传播公司承担责任。但由于秦某因酒后驾驶对该交通事故负全责，存在重大的主观过错，故公司在承担责任后，可以依法向秦某追偿。因此，秦某的说法并不完全符合我国法律规定。

【风险防范建议】

为避免公司职工在履行职务时造成他人损害，减少对公司带来的各种损失，建议如下：

（1）企业应当加强公司规章制度的制定与执行，强化工作人员的纪律意识和安全意识，如设立安全作业奖惩制度、定期向全体职工播放安全作业教育纪录片、严禁在工作期间喝酒嬉戏、合理安排工作时间避免疲劳作业等。

（2）在事发时做好舆论公关工作。如因公司股东、高级管理人员在执行工作任务造成他人损害，应当及时监控舆论动态的走向，积极与各路媒体保持密切联系，切实做好各种预案备案，减少给企业声誉带来的损失。

（3）若工作人员对事故的发生存在重大过失，公司应当注意收集相关证据，必要时可以另行起诉，追究工作人员的法律责任。

【法条链接】

《民法典》第一千一百九十一条第一款　用人单位的工作人员因执行工作任务造成他人损害的，由用人单位承担侵权责任。用人单位承担侵权责任后，可以向有故意或者重大过失的工作人员追偿。

《最高人民法院关于适用〈中华人民共和国公司法〉若干问题的规定（三）》第五条　发起人因履行公司设立职责造成他人损害，公司成立后受害人请求公司承担侵权赔偿责任的，人民法院应予支持；公司未成立，受害人请求全体发起人承担连带赔偿责任的，人民法院应予支持。

公司或者无过错的发起人承担赔偿责任后，可以向有过错的发起人追偿。

9. 发起人需要对股东的出资违约行为承担连带责任吗?

【情景案例】

某铝业公司成立于2017年8月31日，注册资本3000万元，股东何某认缴1800万元，占股60%，股东吕某认缴1200万元，占股40%。某铝业公司章程约定：第一期出资应在2017年9月30日前支付50%，第二期出资应在营业执照颁发后2年内缴清。公司成立后，何某与吕某都按约定履行第一期出资义务。2018年12月31日，何某按约定履行第二期出资义务。吕某因资金周转困难，直至2019年9月也没按约定履行第二期出资义务，共计600万元。由于某铝业公司经营不善，拖欠施某等人货款4000万元被债权人向法院提起破产清算申请。2019年11月1日，法院裁定受理对某铝业公司的破产清算申请。施某认为，何某尚未完全履行出资义务，发起人吕某应当在何某未出资本息范围内承担连带责任。

请问：施某的说法符合我国法律规定吗?

【案例分析】

本案涉及的是发起人在何种情况下需要对股东的出资违约行为承担连带责任的问题。

根据《最高人民法院关于适用〈中华人民共和国公司法〉若干问题的规定（三）》第十三条的规定，公司债权人可以请求未履行或者未全面履行出资义务的股东在未出资本息范围内对公司债务不能清偿的部分承担补充赔偿责任；如果被告股东在公司设立时未履行或者未全面履行出资义务，公司债权人还可以请求公司的发起人与被告股东承担连带责任。关于发起人为其他股东未尽出资义务的行为承担连带责任的问题，我国《公司法》第三十条规定了有限责任公司发起人对其他股东以非货币财产出资不实的连带责任，而《公司法》第九十三条针对股份公司的规定，则扩大发起人的连带责任范围，只要股东没有按章程规定缴纳出资，发起人就应该与未尽出资义务的股东承担连带补缴义务。而前述司法解释第十三条的制定，弥补了有限责任公司发起人应对股东未按章程完成出资义务承担连带责任的立法空白，将针对股份公司发起人承担连带责任的规范设计适用于有限责任公司，有益于促进公司注册资本的充实，维护公司债权人的利益。

本案中，某铝业公司因经营不善拖欠施某等人货款4000万元，债权人向法院提起破产清算申请并被法院裁定受理。依据《最高人民法院关于适用〈中华人民共和国企业破产法〉若干问题的规定（二）》第二十条的规定，破产清算程序的启动，将会加速认缴注册资本的到期。就本案而言，何某仅完成首期出资而未履行第二期的出资义务，在实务中我们仍认为该种情况构成《最高人民法院关于适用〈中华人民共和国公司法〉若干问题的规定（三）》第十三条第三款规定的"股东在公司设立时未履行或者未全面履行出资义务"，故作为发起人的吕某应当在何某未出资本息范围内承担连带责任。因此，施某的说法符合我国法律规定。

【风险防范建议】

实务中，因发起人不履行出资义务导致其他发起人承担连带责任的情况经常发生，关于如何规避相关法律风险，建议如下：

（1）谨慎选择合作伙伴。从本案例中可以看出，公司发起人之间的属性属于合伙关系，合伙人需要对外承担连带责任。若发起人未能完成出资义务，其他已出资的发起人就需要替其出资。因此，选择合作伙伴前，要对其做好资信调查，选择有实力、有信誉、具有共同目标的人作为合作伙伴。

（2）在《出资协议》中约定较重的违约责任条款，如"任一发起人未能按期履行出资义务，则该发起人需要向其他发起人支付违约金，违约金的数额为该发起人未履行出资义务的资金数额。若其他发起人因此被追究连带责任，则该发起人需额外赔偿被追究连带责任的发起人两倍的损失"。

（3）参考所在行业资质要求或普遍标准，合理设置注册资本。例如，互联网公司申请ICP经营许可证时，ICP经营许可证要求公司注册资本在100万元以上；天猫、京东也对入驻平台的商家提出注册资本200万元以上的标准。其他需要相应资质资格的，如招投标等，参照行业通行做法即可。巨额的注册资本虽然让人在生意伙伴面前"有面子"，但同时也会为留下巨大的隐患，建议合理设置注册资本。

（4）优化股权设计，合理设置"防火墙"。在实务中，建议客户先设立注册资本较低的A公司，再以A公司的法人身份去发起设立负责日常经营的B公司。如此一来，即使B公司的其余发起人未能完成出资义务，请求法院追究发起人A公司的连带责任时，也会被A公司的有限责任这一“防火墙”所抵挡。该部分内容较为复杂，建议大家咨询专业律师进行股权优化设计。

【法条链接】

《公司法》第三十条 有限责任公司成立后，发现作为设立公司出资的非货币财产的实际价额显著低于公司章程所定价额的，应当由交付该出资的股东补足其差额；公司设立时的其他股东承担连带责任。

第九十三条 股份有限公司成立后，发起人未按照公司章程的规定缴足出资的，应当补缴；其他发起人承担连带责任。

股份有限公司成立后，发现作为设立公司出资的非货币财产的实际价额显著低于公司章程所定价额的，应当由交付该出资的发起人补足其差额；其他发起人承担连带责任。

《最高人民法院关于适用〈中华人民共和国公司法〉若干问题的规定(三)》第十三条 股东未履行或者未全面履行出资义务，公司或者其他股东请求其向公司依法全面履行出资义务的，人民法院应予支持。

公司债权人请求未履行或者未全面履行出资义务的股东在未出资本息范围内对公司债务不能清偿的部分承担补充赔偿责任的，人民法院应予支持；未履行或者未全面履行出资义务的股东已经承担上述责任，其他债权人提出相同请求的，人民法院不予支持。

股东在公司设立时未履行或者未全面履行出资义务，依照本条第一款或者第二款提起诉讼的原告，请求公司的发起人与被告股东承担连带责任的，人民法院应予支持；公司的发起人承担责任后，可以向被告股东追偿。

股东在公司增资时未履行或者未全面履行出资义务，依照本条第一款或者第二款提起诉讼的原告，请求未尽公司法第一百四十七条第一款规定的义务而使出资未缴足的董事、高级管理人员承担相应责任的，人民法院应予支持；董事、高级管理人员承担责任后，可以向被告股东追偿。

《最高人民法院关于适用〈中华人民共和国企业破产法〉若干问题的规定(二)》第二十条 管理人代表债务人提起诉讼，主张出资人向债务人依法缴付未履行的出资或者返还抽逃的出资本息，出资人以认缴出资尚未届至公司章程规定的缴纳期限或者违反出资义务已经超过诉讼时效为由抗辩的，人民法院不予支持。

管理人依据公司法的相关规定代表债务人提起诉讼，主张公司的发起人和负有监督股东履行出资义务的董事、高级管理人员，或者协助抽逃出资的其他股东、董事、高级管理人员、实际控制人等，对股东违反出资义务或者抽逃出资承担相应责任，并将财产归入债务人财产的，人民法院应予支持。

10. 发起人支付入股款后未成为股东的，怎么办？

【情景案例】

铂悦公司是一家连锁酒店公司，总部位于广州。2018 年 8 月，张某看到铂悦公司的招商加盟广告，于是想在某县城加盟开设一家分店。经与铂悦公司商谈，双方签订了一份《投资协议》，主要内容如下：铂悦公司以知识产权、管理等无形资产入股，估价为 500 万元，占股 51%；张某以现金 500 万元入股，占股 49%。协议签订后，铂悦公司接受张某投资款，并出具收据。收据载明“铂悦公司收到张某投资铂悦公司在某县城分店的投资款人民币 500 万元”。之后，铂悦公司向某县工商部门办理有关分支机构手续，该分支机构名称为铂悦公司 × × 店，企业类型为有限责任公司分公司，隶属 A 公司，无注册资本登记。张某得知自己并非所投资酒店的股东后，十分生气，于是诉至法院，要求解除合同并要求 A 公司返还投资款 500 万元及利息。铂悦公司认为，张某是铂悦公司 × × 店的“实际股东”，可按酒店收益 49% 进行分红，并解释自己以分公司名义进行工商注册是为了方便进行全国统一管理。

请问：张某的请求能得到法院支持吗？

【案例分析】

本案涉及的是出资对象为无独立法人资格的分支机构时，出资款项能否返还的问题。

我国《公司法》第十四条第一款规定，公司可以设立分公司。设立分公司，应当向公司登记机关申请登记，领取营业执照。分公司不具有法人资格，其民事责任由公司承担。该法第二十九条规定，股东认足公司章程规定的出资后，由全体股东指定的代表或者共同委托的代理人向公司登记机关报送公司登记申请书、公司章程等文件，申请设立登记。

本案中，张某通过投资协议与铂悦公司约定共同设立某连锁酒店某县城分店，并打算成为该分店的股东，但铂悦公司根据内部规定将分店注册为“有限责任公司分公司”。分公司作为总公司的分支机构，其自身没有独立的财务、税收，也没有注册资本，日常经营及各种法律责任实际由铂悦公司负责。此外，铂悦公司的股东名册也没有发生变更，张某不是公司法意义上的股东，且根据铂悦公司的内部管理规定也不可能将张某登记为该分店的股东。综上所述，张某欲通过出资成为该分店股东的目的在客观上无法实现，铂悦公司构成根本违约，张某可以解除合同，其投入该分店的款项及相应的资金占用利息应由铂悦公司予以返还。故张某的请求能得到法院支持。

【风险防范建议】

各种加盟、连锁、特许经营的广告铺天盖地。关于个人如何有效规避加盟过程中的商业和法律风险，建议如下：

(1)选择合适的特许经营行业。准加盟者在作出投资决定前，应当特别留意以下信息：加盟店总部的经营时间（时间越长，越能证明其经得起市场考验）、商品是否具有独特性（保证产品与同类行业具备差异，同时也避免发生流行热潮一过就市场全无的问题）、总部提供的培训（可以看它是否拥有自己的培训学校或培训部门，培训人员的经验和专业素养以及是否到店培训等）。

(2)避免选择门槛较低的加盟店。加盟条件严格的总部往往有较为完整的加盟制度以及比较强大的财力与实力，其严格的筛选制度本身也体现着为加盟者负责、对自身品牌负责的态度。

(3)前往总部进行现场考察，并在考察过程中收集以下信息：加盟品牌的市场知名度，是否曾有不良的市场影响；特许人承诺的单店盈利水平是否合理；特许人可为加盟者提供哪些具体的技术、运营、宣传支持；如果运营达不到理想情况，能否退费、能退多少。

(4)前往加盟店进行实地考察，了解加盟店真实的经营情况是否与总部描述的一致，以及门店在正常营运中容易发生的问题和总部的支持程度。

(5)仔细推敲、研究特许人提供的合同。签合同前，要与专业律师仔细核对以下内容：价格与费用、地理位置、总部的控制与支持、广告与协作、利润与损失、经营使用持续时间以及终止条件、剖析相关内容的细节是否与事前协商好的相符合。合同是保障自己权益的关键，也是产生法律纠纷后解决问题的关键，因此务必将所有与自己切实利益相关的条款落到细处。在条件允许的情况下应向专业机构或者律师咨询。

【法条链接】

《公司法》第十四条第一款 公司可以设立分公司。设立分公司，应当向公司登记机关申请登记，领取营业执照。分公司不具有法人资格，其民事责任由公司承担。

第二十九条　股东认足公司章程规定的出资后，由全体股东指定的代表或者共同委托的代理人向公司登记机关报送公司登记申请书、公司章程等文件，申请设立登记。

第三十二条　有限责任公司应当置备股东名册，记载下列事项：

（一）股东的姓名或者名称及住所；

（二）股东的出资额；

（三）出资证明书编号。

记载于股东名册的股东，可以依股东名册主张行使股东权利。

公司应当将股东的姓名或者名称向公司登记机关登记；登记事项发生变更的，应当办理变更登记。未经登记或者变更登记的，不得对抗第三人。

第二章
股东出资纠纷

一、股东未全面出资纠纷

11. 股东不按约定履行出资义务，要承担什么法律责任?

【情景案例】

2018 年 3 月 1 日，甲、乙、丙三人签订一份《投资协议》，约定：由甲、乙、丙三人共同出资成立 A 公司，注册资本 500 万元。甲认缴出资 300 万元并占公司 60% 的股权，乙、丙各认缴出资 100 万元，各占公司 20% 的股权。协议签订之日起 3 日内，三人各按认缴金额出资 30%，余款应在公司成立后 1 年内全部到位。

协议签订后，甲、乙、丙三人均按约定出资。2018 年 4 月 5 日，A 公司经工商部门核准成立。2018 年 12 月 31 日，甲、乙均按约定履行了余款的出资义务，但丙直至 2019 年 5 月仍未履行出资义务，给 A 公司的资金周转造成一定的困难。A 公司多次催丙履行出资义务，但丙以各种理由推脱。无奈之下，A 公司将丙诉至法院。

请问：丙要承担什么法律责任?

【案例分析】

本案涉及的是股东未按约定履行出资义务，应当承担哪些法律责任的问题。

根据我国《公司法》第二十八条的规定，股东应当按期足额缴纳公司章程中规定的各自所认缴的出资额；股东不按照规定缴纳出资的，除应当向公司足额缴纳外，还应当向已按期足额缴纳出资的股东承担违约责任。

股东的出资义务既是股东间的约定义务，也是股东对公司的法定义务。公司章程以及发起人协议中的股东出资安排，对股东具有约束力。未按约定履行出资义务的股东不仅应向公司承担补缴出资的义务，还应向已按期足额缴纳出资的股东承担违约责任。该违约责任当属严格责任，无论瑕疵出资股东主观上是否有过错，皆应对公司和已足额出资的股东承担违约责任。

本案中，甲、乙均按约定履行了余款的出资义务，而丙直至2019年5月仍未履行出资义务。根据上述法律规定，A公司可以诉请法院要求丙对公司补足出资，并要求丙对已经履行出资义务的甲、乙承担违约责任。

【风险防范建议】

2014年3月1日开始，公司注册资本由实缴登记制改成了认缴登记制，注册资本没有了最低认缴额的限制，也不需要出具验资报告了，开公司的门槛降低了不少。很多创业者因此误认为既然无须实际出资，便可以把公司注册资本登记得很大，以彰显公司实力，却不知这样做会带来以下法律风险：

（1）股东出资不到位，承担补充责任。公司成立时，公司章程明确了每个股东出资的金额和时间，各个股东应当按照章程的规定向公司履行出资的义务。当股东没有按照章程的规定履行或全面履行出资义务时，公司的债权人可以请求其在未出资本息范围内对公司债务不能清偿的部分承担补充赔偿责任。

（2）股东出资不到位，自益权受限制。当股东未能按照章程的规定出资时，公司可以作出股东会决议对其利润分配请求权、新股优先认购权、剩余财产分配请求权等益权进行限制。

（3）股东出资不到位，转让股份仍承担出资责任。按照《公司法》第二十八条之规定，在股东没有按照章程的规定足额出资的情况下，即使转让自己持有的股份，公司仍然有权利要求其承担出资义务。

（4）股东出资不到位，公司破产时仍需补足全部出资。《企业破产法》第三十五条规定，人民法院受理破产申请后，债务人的出资人尚未完全履行出资义务的，管理人应当要求该出资人缴纳所认缴的出资，而不受出资期限的限制。

公司注册资本认缴制，有助于个人创业，也有助于经济的发展，但是认缴制不等于不交，虽然在公司成立时，没有了出资额的限制，但是并不是注册资本越高越好，在确定注册资本时一定要根据自己的实际情况来确定，绝不能任性。

【法条链接】

《公司法》第二十八条 股东应当按期足额缴纳公司章程中规定的各自所认缴的出资额。股东以货币出资的，应当将货币出资足额存入有限责任公司在银行开设的账户；以非货币财产出资的，应当依法办理其财产权的转移手续。

股东不按照前款规定缴纳出资的，除应当向公司足额缴纳外，还应当向已按期足额缴纳出资的股东承担违约责任。

12. 股东出资不足，需对公司债务承担补充赔偿责任吗？

【情景案例】

2018年6月1日，甲公司注册成立，注册资本100万元。股东彭某认缴出资51万元，鲁某认缴出资39万元，韦某认缴出资额10万元。乙公司成立时各股东实际出资金额为：彭某21万元、鲁某19万元，韦某5万元。甲公司章程规定，所有股东出资应当在2018年12月31日前缴纳。但直至2019年1月，彭某、鲁某、韦某均未缴纳余款出资。

2019年3月10日，甲公司与乙公司签订一份《钢铁材料购买合同》，货款为80万元。合同签订后，乙公司按约交付货物，但甲公司仅支付货款20万元，尚余60万元未付。多次催款无果后，乙公司遂诉至法院，要求甲公司支付货款60万元及利息，股东彭某、鲁某、韦某在出资不足的范围内承担补充赔偿责任。经乙公司调查得知，甲公司由于经营不善，已无可供执行的财产。

请问：乙公司的请求能得到法院支持吗？

【案例分析】

本案涉及的是股东出资不足时，其是否应对公司债权人承担补充赔偿责任的问题。

根据《最高人民法院关于适用〈中华人民共和国公司法〉若干问题的规定（三）》第十三条的规定，公司债权人可以请求未履行或者未全面履行出资义务的股东在未出资本息范围内对公司债务不能清偿的部分承担补充赔偿责任。未履行或者未全面履行出资义务的股东已经承担上述责任后，其他债权人提出的相同请求不会再被法院支持。

本案中，甲公司的股东彭某、鲁某、韦某均出资不足，分别还有30万元、20万元、5万元的出资义务。乙公司与甲公司签订《钢铁材料购买合同》后如约履行合同义务，对甲公司拥有60万元的合法债权。由于甲公司经营不善且已无可供执行的财产，乙公司对甲公司60万元的债权已经属于“公司债务不能清偿的部分”。根据我国现行的法律法规及司法解释，乙公司可以要求甲公司支付货款60万元及利息，甲公司的股东彭某、鲁某、韦某各自在未出资本息范围内承担补充赔偿责任。因此，乙公司的请求能得到法院支持。

【风险防范建议】

公司作为现代市场经济重要的企业形式，在市场经济中扮演者越来越活跃的角色。由于公司法人人格独立以及股东有限责任，当公司出现债务逾期时，债权人只能首先追究公司的责任，只有在某些特定的情况下（股东出资不足、抽逃出资，公司人格混同的情况下），才能刺破公司的面纱，追究其背后股东的责任。

值得注意的是，如果本案中出现多个债权人，那么先得到法院判决的债权人可以要求未全面履行出资义务的股东承担补充责任，全面履行出资义务。由于股东的责任是有限的，一旦这些股东补足出资，后续得到法院判决的债权人就不能再次要求上述股东承担补充责任。如果公司已经出现债务逾期的迹象，一定要抓紧时间起诉，以免自身合法权益无法实现。

【法条链接】

《最高人民法院关于适用〈中华人民共和国公司法〉若干问题的规定（三）》第十三条　股东未履行或者未全面履行出资义务，公司或者其他股东请求其向公司依法全面履行出资义务的，人民法院应予支持。

公司债权人请求未履行或者未全面履行出资义务的股东在未出资本息范围内对公司债务不能清偿的部分承担补充赔偿责任的，人民法院应予支持；未履行或者未全面履行出资义务的股东已经承担上述责任，其他债权人提出相同请求的，人民法院不予支持。

股东在公司设立时未履行或者未全面履行出资义务，依照本条第一款或者第二款提起诉讼的原告，请求公司的发起人与被告股东承担连带责任的，人民法院应予支持；公司的发起人承担责任后，可以向被告股东追偿。

股东在公司增资时未履行或者未全面履行出资义务，依照本条第一款或者第二款提起诉讼的原告，请求未尽公司法第一百四十七条第一款规定的义务而使出资未缴足的董事、高级管理人员承担相应责任的，人民法院应予支持；董事、高级管理人员承担责任后，可以向被告股东追偿。

13. 股东出资后又抽逃出资的，要承担什么责任？

【情景案例】

2016 年 3 月，孔某、曹某与严某在广州成立某化妆品公司，注册资本 200 万元，孔某以现金出资 100 万元，曹某、严某各以现金 50 万元出资。公司成立后，三人均按约定将出资款存入公司银行账户。孔某任公司董事长，曹某任公司监事，严某任技术总监。公司成立后，公司经营状况一直较好，盈利能力较强。2018 年 5 月 10 日，孔某以某化妆品公司的名义与自己控制的另一公司签订一份《进口设备购销合同》,将30万元的设备款虚报成130万元。合同签订后当天,孔某通知某化妆品公司财务将130万元款项转到其控制的另一公司。2018年12月20日,曹某在查账时发现孔某存在上述抽逃出资行为,遂以公司名义将孔某诉至法院。

请问:孔某要承担什么法律责任?

【案例分析】

本案涉及的是股东抽逃出资应当承担哪些法律责任的问题。

抽逃出资,是指股东在公司成立并通过验资后将所缴纳的出资暗中撤回,但仍保留股东身份和原有出资数额的欺诈性违法行为。根据《最高人民法院关于适用〈中华人民共和国公司法〉若干问题的规定(三)》第十二条的规定,公司成立后,公司、股东或者公司债权人以相关股东通过虚构债权债务关系将其出资转出的,可以请求法院认定该股东抽逃出资。根据该司法解释第十四条的规定,公司或者其他股东可以请求法院要求抽逃出资的股东向公司返还出资本息,公司债权人可以请求法院对抽逃出资的股东在抽逃出资本息范围内对公司债务不能清偿的部分承担补充赔偿责任。《公司法》第二百条规定,公司的发起人、股东在公司成立后,抽逃其出资的,由公司登记机关责令改正,处以所抽逃出资金额5%以上15%以下的罚款。《刑法》第一百五十九条第一款规定,公司发起人、股东违反公司法的规定未交付货币、实物或者未转移财产权,虚假出资,或者在公司成立后又抽逃其出资,数额巨大、后果严重或者有其他严重情节的,处5年以下有期徒刑或者拘役,并处或者单处虚假出资金额或者抽逃出资金额2%以上10%以下的罚金。

本案中,孔某在完成出资义务后,通过虚构基础交易关系,将30万元的设备款虚报成130万元,并通知公司财务将130万元款项转到自己控制的另一公司,构成抽逃出资。孔某的抽逃出资行为违反上述法律规定,须承担以下法律责任:(1)民事责任。某化妆品公司或者股东曹某、严某可以请求法院要求孔某向公司返还出资本息。(2)行政责任。由公司登记机关处以数额为所抽逃出资金额5%~15%的罚款。(3)刑事责任。孔某的行为构成抽逃出资罪,处以5年以下有期徒刑或者拘役,并处罚金。需要说明的是,当某化妆品公司资不抵债时,债权人可以请求法院对孔某在抽逃出资本息范围内对公司债务不能清偿的部分承担补充赔偿责任。

【风险防范建议】

司法实践中,股东抽逃出资的行为主要表现为以下几种形式:

(1)货币抽资。股东抽走货币出资,随后以其他未经审计评估且实际价值明显低于其申报价值的非货币部分补账,从而达到抽逃出资目的的行为。

(2)实物抽资。在用于出资的建筑物、厂房、机器设备、工业产权、专有技术以及场地使用权等非货币资产验资完毕后,股东将其中一部分或者全部的实物出资抽走,从而达到抽逃出资的目的。

(3)交易抽资。即股东通过伪造虚假的基础交易关系,将公司资本的一部分或者全部划归为股东个人或其他关联公司所有的行为。

(4)分利抽资。即股东通过制作虚假财务会计报表虚增利润,在短期内以分配利润名义提走出资的行为。

(5)移转抽资。即通过对股东提供抵押担保等形式而变相抽回出资的行为。

需要提醒的是,其他股东、董事、高管或公司实际控制人协助股东抽逃出资的,要与抽逃出资的股东承担连带责任,且承担责任后不能向抽逃出资的股东追偿,后果非常严重。因此,无论股东以何种方式诱骗、强迫、要求你协助抽逃出资,都应当坚决拒绝。

【法条链接】

《公司法》第三十五条 公司成立后,股东不得抽逃出资。

第二百条 公司的发起人、股东在公司成立后,抽逃其出资的,由公司登记机关责令改正,处以所抽逃出资金额百分之五以上百分之十五以下的罚款。

《刑法》第一百五十九条 公司发起人、股东违反公司法的规定未交付货币、实物或者未转移财产权,虚假出资,或者在公司成立后又抽逃其出资,数额巨大、后果严重或者有其他严重情节的,处五年以下有期徒刑或者拘役,并处或者单处虚假出资金额或者抽逃出资金额百分之二以上百分之十以下罚金。

单位犯前款罪的,对单位判处罚金,并对其直接负责的主管人员和其他直接责任人员,处五年以下有期徒刑或者拘役。

《最高人民检察院、公安部关于公安机关管辖的刑事案件立案追诉标准的规定(二)》第四条 公司发起人、股东违反公司法的规定未交付货币、实物或者未转移财产权,虚假出资,或者在公司成立后又抽逃其出资,涉嫌下列情形之一的,应予立案追诉:

(一)超过法定出资期限,有限责任公司股东虚假出资数额在三十万元以上并占其应缴出资数额百分之六十以上的,股份有限公司发起人、股东虚假出资数额在三百万元以上并占其应缴出资数额百分之三十以上的;

(二)有限责任公司股东抽逃出资数额在三十万元以上并占其实缴出资数额百

分之六十以上的，股份有限公司发起人、股东抽逃出资数额在三百万元以上并占其实缴出资数额百分之三十以上的；

（三）造成公司、股东、债权人的直接经济损失累计数额在十万元以上的；

（四）虽未达到上述数额标准，但具有下列情形之一的：

1. 致使公司资不抵债或者无法正常经营的；

2. 公司发起人、股东合谋虚假出资、抽逃出资的；

3. 两年内因虚假出资、抽逃出资受过行政处罚二次以上，又虚假出资、抽逃出资的；

4. 利用虚假出资、抽逃出资所得资金进行违法活动的。

（五）其他后果严重或者有其他严重情节的情形。

《最高人民法院关于适用〈中华人民共和国公司法〉若干问题的规定（三）》第十二条　公司成立后，公司、股东或者公司债权人以相关股东的行为符合下列情形之一且损害公司权益为由，请求认定该股东抽逃出资的，人民法院应予支持：

（一）制作虚假财务会计报表虚增利润进行分配；

（二）通过虚构债权债务关系将其出资转出；

（三）利用关联交易将出资转出；

（四）其他未经法定程序将出资抽回的行为。

第十四条　股东抽逃出资，公司或者其他股东请求其向公司返还出资本息、协助抽逃出资的其他股东、董事、高级管理人员或者实际控制人对此承担连带责任的，人民法院应予支持。

公司债权人请求抽逃出资的股东在抽逃出资本息范围内对公司债务不能清偿的部分承担补充赔偿责任、协助抽逃出资的其他股东、董事、高级管理人员或者实际控制人对此承担连带责任的，人民法院应予支持；抽逃出资的股东已经承担上述责任，其他债权人提出相同请求的，人民法院不予支持。

14. 股东的出资由第三方垫资注册后再抽走，有什么法律风险？

【情景案例】

华某与金某是初中同学，两人关系甚好。2019年4月6日，华某与金某签订了一份《合作协议》，约定：两人共同成立一家典当行，注册资本500万元，华某出资300万元，金某出资200万元。成立典当行需要实缴注册资本，但华某与金某均没有钱出资。为此，华某通过网络找到甲公司全程代办典当行工商注册事宜，双方约定：由甲公司代办某典当行的公司注册事宜，公司注册资本500万元由甲公司垫资，垫资款在验资完毕后立即返还；垫资费用为1.5万元，预付款5000元，在领取营业执照后支付余款1万元。2019年5月10日，在甲公司的运作下，某典当行顺利领取营业执照，其后垫资款也被甲公司转走。2019年6月5日，某典当行的上述垫资注册行为被工商部门发现。

请问：华某与金某在补足出资后是否还将面临行政处罚？

【案例分析】

本案涉及的是股东通过第三方垫资注册后将出资抽走应当承担哪些法律责任的问题。

抽逃出资，是指股东在公司成立并通过验资后将所缴纳的出资暗中撤回，但仍保留股东身份和原有出资数额的欺诈性违法行为。《最高人民法院关于适用〈中华人民共和国公司法〉若干问题的规定（三）》第十二条规定，公司成立后，公司、股东或者公司债权人以相关股东的行为符合下列情形之一且损害公司权益为由，请求认定该股东抽逃出资的，人民法院应予支持：（1）制作虚假财务会计报表虚增利润进行分配；（2）通过虚构债权债务关系将其出资转出；（3）利用关联交易将出资转出；（4）其他未经法定程序将出资抽回的行为。《公司法》第二百条规定，公司的发起人、股东在公司成立后，抽逃其出资的，由公司登记机关责令改正，处以所抽逃出资金额5%以上15%以下的罚款。

本案中，华某和金某为了凑足成立典当行所需要的实缴注册资金，通过互联网寻得甲公司为其全程代办工商注册事宜并垫付500万元资金。在该典当行顺利领取营业执照后，垫资款被甲公司转走。根据我国法律规定，货币资金一经法定程序完成出资手续即属公司财产，公司法人具有独立的人格权和财产权，任何人未经法定程序不可随意支配、处分公司财产。甲公司在华某、金某的授意下将500万元的实缴注册资本在完成验资手续并取得工商登记注册后转走，当属抽逃出资。根据上述法律规定，工商部门将会责令华某、金某限期改正，补足全部的实缴注册资金，并处以25万元至75万元的罚款。更重要的是，该处罚决定将会被录入企业信用信息公示，对企业日后的发展以及政策优惠的享受都会造成影响。

【风险防范建议】

过桥垫资是一种短期的资金融通行为，在法律性质上属于民间借贷。过桥垫资的周期一般较短，最多不超过6个月，故利息一般非常高。为防范相关法律风险，建议如下：

（1）尽量不要使用过桥垫资资金，一是因为过桥垫资的资金来源不明，容易产生各种法律风险（如过桥垫资的资金属于他人犯罪所得，则资金流经的账户会被公安机关查封);二是因为过桥垫资的资金普遍较高,如果未能及时归还垫资资金,将会产生大量的利息。

(2)自2014年3月1日起,除部分金融行业因监管需要仍实行注册资本实缴登记制外,公司注册方式已由“实缴制”变成“认缴制”,公司注册领域的垫资行为已经大幅度减少。为此,我们可以通过适当延长认缴期限的方法,缓解创业初期资金紧张的难题,完全无须借取过桥资金来完成垫资。

【法条链接】

《公司法》第三十五条 公司成立后,股东不得抽逃出资。

第二百条 公司的发起人、股东在公司成立后,抽逃其出资的,由公司登记机关责令改正,处以所抽逃出资金额百分之五以上百分之十五以下的罚款。

《最高人民法院关于适用〈中华人民共和国公司法〉若干问题的规定(三)》第十二条 公司成立后,公司、股东或者公司债权人以相关股东的行为符合下列情形之一且损害公司权益为由,请求认定该股东抽逃出资的,人民法院应予支持:

(一)制作虚假财务会计报表虚增利润进行分配;

(二)通过虚构债权债务关系将其出资转出;

(三)利用关联交易将出资转出;

(四)其他未经法定程序将出资抽回的行为。

15. 股东不按约定履行出资义务,公司被吊销营业执照,可免除股东的出资义务吗?

【情景案例】

2019年7月1日,甲与乙签订了一份《投资协议》,约定:两人共同投资创建A公司,注册资本100万元,甲以现金出资51万元,乙以现金出资49万元;为保证公司有足够资金运营,出资款应当在公司成立1个月内缴纳。2019年8月1日,工商部门给A公司颁发了营业执照。2019年8月5日,甲按约定缴清了出资,但乙至2019年10月仍未缴纳。2019年12月,A公司因违法经营被吊销营业执照,责令关闭。在A公司吊销营业执照时,A公司银行账户的钱已全部用完。由于A公司拖欠丙49万元货款,丙将乙诉至法院,要求乙继续补缴出资。乙认为,公司已被吊销营业执照,无须再出资。

请问:乙的说法符合我国法律规定吗?

【案例分析】

本案涉及的是公司被吊销营业执照后，股东尚未缴纳的出资的是否应当继续出资的问题。

根据《最高人民法院关于适用〈中华人民共和国公司法〉若干问题的规定（二）》第二十二条的规定，公司解散时，股东尚未缴纳的出资均应作为清算财产，包括到期应缴未缴以及尚未届满缴纳期限的出资。公司财产不足以清偿债务时，债权人主张未缴出资的股东在未缴出资范围内对公司债务承担连带清偿责任的，人民法院应依法予以支持。

本案中，A 公司由于违法经营被吊销营业执照，该情形属于《公司法》第一百八十八条规定的法定解散事由。根据上述司法解释的规定，公司解散时，股东尚未缴纳的出资款属于清算财产，若公司财产不足以清偿债务，未完全缴纳出资款的股东需要在未缴出资范围内对公司债务承担连带清偿责任。因此，乙的说法不符合我国法律规定。

【风险防范建议】

股东出资义务，是指股东根据协议的约定以及法律和章程的规定向公司交付财产或履行其他给付义务。值得注意的是，出资义务不会因为公司的注销、吊销、解散等事由而消灭，基于投资关系产生的缴付出资请求权也不适用诉讼时效。通俗而言，在个人破产制度出台之前，股东的出资义务是无论如何都逃不掉的。因此，在设置注册资金数额及期限的时候，一定要量力而行、慎重考虑。

【法条链接】

《公司法》第二十六条　有限责任公司的注册资本为在公司登记机关登记的全体股东认缴的出资额。

法律、行政法规以及国务院决定对有限责任公司注册资本实缴、注册资本最低限额另有规定的，从其规定。

第二十八条第一款　股东应当按期足额缴纳公司章程中规定的各自所认缴的出资额。股东以货币出资的，应当将货币出资足额存入有限责任公司在银行开设的账户；以非货币财产出资的，应当依法办理其财产权的转移手续。

第一百八十条　公司因下列原因解散：

（一）公司章程规定的营业期限届满或者公司章程规定的其他解散事由出现；

（二）股东会或者股东大会决议解散；

（三）因公司合并或者分立需要解散；

（四）依法被吊销营业执照、责令关闭或者被撤销；

（五）人民法院依照本法第一百八十二条的规定予以解散。

《最高人民法院关于适用〈中华人民共和国公司法〉若干问题的规定（二）》第二十二条 公司解散时，股东尚未缴纳的出资均应作为清算财产。股东尚未缴纳的出资，包括到期应缴未缴的出资，以及依照公司法第二十六条和第八十条的规定分期缴纳尚未届满缴纳期限的出资。

公司财产不足以清偿债务时，债权人主张未缴出资股东，以及公司设立时的其他股东或者发起人在未缴出资范围内对公司债务承担连带清偿责任的，人民法院应依法予以支持。

16. 股东以犯罪所得财产出资，公司需要减资吗？

【情景案例】

2018年6月5日，魏某与陶某签订一份《投资协议》，约定：两人共同设立某建筑公司，注册资本500万元，魏某出资300万元，陶某出资200万元；注册资本须于公司成立后10日内缴纳。公司成立后，两人均按约定缴纳了出资款。由于魏某人脉资源广，公司成立后，生意十分红火。但好景不长，2019年8月2日魏某被公安机关刑事拘留，后被检察院批准逮捕，陶某这才得知魏某的出资中，200万元系侵占所得，另外100万元出资系盗窃所得。

请问：魏某用犯罪所得资金出资，公司需要减资吗？

【案例分析】

本案涉及的是股东以犯罪所得的财产出资，会有哪些法律后果的问题。

我国《公司法》第二十七条第一款规定，股东可以用货币出资，也可以用实物、知识产权、土地使用权等可以用货币估价并可以依法转让的非货币财产作价出资；但是，法律、行政法规规定不得作为出资的财产除外。《最高人民法院关于适用〈中华人民共和国公司法〉若干问题的规定（三）》第七条第二款规定，以贪污、受贿、侵占、挪用等违法犯罪所得的货币出资后取得股权的，对违法犯罪行为予以追究、处罚时，应当采取拍卖或者变卖的方式处置其股权。

本案中，魏某以侵占、盗窃所得的300万元的货币作为出资款完成出资义务并取得相应的公司股权。对于货币这种特殊的动产，民法理论上一般认为占有人具有处分权，出资人即使是使用通过侵占、盗窃等犯罪手段取得货币以完成出资，也不宜认定出资人构成民法上的无权处分。在股东将非法所得的货币投入公司后，公司取得货币的所有权，股东取得公司相应的股权，此时不宜将出资的财产直接从公司抽出以免破坏公司的独立人格。在本案中，为了兼顾公司、公司债权人与犯罪行为受害人的利益，司法机关应当对魏某所有的股权进行拍卖或者变卖，并将所得款项用于赔偿各方当事人，剩余所得款上缴国库，但公司无须减资。

【风险防范建议】

为保证股东的出资来源合法性，规避不必要的法律风险，建议如下：

（1）尽量与熟悉的合作伙伴一起创业。如果与不熟悉的人共同创办公司，应当事先做好尽职调查，以保证资金来源合法。

（2）在《投资协议》中对资金来源的合法性作出约定，敦促每位出资股东合法出资，如约定内容为："每位股东必须保证所缴纳的出资没有权利瑕疵及不被任何第三人追索，否则将构成违约并赔偿其他股东×万元的违约金。"

【法条链接】

《公司法》第二十七条　股东可以用货币出资，也可以用实物、知识产权、土地使用权等可以用货币估价并可以依法转让的非货币财产作价出资；但是，法律、行政法规规定不得作为出资的财产除外。

对作为出资的非货币财产应当评估作价，核实财产，不得高估或者低估作价。法律、行政法规对评估作价有规定的，从其规定。

《最高人民法院关于适用〈中华人民共和国公司法〉若干问题的规定（三）》第七条　出资人以不享有处分权的财产出资，当事人之间对于出资行为效力产生争议的，人民法院可以参照民法典第三百一十一条的规定予以认定。

以贪污、受贿、侵占、挪用等违法犯罪所得的货币出资后取得股权的，对违法犯罪行为予以追究、处罚时，应当采取拍卖或者变卖的方式处置其股权。

17. 股东会决议将没有按时出资的股东除名，可以吗？

【情景案例】

姜某、戚某与谢某于2019年3月成立甲公司。依据公司章程的规定，甲公司注册资金为100万元。姜某认缴出资50万元占50%的股权，首期出资25万元；戚某认缴出资30万元占30%的股权，首期出资15万元；两人剩余出资应在2019年8月31日前缴纳。谢某认缴出资20万元，占20%的股权，出资应当在2019年

10月31日前缴纳。之后，姜某、戚某均按公司章程规定缴纳剩余出资，但谢某直至2019年11月30日仍未出资。在多次催告无效后，姜某与戚某于2019年12月30日决定召开临时股东会解除谢某的股东资格，并将该股东会决议书面通知谢某。对此，谢某表示不服，并以公司无权否定其股东资格为由诉至法院。

请问：谢某的请求能得到法院支持吗？

【案例分析】

本案涉及的是股东会决议能否将未按时出资的股东除名的问题。

根据《最高人民法院关于适用〈中华人民共和国公司法〉若干问题的规定（三）》第十七条的规定，有限责任公司的股东未履行出资义务或者抽逃全部出资，经公司催告缴纳或者返还，其在合理期间内仍未缴纳或者返还出资，公司可以以股东会决议解除该股东的股东资格。由上述规定可知，通过公司决议解除股东资格的，应当同时满足下列三个条件：一是公司股东未履行出资义务或者抽逃全部出资；二是公司已经催告该股东缴纳或返还；三是该股东未在合理期间内缴纳或者返还出资。

本案中，谢某认缴出资20万元占20%的股权并约定于2019年10月31日前缴清。截至2019年11月30日，谢某依然未履行出资义务，该种情况已属违约并满足上述条件一。在谢某逾期缴清出资款后，公司多次催告，但谢某在合理期限内仍未履行出资义务，满足上述条件二、条件三。由此可见，姜某与戚某通过召开临时股东会解除谢某的股东资格，并将该股东会决议书面通知谢某，完全是维护自身合法权益的合法行为。因此，谢某的请求不会得到法院支持。

【风险防范建议】

为维持公司的资本充实，《公司法》及相关司法解释赋予了公司通过股东会决议将该名股东除名的权利。实务中，在作出股东除名的决议时，应当注意以下事项：

（1）股东除名权是公司为消除不履行义务的股东对公司和其他股东所产生不利影响而享有的一种法定权能，是不以征求被除名股东的意思为前提和基础的。当股东会表决是否对某股东进行除名时，该股东不得行使表决权。

（2）公司在作出对某股东除名的决议后，应当及时办理法定减资程序或者由其他股东或者第三人缴纳相应的出资，以满足公司资本充实的需要。根据相关法律规定，公司减资程序如下：

①由董事会或者执行董事制定公司减少注册资本的方案。根据《公司法》第四十六条的规定，公司减少注册资本的方案由公司董事会行使制定。由于股东人

数较少或者规模较小的有限责任公司，可以设一名执行董事，不设董事会，在没有设立董事会的公司，可以由执行董事制定。

②召开股东大会并作出减资的股东会决议、修改公司章程。根据《公司法》第三十七条第一款第七项、第四十三条的规定，公司减少注册资本的决议必须由股东会决议作出，且必须经过代表2/3以上表决权的股东通过方能生效。需注意的是，减资实行的是资本多数决，而不是股东人数的多数。

另外，减资的时候要相应修改公司的章程。根据《公司法》第二十五条的规定，注册资本、股东的姓名或名称以及股东的出资方式、出资额和出资时间等属于公司章程应当载明的事项，所以在减资的时候要相应修改公司的章程。修改公司章程的决议可以和减资的决议一同通过。

③编制资产负债表及财产清单，必要时进行专项审计。根据《公司法》第一百七十七条的规定，公司需要减少注册资本时，必须编制资产负债表及财产清单。由于公司减资涉及公司、投资人和债权人等多方主体的利益，减资必须公允作价、公平交易，因此，建议减资时对公司资产进行专项审计，充分完善减资程序，避免相关风险。

④通知或公告债权人。根据《公司法》第一百七十七条的规定，公司应当自作出减少注册资本决议之日起10日内通知债权人，并于30日内在报纸上公告。债权人自接到通知书之日起30日内，未接到通知书的自公告之日起45日内，有权要求公司清偿债务或者提供相应的担保。

⑤办理减资登记手续。根据《公司登记管理条例》第三十一条第二款的规定，公司减少注册资本的，应当自公告之日起45日后申请变更登记，并应当提交公司在报纸上登载公司减少注册资本公告的有关证明和公司债务清偿或者债务担保情况的说明。

【法条链接】

《最高人民法院关于适用〈中华人民共和国公司法〉若干问题的规定(三)》第十七条 有限责任公司的股东未履行出资义务或者抽逃全部出资，经公司催告缴纳或者返还，其在合理期间内仍未缴纳或者返还出资，公司以股东会决议解除该股东的股东资格，该股东请求确认该解除行为无效的，人民法院不予支持。

在前款规定的情形下，人民法院在判决时应当释明，公司应当及时办理法定减资程序或者由其他股东或者第三人缴纳相应的出资。在办理法定减资程序或者其他股东或者第三人缴纳相应的出资之前，公司债权人依照本规定第十三条或者第十四条请求相关当事人承担相应责任的，人民法院应予支持。

《公司登记管理条例》第三十一条　公司增加注册资本的，应当自变更决议或者决定作出之日起30日内申请变更登记。

公司减少注册资本的，应当自公告之日起45日后申请变更登记，并应当提交公司在报纸上登载公司减少注册资本公告的有关证明和公司债务清偿或者债务担保情况的说明。

18. 公司章程规定的股东缴纳出资期限可以更改吗？

【情景案例】

A公司是一家服装加工企业，成立于2018年5月10日，注册资本1000万元，股东由邹某、章某与苏某三人组成，持股比例分别为60%、30%与10%。根据公司章程规定，上述股东的首期出资额300万元、150万元、50万元于2018年6月30日前缴纳，剩余出资应在2018年8月31日前缴纳。之后，三人均按公司章程规定缴纳了第一期出资。由于公司刚刚成立，暂不需要太多资金，经邹某、章某与苏某协商一致，A公司于2018年8月20日通过股东会决议修改公司章程，将剩余出资的缴纳时间由“2018年8月31日前”修改为“2019年6月30日前”。

请问：A公司的做法符合我国法律规定吗？

【案例分析】

本案涉及的是股东通过修订章程延迟缴纳出资时间是否涉嫌违法的问题。

我国《公司法》第五条第一款规定，公司从事经营活动，必须遵守法律、行政法规，遵守社会公德、商业道德，诚实守信，接受政府和社会公众的监督，承担社会责任。根据其第二十五条的规定，股东的出资方式、出资额和出资时间是公司章程应当载明的内容。根据其第三十七条的规定，修改公司章程是股东会的法定职能。

本案中，邹某、章某与苏某协商一致，决定通过股东会决议修改公司章程，将剩余出资缴纳时间延后到2019年6月30日。根据我国现行法律法规及司法解释的规定，邹某、章某与苏某修改章程的行为是行使股东会法定职能的正当表现，合法且有效。但值得大家注意的是，如果本案中邹某、章某与苏某是为了规避法律，恶意修改章程损害债权人利益，则该种行为极有可能被法院认为是违反《公司法》第五条规定的诚实守信原则而被认定为无效。

【风险防范建议】

股东在确定注册资本认缴期限时要慎重，如果短期内资金不是很充足，建议将出资期限适当延长，如约定出资期限为10年、20年等。因为股东的认缴期限一经确定，不能随意更改，否则可能会被认定为违反诚实守信原则，损害债权人利益。根据《全国法院民商事审判工作会议纪要》第6条的规定，若股东没有充分的理由随意延长股东出资期限，那么公司债权人可主张股东出资加速到期，要求未届出资期限的股东在未出资范围内对公司不能清偿的债务承担补充赔偿责任。

【法条链接】

《公司法》第五条第一款 公司从事经营活动，必须遵守法律、行政法规，遵守社会公德、商业道德，诚实守信，接受政府和社会公众的监督，承担社会责任。

第二十五条 有限责任公司章程应当载明下列事项：

……

（五）股东的出资方式、出资额和出资时间；

……

股东应当在公司章程上签名、盖章。

第三十七条 股东会行使下列职权：

（一）决定公司的经营方针和投资计划；

……

（十）修改公司章程；

（十一）公司章程规定的其他职权。

对前款所列事项股东以书面形式一致表示同意的，可以不召开股东会会议，直接作出决定，并由全体股东在决定文件上签名、盖章。

《全国法院民商事审判工作会议纪要》 6.【股东出资应否加速到期】在注册资本认缴制下，股东依法享有期限利益。债权人以公司不能清偿到期债务为由，请求未届出资期限的股东在未出资范围内对公司不能清偿的债务承担补充赔偿责任的，人民法院不予支持。但是，下列情形除外：

（1）公司作为被执行人的案件，人民法院穷尽执行措施无财产可供执行，已具备破产原因，但不申请破产的；

（2）在公司债务产生后，公司股东（大）会决议或以其他方式延长股东出资期限的。

19. 出资人以不动产出资，未办理产权变更登记，可否认定为没有出资？

【情景案例】

2021年6月1日，葛某、范某与潘某签订一份《投资协议》，约定：三人共同设立某财税公司，注册资本500万元，葛某以现金出资300万元，范某以现金出资100万元，上述出资应当在2021年6月15日前缴纳；潘某以价值100万元的某写字楼产权出资，写字楼应当在2021年6月10日前交付使用。之后，葛某与范某按约定履行了出资义务，潘某也按约定将写字楼交付公司使用。考虑到写字楼办理过户手续麻烦且需要缴纳税费，经葛某、范某与潘某经协商一致，决定不办理写字楼过户手续，只让潘某写一份承诺书及将写字楼产权证书交付给公司，承诺书主要内容为：本人拥有的某写字楼产权现归某财税公司所有。

请问：潘某是否完成了对某财税公司的出资？

【案例分析】

本案涉及的是以未办理过户手续的房产出资，是否认定股东未出资的法律问题。

根据我国《公司法》第二十八条的规定，股东以非货币财产出资的，应当依法办理其财产权的转移手续。根据《最高人民法院关于适用〈中华人民共和国公司法〉若干问题的规定（三）》第十条的规定，出资人以房屋、土地使用权等财产出资，已经交付公司使用但未办理权属变更手续，公司、其他股东或者公司债权人主张认定出资人未履行出资义务的，人民法院应当责令当事人在指定的合理期间内办理权属变更手续，完成权属变更手续的，出资人可以主张自其实际交付财产给公司使用时享有相应股东权利。

本案中，潘某以写字楼所有权出资属于非货币财产出资，由于其没有依法办理过户手续，该写字楼产权仍在潘某名下，并非归某财税公司所有，因此潘某的出资行为构成瑕疵出资，视为其未完成对某财务公司的出资。需要说明的是，潘某书写的承诺书仅对股东及公司之间产生约束，对公司外部债权人不发生法律效力，即根据《民法典》第二百零九条的规定，该承诺书不会发生物权变动的效果。

司法实践中，考虑到某财税公司事实上已经享有该写字楼的物权，所欠缺的只是一个法律上的登记变更手续，故法院在处理该类案件时都会让股东在合理期限内完成权属变更手续。股东完成变更手续后，股东权利自实际交付财产给公司使用时享有。这样的做法兼顾了公司、公司股东以及债权人的合法权益，充分体现我国司法制度“务实”的特点。

【风险防范建议】

对于以房产出资的股东，务必要办理过户手续，否则会面临以下法律风险：

（1）由于房产尚未完成过户登记，出资股东有可能将房产出售转让其所有权，或办理抵押降低房产的使用价值，造成公司资产流失。

（2）未过户给公司的房产，在法律性质上仍属于出资股东的个人财产。如果出资股东对外欠有债务被法院强制执行，或者因为离婚、继承需要分割个人财产，则该房产会被第三人追索权利，影响公司的日常经营。

（3）如果用于出资的房屋被第三人追索权利，则出资股东的行为已经构成了“瑕疵出资”，公司的债权人有权要求其他发起人与该出资股东承担连带责任，即其他发起人要在房产价值的范围内对公司债务不能清偿的部分承担补充赔偿责任。因此，其他股东应当敦促以房产出资的股东尽早办理过户手续。

【法条链接】

《公司法》第二十八条第一款　股东应当按期足额缴纳公司章程中规定的各自所认缴的出资额。股东以货币出资的，应当将货币出资足额存入有限责任公司在银行开设的账户；以非货币财产出资的，应当依法办理其财产权的转移手续。

《民法典》第二百零九条第一款　不动产物权的设立、变更、转让和消灭，经依法登记，发生效力；未经登记，不发生效力，但是法律另有规定的除外。

《最高人民法院关于适用〈中华人民共和国公司法〉若干问题的规定（三）》第十条　出资人以房屋、土地使用权或者需要办理权属登记的知识产权等财产出资，已经交付公司使用但未办理权属变更手续，公司、其他股东或者公司债权人主张认定出资人未履行出资义务的，人民法院应当责令当事人在指定的合理期间内办理权属变更手续；在前述期间内办理了权属变更手续的，人民法院应当认定其已经履行了出资义务；出资人主张自其实际交付财产给公司使用时享有相应股东权利的，人民法院应予支持。

出资人以前款规定的财产出资，已经办理权属变更手续但未交付给公司使用，公司或者其他股东主张其向公司交付、并在实际交付之前不享有相应股东权利的，人民法院应予支持。

第十三条第三款　股东在公司设立时未履行或者未全面履行出资义务，依照本条第一款或者第二款提起诉讼的原告，请求公司的发起人与被告股东承担连带责任的，人民法院应予支持；公司的发起人承担责任后，可以向被告股东追偿。

20. 明知原始股东未足额出资而受让股权，债权人可否向受让人主张债权？

【情景案例】

2018 年 6 月 12 日，甲与乙共同出资成立 A 有限责任公司，注册资本 500 万元，甲任该公司董事长。A公司的章程规定，甲、乙出资额分别为400万元、100万元，股权比例为80%、20%。2018年10月10日，乙与丙签订了一份《股权转让协议》，约定乙将其持有20%的公司股权以20万元的价格转让于丙，并在伪造过半数股东同意的书面文件后办理了股权变更登记。

2018年11月5日，B公司与A公司签订了一份《水泥买卖合同》，约定：B公司向A公司提供水泥，货款共计300万元。B公司在签约后如期提供足量水泥，但A公司在收货后长期未按约支付货款。2019年6月1日，B公司向法院提起诉讼，要求A公司足额偿还300万元的货款，乙对公司债务不能清偿的部分在未足额出资的范围内承担补充赔偿责任，丙承担连带责任。

经查，甲完成出资400万元，乙、丙一直未缴足出资。丙为贪图小利，在明知乙没有出资的情况下签订了股权转让协议。

请问：B公司的诉讼请求能否得到法院支持？

【案例分析】

本案涉及的是受让人明知受让股权未足额出资而受让，是否应当承担连带责任的问题。

根据《最高人民法院关于适用〈中华人民共和国公司法〉若干问题的规定（三）》第十三条、第十八条的规定，有限责任公司的股东未履行或者未全面履行出资义务即转让股权，受让人对此知道或者应当知道的，公司债权人可以请求原股东在未出资本息范围内对公司债务不能清偿的部分承担补充赔偿责任，并可同时请求前述受让人对此承担连带责任。

本案中，B公司履行完毕《水泥买卖合同》，拥有对A公司合法的300万元债权，因此B公司可以向法院诉请A公司足额偿还300万元的货款。如果A公司无力足额偿还，B公司可以要求乙对A公司债务不能清偿的部分在未足额出资的范围内承担补充赔偿责任，由于丙明知乙的股权未出资仍受让，B公司还可以同时要求丙承担连带责任。综上所述，B公司的诉讼请求能得到法院支持。

【风险防范建议】

关于受让股权时，如何规避相关法律风险，建议如下：

（1）调查出让方是否具有股东资格，以及是否已按公司章程的规定履行出资义务。例如，可以通过登录国家企业信用信息公示系统，输入企业信息后点击查询，在“股东及出资信息”中查看详细的注册资金认缴、实缴情况，了解合作方是否已经实际出资完毕。另外，受让人还可以要求公司提供股东名册，确认其是否具备股东资格。需要说明的是，为保护股东的期限利益，如果未到出资期限，出让方是有权转让股权的，法律并不禁止。如果受让方明知对方没有出资还受让股权，那么公司债权人可以请求出让方在未出资本息范围内对公司债务不能清偿的部分承担补充赔偿责任，并可同时请求受让方对此承担连带责任。因此，如果知道出让方未出资，建议要求对方先履行出资义务，再办理股权转让手续。

（2）调查出让的股权是否已设定质押。由于股权质押需要办理登记手续才能设立质权，因此对于有限责任公司的股权质押，可到国家企业信用信息公示系统查询股权质押情况。

（3）要求转让方提供"过半数股东签名的股权转让同意书"。因为根据《最高人民法院关于适用〈中华人民共和国公司法〉若干问题的规定（四）》的规定，股东对外转让股权，要经其他股东过半数同意。如果转让方未经其他股东同意私下转让股权，则其他股东可以在同等条件下行使优先购买权，但其他股东自知道或者应当知道行使优先购买权的同等条件之日起 30 日内没有主张，或者自股权变更登记之日起超过 1 年的除外。

（4）如果股权受让方系计划通过持有公司股权以获得某土地的使用权，那么受让方应当要求出让方保证所拥有的土地使用权及房屋所有权均系经合法方式取得并合法拥有，可以被依法自由转让，不被第三人追索权利。

（5）由于公司的负债情况及经营情况会影响受让方对于受让股权价值的评估，股权出让方及公司应向受让方书面保证除已列举的债务外，无任何其他负债。

【法条链接】

《公司法》第七十一条第二款 股东向股东以外的人转让股权，应当经其他股东过半数同意。股东应就其股权转让事项书面通知其他股东征求同意，其他股东自接到书面通知之日起满三十日未答复的，视为同意转让。其他股东半数以上不同意转让的，不同意的股东应当购买该转让的股权；不购买的，视为同意转让。

《最高人民法院关于适用〈中华人民共和国公司法〉若干问题的规定（四）》第二十一条第一款 有限责任公司的股东向股东以外的人转让股权，未就其股权转让事项征求其他股东意见，或者以欺诈、恶意串通等手段，损害其他股东优先购买权，其他股东主张按照同等条件购买该转让股权的，人民法院应当予以支持，但其他股东自知道或者应当知道行使优先购买权的同等条件之日起三十日内没有主张，或者自股权变更登记之日起超过一年的除外。

《最高人民法院关于适用〈中华人民共和国公司法〉若干问题的规定（三）》第十三条第二款 公司债权人请求未履行或者未全面履行出资义务的股东在未出资

本息范围内对公司债务不能清偿的部分承担补充赔偿责任的，人民法院应予支持；未履行或者未全面履行出资义务的股东已经承担上述责任，其他债权人提出相同请求的，人民法院不予支持。

第十八条 有限责任公司的股东未履行或者未全面履行出资义务即转让股权，受让人对此知道或者应当知道，公司请求该股东履行出资义务、受让人对此承担连带责任的，人民法院应予支持；公司债权人依照本规定第十三条第二款向该股东提起诉讼，同时请求前述受让人对此承担连带责任的，人民法院应予支持。

受让人根据前款规定承担责任后，向该未履行或者未全面履行出资义务的股东追偿的，人民法院应予支持。但是，当事人另有约定的除外。

21. 股东以对公司的到期债权抵销瑕疵出资，可以吗？

【情景案例】

2021年1月1日，甲公司、乙公司和丙公司三方以货币出资的方式共同出资设立丁公司。甲公司认缴出资100万元，设立时实缴出资10万元，约定2021年4月1日前缴付（后未缴付），其余股东均在设立时履行了出资义务。2021年1月至6月，丁公司自注册成立时起一直租用甲公司的房屋，租金共计90万元。2021年8月1日，因丁公司欠戊公司80万元货款，戊公司诉至法院，法院判决丁公司向戊公司支付货款。之后，丁公司在执行过程中因无可供执行财产，法院裁定终结本次执行。为此，戊公司再次向法院提起诉讼，请求丁公司的股东甲公司在未履行出资义务的范围内承担补充赔偿责任。甲公司辩称，丁公司租用其房屋，欠其租金共90万元，该租金已折抵出资款。

请问：甲公司的说法符合我国法律规定吗？

【案例分析】

本案涉及的是股东能否以对公司的到期债权抵销瑕疵出资的问题。

《民法典》中抵销分为“法定抵销”和“约定抵销”。根据《民法典》第五百六十八条的规定，当事人互负到期债务，该债务的标的物种类、品质相同的，任何一方可以将自己的债务与对方的债务抵销；此为法定抵消权。该法第五百六十九条规定，当事人互负债务，标的物种类、品质不相同的，经双方协商一致，也可以抵销；此为约定抵销权。

本案中，股东甲公司的出资是具有特定目的的财产，因出资所形成债权，是一个特定的债权，不同于一般欠款所形成的债权。而甲公司所主张的欠付租金，只是和公司形成一个普通的债权，两者在性质上是不同的，不是品质、种类相同的债权，相互抵销无法律依据，不能适用《民法典》第五百六十八条规定的法定抵销权。而约定抵销的前提为“经双方协议一致”，即股东甲公司首先应有“将其对公司债权抵销其出资”的意思表示，而且该意思表示还需取得公司或其他股东同意，即一定要有书面抵销出资的文件，一般可包括与公司之间达成的关于抵销出资的协议、备忘录、会议纪要或者是股东决议等。综上所述，股东甲公司将欠付租金和出资义务相互抵销的主张没有法律依据。因此，甲公司的说法不符合我国法律规定。

【风险防范建议】

尽管股东和公司之间可以通过一定的程序，以约定的方式将其出资义务和所拥有的债权相互抵销。但为保护债权人的利益，在公司进入破产程序以及债权人已经诉至法院要求出资不实股东承担责任的情况下，股东将不能主张抵销权。因此，对于未出资及对公司享有债权的股东应当密切关注公司财务状况，尽量在公司资产充盈时或资不抵债情形出现之前及时实现自有债权的清偿。

【法条链接】

《民法典》第五百六十八条　当事人互负债务，该债务的标的物种类、品质相同的，任何一方可以将自己的债务与对方的到期债务抵销；但是，根据债务性质、按照当事人约定或者依照法律规定不得抵销的除外。

当事人主张抵销的，应当通知对方。通知自到达对方时生效。抵销不得附条件或者附期限。

第五百六十九条　当事人互负债务，标的物种类、品质不相同的，经协商一致，也可以抵销。

二、股东增资减资纠纷

22. 增资款可以认缴吗？

【情景案例】

甲公司成立于2019年3月3日，由马某与苗某共同创办，马某担任公司董事长，注册资本为10万元，马某实缴出资6万元占60%的股权，苗某实缴出资4万元占40%的股权。由于公司注册资本太少，马某在对外洽谈业务与合作伙伴时，经常感到没有底气。为此，马某找苗某商量将公司注册资本变更为100万元。马某认为，公司增加注册资本也是可以认缴的，二人现在都不需要拿钱出来，可在公司赚钱分红后再缴纳。苗某认为，只有公司刚成立时才可以延期缴纳注册资本，增资款在办理公司变更手续时就要缴纳。

请问：马某的说法符合我国法律规定吗？

【案例分析】

本案涉及的是股东新增的注册资本能否适用认缴制的法律问题。

我国《公司法》第一百七十八条第一款规定，有限责任公司增加注册资本时，股东认缴新增资本的出资，依照该法设立有限责任公司缴纳出资的有关规定执行。该法第二十六条第一款规定，有限责任公司的注册资本为在公司登记机关登记的全体股东认缴的出资额。由此可见，股东增资也可以认缴出资，增资款并非在办理公司变更手续时一定要缴纳。

本案中，马某为在商业谈判中增加底气，以认缴出资方式增加注册资本是合法的，马某的说法符合我国法律规定。

【风险防范建议】

虽然增资同样不需要实缴出资，但也应当量力而行。因为当公司经营困难出现资不抵债或破产情形时，增资股东需要用个人资产在未出资范围内对公司债务不能清偿部分承担补充赔偿责任。如果增资过多而又未实际出资，股东将会在公司破产清算时承担高额的补充赔偿责任。

【法条链接】

《公司法》第二十六条第一款 有限责任公司的注册资本为在公司登记机关登记的全体股东认缴的出资额。

第一百七十八条 有限责任公司增加注册资本时，股东认缴新增资本的出资，依照本法设立有限责任公司缴纳出资的有关规定执行。

股份有限公司为增加注册资本发行新股时，股东认购新股，依照本法设立股份有限公司缴纳股款的有关规定执行。

23. 公司新增资本时，股东具有优先认股权吗？

【情景案例】

甲公司成立于2018年7月1日，由方某、任某与李某创办，注册资本500万元，其中方某实缴出资300万元，占公司60%的股权，任某与李某各实缴出资100万元，各占公司20%的股权。2018年8月8日，甲公司召开股东会，通过“关于吸纳刘某为公司新股东”的决议(80%同意，20%反对)。2018年8月10日，在方某的安排下，甲公司与刘某签订了一份《入股协议书》，约定：由刘某出资500万元认购甲公司50%的股权；刘某入股权，方某、任某与李某所占公司股权分别为30%、10%、10%。投反对票的李某看到《入股协议书》将自己的股权稀释后，十分生气，表示该协议侵犯其优先认股权。同时，李某表示自己愿意出资500万元增资，不同意让刘某成为甲公司股东。刘某认为，其与甲公司已签订入股协议书，李某无权阻止其成为甲公司股东。

请问：李某可以阻止刘某成为甲公司股东吗？

【案例分析】

本案涉及的是股东对新增注册资本是否享有优先认购权的问题。

公司新增资本的优先购买权，是指公司新增资本时，原有股东享有的优先于非股东认购的权利。根据我国《公司法》第三十四条的规定，公司新增资本时，股东有权优先按照实缴的出资比例认缴出资。但是，全体股东约定不按照出资比例优先认缴出资的除外。在实践中，公司在设立后可能会因经营业务发展的需要而增加公司资本。但由于有限责任公司的股东比较稳定，股东之间具有相互信赖、比较紧密的关系，因此在公司需要增加资本时，应当由本公司的股东优先认缴。

本案中，甲公司由方某、任某与李某创办，李某是甲公司的创始人和原始股东。因不满自己的股权被稀释，李某主张自行出资500万元完成增资，并阻止刘某成为股东，但根据《公司法》第三十四条的规定，李某仅有权优先认购20%即100万元的增资，无权对新增注册资本全部认购。此外，由于“关于吸纳刘某为公司新股东”的股东会决议已经代表2/3以上代表权的股东通过，程序合法、内容有效，李某无权阻止刘某成为甲公司股东。综上所述，李某可以认购100万元的增资，以避免股权被稀释；刘某可以认购400万元的增资，增资后占公司40%的股权。

【风险防范建议】

实务中，可能出现公司大股东或实际控制人侵害中小股东优先认购权的情况。对于中小股东而言，应当重点防范以下常见情况：

(1)出让股东对外转让通知的价格远高于实际股权转让价格，影响其他股东的正常决策，达到规避其他股东行使优先购买权的目的。

(2)出让股东先以高价转让少部分股权，迫使其他股东放弃优先购买权。待受让人正式取得公司股东身份后，出让股东再以低价转让剩余的全部股权。此时由于受让方已非“股东以外的人”，出让股东无须再通知其他股东，从而达到恶意规避有关股东优先购买权规定的目的。

(3)内部股东代股东之外的人以股东名义收购其他内部股东股权，形式上为股东内部股权转让，实际上是向股东外部转让股权，该行为同样是规避了公司法中关于股东优先购买权的规定，损害其他中小股东优先认购权。

如果中小股东发现其他股东有以上侵害自身优先购买权的行为，应当及时收集证据，并联系专业律师采取维权行动。

【法条链接】

《公司法》第三十四条 股东按照实缴的出资比例分取红利；公司新增资本时，股东有权优先按照实缴的出资比例认缴出资。但是，全体股东约定不按照出资比例分取红利或者不按照出资比例优先认缴出资的除外。

第七十一条 有限责任公司的股东之间可以相互转让其全部或者部分股权。

股东向股东以外的人转让股权，应当经其他股东过半数同意。股东应就其股权转让事项书面通知其他股东征求同意，其他股东自接到书面通知之日起满三十日未答复的，视为同意转让。其他股东半数以上不同意转让的，不同意的股东应当购买该转让的股权；不购买的，视为同意转让。

经股东同意转让的股权，在同等条件下，其他股东有优先购买权。两个以上股东主张行使优先购买权的，协商确定各自的购买比例；协商不成的，按照转让时各自的出资比例行使优先购买权。

公司章程对股权转让另有规定的，从其规定。

24. 部分股东不知情状态下的增资，能否撤销？

【情景案例】

2018年6月1日，袁某与柳某、鲍某共同出资设立了某家电公司，注册资本为1000万元，各股东的出资情况及对应的持股比例分别为：袁某出资600万元，持股60%；柳某、鲍某各出资200万元，各持股20%。2018年11月10日，工商部门根据某家电公司的申请，将某家电公司登记的注册资本由1000万元变更登记为2000万元。某家电公司申请上述变更登记的主要依据为落款日期均为2018年11

月1日的《某家电公司股东会决议》，主要内容为：同意增加公司注册资本，由原来的1000万元增加到2000万元，某投资公司增加投资1000万元。

2018年12月1日，鲍某才得知增资情况，此前他对此事完全不知情，也未在增资的股东会决议上签字。鲍某经调查得知，事情起因系袁某故意不通知鲍某参与股东会议，并且私自在股东会决议上伪造了他的签字。待收集有关证据后，鲍某请求法院撤销某家电公司关于增资1000万元的股东会决议。

请问：鲍某的诉讼请求能否得到法院的支持？

【案例分析】

本案涉及的是未经法定程序的增资行为是否撤销的问题。

根据我国《公司法》第四十一条的规定，召开股东会会议，应当于会议召开15日前通知全体股东。股东会应当对所议事项的决定作出会议记录，出席会议的股东应当在会议记录上签字。根据该法第四十三条的规定，对于增资的决议须经代表2/3以上表决权的股东通过。根据该法第二十二条第二款的规定，股东会或者股东大会、董事会的会议召集程序、表决方式违反法律、行政法规或者公司章程，股东可以自决议作出之日起60日内，请求人民法院撤销。

本案中，因某家电公司并未通知鲍某参加有关增长事宜的股东会决议，鲍某对增资事宜及股东会的召开并不知情，且股东会决议上的签字亦非其本人所签。可见，该股东会的召集程序、表决方式均违反法律规定，故鲍某的参与权、表决权与决策权均受到了影响。因此，某家电公司关于增资1000万元的股东会决议应当予以撤销，鲍某的诉讼请求能得到法院的支持。

【风险防范建议】

法律正义既强调实体正义，也注重程序正义，增资程序不合法可能会导致增资行为的无效。在增资扩股中，需要注意以下细节：

（1）履行公司增加注册资本方案的内部决策程序。公司拟增加注册资本时，一般由公司董事会、执行董事或经理提出增加注册资本的方案，通知全体股东并提交股东会进行决议通过，确定增资方案。

（2）签订增资协议。确定公司的增资方案后，公司现有股东将与意向增资方就公司的估值、增资的金额、时间，增资方的持股比例等事项进行磋商，进而签订增资协议。

（3）股东会对增加注册资本进行决议，修订章程。公司股东会对增加注册资本进行决议，经代表2/3以上表决权的现有股东同意后，确定增资协议的相关内容，并据此修订章程。

（4）增资款入账，或办理增资财产产权转移手续。增资方按照增资协议的约定，认缴或实缴增资款。用财产进行增资的，应对相关财产进行评估，并办理财产所有权的变更手续，将增资财产过户至公司名下。

（5）办理增资登记备案手续。公司应持增资协议、股东会决议、修订后的章程、公司变更登记申请书等资料，到公司登记机关办理变更登记手续。

【法条链接】

《公司法》第二十二条第一款 公司股东会或者股东大会、董事会的决议内容违反法律、行政法规的无效。

第二十二条第二款 股东会或者股东大会、董事会的会议召集程序、表决方式违反法律、行政法规或者公司章程，或者决议内容违反公司章程的，股东可以自决议作出之日起六十日内，请求人民法院撤销。

第四十一条 召开股东会会议，应当于会议召开十五日前通知全体股东；但是，公司章程另有规定或者全体股东另有约定的除外。

股东会应当对所议事项的决定作成会议记录，出席会议的股东应当在会议记录上签名。

第四十三条第二款 股东会会议作出修改公司章程、增加或者减少注册资本的决议，以及公司合并、分立、解散或者变更公司形式的决议，必须经代表三分之二以上表决权的股东通过。

25. 注册资本没有实缴到位，可以进行增资吗？

【情景案例】

某装修公司成立于2018年6月，由唐某与薛某共同创办，注册资本为50万元，唐某认缴出资30万元占股60%，薛某认缴出资20万元占股40%。公司章程规定，唐某与薛某两人应当于2018年12月31日前缴纳所有出资。注册资本认缴到期后，唐某仅实缴出资20万元，薛某仅实缴出资10万元。2019年1月，为更容易承接装修工程，唐某想将公司注册资本变更为500万元，但遭到薛某反对。薛某认为，现公司注册资本还没有缴纳到位，是不能增资的。

请问：薛某的说法符合我国法律规定吗？

【案例分析】

本案涉及的是注册资本没有实缴到位，是否可以进行增资的问题。

综观现行的《公司法》《公司登记管理条例》《公司注册资本登记管理规定》，其均未禁止或限制公司在原注册资本缴足前新增注册资本。另外从法理上看，公司注册资本在未缴足的情况下增资，产生的仅是股东对公司缴纳新增部分出资的义务，并不减损原股东负有的对公司缴纳剩余出资的义务。换言之，该增资行为不会使公司的利益受损；相反，其使公司的“责任财产”（股东承诺认缴的资本）得以增加，有利于保护公司和债权人的利益，因此，不应当认为该等增资行为不合法或者无效。

本案中，根据我国法律规定及法学理论，薛某认为在公司注册资本还没有缴纳到位的情况下不能进行增资的说法是错误的。

【风险防范建议】

值得大家注意的是，根据我国《公司法》第三十四条的规定，除了全体股东约定不按照出资比例优先认缴出资以外，公司新增资本时，股东有权优先按照实缴的出资比例认缴出资。按照上述规定，如果注册资本没有实缴到位，则相应股东对新增资本没有优先认购权。

【法条链接】

《公司法》第三十四条　股东按照实缴的出资比例分取红利；公司新增资本时，股东有权优先按照实缴的出资比例认缴出资。但是，全体股东约定不按照出资比例分取红利或者不按照出资比例优先认缴出资的除外。

《最高人民法院关于适用〈中华人民共和国公司法〉若干问题的规定（三）》第十六条　股东未履行或者未全面履行出资义务或者抽逃出资，公司根据公司章程或者股东会决议对其利润分配请求权、新股优先认购权、剩余财产分配请求权等股东权利作出相应的合理限制，该股东请求认定该限制无效的，人民法院不予支持。

26. 公司增资收取出资款，但迟迟不办理股权变更登记手续，投资人可要求返还出资款吗？

【情景案例】

2021年1月1日，雷某与甲公司经协商，就甲公司因增资扩股需要，吸收雷某投资30万元并使其成为甲公司股东一事达成书面协议，甲公司还特别承诺最迟于2021年3月1日为雷某办理股权变更登记手续。2021年2月8日，雷某向甲公司一次性支付投资款30万元。但此后，甲公司一直未向工商管理部门办理股东变更登记手续及增资登记手续，雷某多次催促甲公司但其仍不为所动。

2021 年 8 月 1 日，雷某以甲公司至今未办理入股手续为由，要求甲公司退还投资款 30 万元并支付资金占用利息，但甲公司不同意。雷某遂诉至法院，以甲公司在收取投资款后既不向工商管理部门办理股东变更登记手续，也未让其享受股东权利，故甲公司收取其投资款的行为没有法律效力，请求返还投资款 30 万元。甲公司辩称，公司股东会曾就同意吸收雷某的投资作出过决议，虽然公司未及时到相关部门办理相关手续有所欠缺，但可以补办，雷某现要求返还投资款的要求没有法律依据。

请问：雷某的请求能得到法院支持吗?

【案例分析】

本案涉及的是公司迟迟未履行股东变更登记的义务，投资人能否以此为由要求解除合同的问题。

根据我国《民法典》第五百六十三条的规定，当事人一方迟延履行主要债务，经催告后在合理期限内仍未履行，当事人可以解除合同。《最高人民法院关于适用〈中华人民共和国公司法〉若干问题的规定（三）》第二十三条规定，当事人依法履行出资义务或者依法继受取得股权后，公司未签发出资证明书、记载于股东名册并办理公司登记机关登记，当事人请求公司履行上述义务的，人民法院应予支持。股东变更登记是股权转让协议中公司的法定义务。

本案中，原告向甲公司一次性支付投资款 30 万元即已全面履行合同义务，甲公司应当依法向公司登记管理机关办理相关的变更登记手续。但截至雷某起诉之日，甲公司仍不就行股东变更登记，亦不向雷某签发出资证明书、将雷某记载于股东名册，雷某事实上并未享受到股东权利。根据《公司法》第四条的规定，公司股东依法享有资产收益、参与重大决策和选择管理者等权利，这是股东作为投资者所享有的对公司的权利，亦是股份转让合同中股东的主要权利。甲公司在收取投资款后未签发出资证明书、记载于股东名册并办理公司登记机关登记，使雷某无法主张行使股东权利，也无法获得相应的资产收益，导致雷某的合同目的无法实现。由于甲公司当初承诺最迟于 2021 年 3 月 1 日为雷某办理股权变更登记手续，但直至 2021 年 8 月 1 日仍未履行相关义务，构成严重违约，雷某可以依法行使法定解除权，亦可以选择请求公司继续履行合同义务，限期进行股东变更登记。

【风险防范建议】

由于社会生活的复杂性、行为人刻意规避法律、公司监管不严密等原因，实践中有的股东实际履行了出资义务，但未登记为股东，成为隐名股东；有的股东在章程和工商登记上都有记载，但没有出资，成为空名股东；有的则被人冒名，成为冒名股东。这些不规范现象的存在，使股东资格的认定成为法律界长期争论的法律问题。

一般说来，公司股东的资格主要依照以下几方面来判断认定：第一，股东是否实际缴付了出资，持有出资证明书；第二，股东名册与章程的记载内容。股东名册是股东资格的形式化证据，设置股东名册目的就在于调整公司和股东之间的关系。而当股权发生转让时，新股东缴付股权转让款，股东名册及章程发生了变更，即便未进行工商变更登记，股权转让亦生效，但未经登记或者变更登记的，不得对抗第三人。因此，投资者向公司支付出资款后，应当敦促公司出具出资证明书并及时办理股东变更登记，以全面保障自己的合法权益。

【法条链接】

《民法典》第五百六十三条　有下列情形之一的，当事人可以解除合同：

（一）因不可抗力致使不能实现合同目的；

（二）在履行期限届满前，当事人一方明确表示或者以自己的行为表明不履行主要债务；

（三）当事人一方迟延履行主要债务，经催告后在合理期限内仍未履行；

（四）当事人一方迟延履行债务或者有其他违约行为致使不能实现合同目的；

（五）法律规定的其他情形。

以持续履行的债务为内容的不定期合同，当事人可以随时解除合同，但是应当在合理期限之前通知对方。

《公司法》第三十一条第一款　有限责任公司成立后，应当向股东签发出资证明书。

第三十二条第三款　公司应当将股东的姓名或者名称向公司登记机关登记；登记事项发生变更的，应当办理变更登记。未经登记或者变更登记的，不得对抗第三人。

第二百一十一条第二款　公司登记事项发生变更时，未依照本法规定办理有关变更登记的，由公司登记机关责令限期登记；逾期不登记的，处以一万元以上十万元以下的罚款。

《公司登记管理条例》第三十四条第一款　有限责任公司变更股东的，应当自变更之日起30日内申请变更登记，并应当提交新股东的主体资格证明或者自然人身份证明。

《最高人民法院关于适用〈中华人民共和国公司法〉若干问题的规定(三)》第二十三条 当事人依法履行出资义务或者依法继受取得股权后,公司未根据公司法第三十一条、第三十二条的规定签发出资证明书、记载于股东名册并办理公司登记机关登记,当事人请求公司履行上述义务的,人民法院应予支持。

27. 设定质权的股权因公司增资扩股缩减的,质权人优先受偿的股权份额如何确定?

【情景案例】

2021年3月28日,甲公司与乙公司签订一份《还款协议书》,约定:甲公司尚欠乙公司货款300万元,甲公司将其所持有的丙公司10%的股权质押给乙公司,作为偿还乙公司欠款的质押担保,并向相关管理机关办理了出质登记,出质股权数额为一万股。之后甲公司未按约定还款,经乙公司多次催款,甲公司仍未能偿还。2021年8月9日,乙公司诉至法院,要求甲公司清偿所欠300万元及利息,并对甲公司持有丙公司10%的股权的拍卖、变卖价款享有优先受偿权。诉讼期间,乙公司得知丙公司2021年6月进行增资扩股,甲公司对丙公司的出资比例由原来10%缩减为5%。

请问:乙公司优先受偿的股权份额是多少?

【案例分析】

本案涉及的是公司增资扩股扩张,是否会影响股权份额的问题。

我国《民法典》第四百四十三条第一款规定,以基金份额、股权出质的,质权自办理出质登记时设立。质权人对质权范围内的股权有优先受偿的权利。

本案中,丙公司增资扩股后,会有新的出资注入公司。虽然乙公司持有的股权比例会发生变化,但实际持有的股权数量以及登记公示的股权数量并没有发生变化。对于乙公司来说,由于设立质权必须进行出资登记,且当初登记时已明确出质数额为"一万股",所以乙公司优先受偿的股权份额是固定的,实际权利并无变化,不存在因增资扩股损害乙公司合法权利的可能。综上所述,乙公司应以增资扩股后的丙公司5%股权份额享有优先受偿的权利。

【风险防范建议】

在实践中,债权人为保证自己的债务能得到优先受偿,有时会选择在借款合同中约定以股权作为质押物，但合同签订后并没有进行相应的登记，致使质押权没有生效，最终在维权的时候未能得到优先受偿。为了充分保障自己的权利，建议在合同签订后、借款借出前，与债务人一起到登记机关进行登记，详情可以咨询当地的政务服务中心。

【法条链接】

《民法典》第四百四十条　债务人或者第三人有权处分的下列权利可以出质：

（一）汇票、本票、支票；

（二）债券、存款单；

（三）仓单、提单；

（四）可以转让的基金份额、股权；

（五）可以转让的注册商标专用权、专利权、著作权等知识产权中的财产权；

（六）现有的以及将有的应收账款；

（七）法律、行政法规规定可以出质的其他财产权利。

第四百四十三条第一款　以基金份额、股权出质的，质权自办理出质登记时设立。

28. 股东在公司增资时未按期履行出资义务，要承担什么责任？

【情景案例】

A公司是一家建筑工程公司，由汤某与罗某共同创办，注册资本为700万元，汤某系公司法定代表人。为增加公司实力，A公司决定于2019年进行增资扩股，要将公司注册资本增加到1000万元。2019年3月5日，A公司与贺某签订了一份《增资扩股协议》，约定：A公司将注册资本变更为1000万元，增加的资本来源为新吸收自然人股东贺某出资300万元，该出资款应在2019年6月30日前支付。协议签订后不久，A公司到工商部门办理了股东变更手续，贺某正式成为A公司股东。出资款缴纳期限到后，贺某以资金周转困难为由，仅缴纳了50万元出资款。因为贺某的资金未能到位，公司资金短缺导致被迫放弃原已谈妥的某工程项目，直接损失20多万元。对此，汤某表示十分生气，认为贺某不遵守承诺，没有诚意入股，因此想迫使其退股并不让其参与公司的分红。

请问：贺某未按期履行出资义务，要承担什么责任？

【案例分析】

本案涉及的是股东出资违约责任的问题。

按期足额缴纳所认缴的出资额是股东首要的法定义务，也是公司设立的前提条件。履行过程中，股东未履行出资义务无论是完全不履行，还是部分不履行，都属于股东没有按照公司章程中规定履行出资义务，均需承担相应的违约责任。《最高人民法院关于适用〈中华人民共和国公司法〉若干问题的规定（三）》第十三条第一款规定，股东未履行或者未全面履行出资义务，公司或者其他股东请求其向公司依法全面履行出资义务的，人民法院应予支持。根据其第十六条、第十七条的规定，对于没有履行出资义务的股东，公司可以限制其利益分配请求权，催告后合理期间内仍未缴纳的，可以以股东会决议解除该股东的股东资格。

本案中，贺某未按约定全面履行增资义务，A 公司及股东罗某、汤某可以要求贺某补足 300 万元出资款，由于贺某未能及时出资导致公司直接损失 20 多万元，罗某和汤某可以要求贺某承担违约责任。此外，A 公司可通过股东会决议对贺某享有的利润分配请求权、新股优先认购权、剩余财产分配请求权等股东权利作出相应的合理限制。

【风险防范建议】

按期足额缴纳所认缴的出资额是股东首要的法定义务，也是公司设立的前提条件。如果增资方案已通过公司决议且完成工商登记，成为公司责任财产的一部分，股东未能按期缴纳出资导致公司或公司债权人利益受损的，增资股东将会承担违约责任。若股东资金不足，可以考虑适当延长出资期限。

此外，根据《最高人民法院关于适用〈中华人民共和国公司法〉若干问题的规定（三）》第十三条第四款的规定，公司董事、高级管理人员未尽忠实、勤勉义务导致增资股东未按约定履行出资义务的，其要承担相应责任。因此，为避免承担责任，公司董事、高级管理人员应当敦促增资股东按时出资；如果增资股东因资金周转困难等原因无法出资，要做好相应证据保存，以证明自己履行敦促义务，否则要承担相应责任。

【法条链接】

《公司法》第二十八条 股东应当按期足额缴纳公司章程中规定的各自所认缴的出资额。股东以货币出资的，应当将货币出资足额存入有限责任公司在银行开设的账户；以非货币财产出资的，应当依法办理其财产权的转移手续。

股东不按照前款规定缴纳出资的，除应当向公司足额缴纳外，还应当向已按期足额缴纳出资的股东承担违约责任。

《最高人民法院关于适用〈中华人民共和国公司法〉若干问题的规定(三)》第十三条第一款 股东未履行或者未全面履行出资义务,公司或者其他股东请求其向公司依法全面履行出资义务的,人民法院应予支持。

第十三条第四款 股东在公司增资时未履行或者未全面履行出资义务,依照本条第一款或者第二款提起诉讼的原告,请求未尽公司法第一百四十七条第一款规定的义务而使出资未缴足的董事、高级管理人员承担相应责任的,人民法院应予支持;董事、高级管理人员承担责任后,可以向被告股东追偿。

第十六条 股东未履行或者未全面履行出资义务或者抽逃出资,公司根据公司章程或者股东会决议对其利润分配请求权、新股优先认购权、剩余财产分配请求权等股东权利作出相应的合理限制,该股东请求认定该限制无效的,人民法院不予支持。

第十七条第一款 有限责任公司的股东未履行出资义务或者抽逃全部出资,经公司催告缴纳或者返还,其在合理期间内仍未缴纳或者返还出资,公司以股东会决议解除该股东的股东资格,该股东请求确认该解除行为无效的,人民法院不予支持。

29. 公司面临经济纠纷诉讼,能否进行减资?是否存在法律风险?

【情景案例】

甲公司成立于2015年1月,由常某与傅某共同创办,注册资本为1000万元,常某实缴出资800万元占股80%,傅某实缴出资200万元占股20%。2018年3月10日,甲公司与乙公司签订了一份《汽车配件买卖合同》,约定:乙公司给甲公司供应一批汽车配件,货款为600万元,付款方式为甲公司收货后1个月内支付。合同签订后,乙公司按约定于2018年3月15日给甲公司发货,但甲公司直至2018年5月仍未给乙公司支付货款。多次催款无果后,乙公司遂于2018年6月3日将甲公司诉至法院。2018年6月10日,由于市场行情不好,甲公司经营出现了困难,为减少损失,常某向傅某提出将公司注册由1000万元减到500万元的建议,傅某表示同意。

请问:甲公司在诉讼期间可以进行减资吗?是否存在法律风险?

【案例分析】

本案涉及的是公司在诉讼期间能否减少注册资本的问题。

我国《公司法》第一百七十七条第一款规定,公司需要减少注册资本时,必须编制资产负债表及财产清单。公司应当自作出减少注册资本决议之日起 10 日内通知债权人,并于 30 日内在报纸上公告。债权人自接到通知书之日起 30 日内,未接到通知书的自公告之日起 45 日内,有权要求公司清偿债务或者提供相应的担保。

本案中,甲公司若依照法定程序进行减资,是可以减资的。因为按法定程序减资,甲公司会通知乙公司等债权人,乙公司等债权人必然会要求甲公司清偿债务或提供一定的担保。由于债权人的利益没有受到损害,此时甲公司可以减资。但由于甲公司未对已知债权人乙公司进行减资通知,直接作出减资决定,该情形与股东违法抽逃出资实质以及对债权人利益影响,本质上并无不同。尽管我国法律未具体规定公司不履行减资法定程序导致债权人利益受损时股东责任,但可比照《公司法》相关原则和规定来加以认定。由于甲公司减资行为存在瑕疵,致使减资前形成的公司债权在减资后清偿不能的,甲公司的股东常某与傅某应在公司减资数额范围内对甲公司债务不能清偿部分承担补充赔偿责任。[参见最高人民法院公报案例:上海二中院(2016)沪 02 民终 10330 号判决书]

【风险防范建议】

公司在减资时,直接通知债权人的,应当保留好证明履行通知义务的相关证据(快递单、电子邮件、公证书等);采取公告方式通知债权人的,应当根据公司规模和营业地域范围在全国或公司注册登记地省级有影响力的报纸上进行公告。需要说明的是,如果拥有债权人的联系方式,应当直接通知债权人,否则法院可以比照《公司法》关于股东违法抽逃出资处理的原则和规定,判决股东在公司减资数额范围内承担补充赔偿责任。

【法条链接】

《公司法》第三十七条　股东会行使下列职权:

……

(七)对公司增加或者减少注册资本作出决议;

……

(十)修改公司章程;

(十一)公司章程规定的其他职权。

对前款所列事项股东以书面形式一致表示同意的,可以不召开股东会会议,直接作出决定,并由全体股东在决定文件上签名、盖章。

第一百七十七条　公司需要减少注册资本时,必须编制资产负债表及财产清单。

公司应当自作出减少注册资本决议之日起十日内通知债权人，并于三十日内在报纸上公告。债权人自接到通知书之日起三十日内，未接到通知书的自公告之日起四十五日内，有权要求公司清偿债务或者提供相应的担保。

第二百零四条 公司在合并、分立、减少注册资本或者进行清算时，不依照本法规定通知或者公告债权人的，由公司登记机关责令改正，对公司处以一万元以上十万元以下的罚款。

公司在进行清算时，隐匿财产，对资产负债表或者财产清单作虚假记载或者在未清偿债务前分配公司财产的，由公司登记机关责令改正，对公司处以隐匿财产或者未清偿债务前分配公司财产金额百分之五以上百分之十以下的罚款；对直接负责的主管人员和其他直接责任人员处以一万元以上十万元以下的罚款。

《最高人民法院关于适用〈中华人民共和国公司法〉若干问题的规定（三）》第十四条 股东抽逃出资，公司或者其他股东请求其向公司返还出资本息、协助抽逃出资的其他股东、董事、高级管理人员或者实际控制人对此承担连带责任的，人民法院应予支持。

公司债权人请求抽逃出资的股东在抽逃出资本息范围内对公司债务不能清偿的部分承担补充赔偿责任、协助抽逃出资的其他股东、董事、高级管理人员或者实际控制人对此承担连带责任的，人民法院应予支持；抽逃出资的股东已经承担上述责任，其他债权人提出相同请求的，人民法院不予支持。

《公司登记管理条例》第六十九条第一款 公司在合并、分立、减少注册资本或者进行清算时，不按照规定通知或者公告债权人的，由公司登记机关责令改正，处以 1 万元以上 10 万元以下的罚款。

30. 公司减资导致债权人利益受损，债权人可以怎么做？

【情景案例】

2018 年 6 月 1 日，齐某与康某共同设立甲公司，注册资本为 1000 万元，各股东的出资情况及对应的持股比例分别为：齐某出资 700 万元，持股 70%，康某出资 300 万元，各持股 30%。2019 年 9 月 1 日，甲公司与乙公司签订《煤矿买卖合同》，约定乙公司向甲公司提供一批煤矿，价款为 800 万元。之后，乙公司按约定提供货物，但甲公司只支付首期款 200 万元，余款 600 万元一直未付。2019 年 12 月 3 日，甲公司作出减资决议并登报公告，将注册资金由 1000 万元减资为 500 万元，即齐某与康某注册公司时约定实际出资外的后期认缴出资取消。多次催款无果后，乙公司诉至法院，要求甲公司、齐某、康某支付拖欠的600万余元货款及利息。齐某辩称，股东以出资额为限对公司债务承担有限责任，其只是甲公司股东，无须对甲公司的债务承担责任。

请问：齐某的说法符合我国法律规定吗？

【案例分析】

本案涉及的是未通知债权人即减少公司注册资本从而损害债权人利益，债权人应当如何救济的问题。

注册资本作为公司资产的重要组成部分，既是公司从事生产经营活动的经济基础，亦是公司对外承担民事责任的担保。根据《公司法》第一百七十七条的规定，公司应当自作出减少注册资本决议之日起10日内通知债权人，并于30日内在报纸上公告。公司注册资本既是公司股东承担有限责任的基础，也是公司的交易相对方判断公司的财产责任能力的重要依据，公司在减资时对其债权人负有根据债权人的要求进行清偿或提供担保的义务。

本案中，甲公司在明知对乙公司负有600余万元债务的情况下，仍然通过股东会决议减少公司的注册资本，且未按《公司法》规定通知债权人乙公司，其行为具有逃避公司债务的恶意，严重侵害了乙公司的合法权益。齐某和康某作为甲公司股东，明知乙公司的债权人身份及尚欠债务情况，仍然决议对甲公司进行减资，主观上具有逃避公司债务的故意，其减资行为亦现实地损害了公司的清偿能力，故应对甲公司债务在减资的范围内承担补充赔偿责任。因此，齐某的说法不符合我国法律规定。

【风险防范建议】

实务中，有的公司为防止债权人要求清偿债务或提供担保，于是在明知债权人及其联系方式的情况下，悄悄在债权人可能不会关注的报纸上发个公告，而不直接通知债权人。需要说明的是，这种偷偷地办理减资程序的做法是不合法的。根据相关法律规定以及最高人民法院的公报案例，公司未对已知债权人进行减资通知，致使减资前形成的公司债权在减资之后清偿不能的，法院可以比照《公司法》关于股东违法抽逃出资处理的原则和规定，判决股东在公司减资数额范围内承担补充赔偿责任。

【法条链接】

《公司法》第一百七十七条 公司需要减少注册资本时，必须编制资产负债表及财产清单。

公司应当自作出减少注册资本决议之日起十日内通知债权人，并于三十日内在报纸上公告。债权人自接到通知书之日起三十日内，未接到通知书的自公告之日起四十五日内，有权要求公司清偿债务或者提供相应的担保。

第二百零四条第一款 公司在合并、分立、减少注册资本或者进行清算时，不依照本法规定通知或者公告债权人的，由公司登记机关责令改正，对公司处以一万元以上十万元以下的罚款。

《最高人民法院关于适用〈中华人民共和国公司法〉若干问题的规定（三）》第十四条 股东抽逃出资，公司或者其他股东请求其向公司返还出资本息、协助抽逃出资的其他股东、董事、高级管理人员或者实际控制人对此承担连带责任的，人民法院应予支持。

公司债权人请求抽逃出资的股东在抽逃出资本息范围内对公司债务不能清偿的部分承担补充赔偿责任、协助抽逃出资的其他股东、董事、高级管理人员或者实际控制人对此承担连带责任的，人民法院应予支持；抽逃出资的股东已经承担上述责任，其他债权人提出相同请求的，人民法院不予支持。

三、其他出资纠纷

31. 公司解散清算时，股东是否需要补足未缴出资？

【情景案例】

伍某、余某于2017年3月共同出资设立甲公司，两人各认缴出资150万元。伍某于公司设立后已实缴150万元，但余某未按公司章程规定缴付全部出资，仅出资75万元。截至2018年6月30日，甲公司因经营不善，剩余可变现资产70万元，负债总额达150万元。之后，甲公司内部决议解散公司。2018年7月，因公司剩余资产不足以清偿全部债务，经债权人向法院起诉，要求余某补足未缴出资75万元，伍某在全部注册资本未缴足差额范围内对债务承担连带清偿责任。

请问：债权人的请求能得到法院支持吗？

【案例分析】

本案涉及的是股东出资责任的问题。

根据《最高人民法院关于适用〈中华人民共和国公司法〉若干问题的规定（二）》第二十二条的规定，公司解散时，股东尚未缴纳的出资均应作为清算财产。股东尚未缴纳的出资，包括到期应缴未缴的出资，以及分期缴纳尚未届满缴纳期限的出资。公司财产不足以清偿债务时,债权人主张未缴出资股东,以及公司设立时的其他股东或者发起人在未缴出资范围内对公司债务承担连带清偿责任的,人民法院应依法予以支持。

本案中,伍某、余某是甲公司的发起人,甲公司因经营不善被内部决议决定解散,而此时公司的可变现资产仅为 70 万元,不足以清偿全部负债。现债权人起诉余某和伍某,要求余某补足未缴出资 75 万元,伍某应当在全部注册资本未缴足差额范围内对债务承担连带清偿责任,债权人的请求能得到法院的支持。

【风险防范建议】

在认缴制下,股东虽然可在较长的出资期限内出资,但股东在认缴注册资本时,仍应当量力而行。因为当公司经营不善导致公司破产解散时,认缴期限会加速到期,股东要在未出资范围内对公司不能清偿的债务承担补充赔偿责任。

另外,根据 2019 年 11 月 8 日发布的《全国法院民商事审判工作会议纪要》,以下两种情形同样会导致认缴期限加速到期,请务必注意:(1)公司作为被执行人的案件,人民法院穷尽执行措施无财产可供执行,已具备破产原因,但不申请破产的;(2)在公司债务产生后,公司股东会决议或以其他方式延长股东出资期限的。

【法条链接】

《公司法》第三条第二款 有限责任公司的股东以其认缴的出资额为限对公司承担责任;股份有限公司的股东以其认购的股份为限对公司承担责任。

第二十六条 有限责任公司的注册资本为在公司登记机关登记的全体股东认缴的出资额。

法律、行政法规以及国务院决定对有限责任公司注册资本实缴、注册资本最低限额另有规定的,从其规定。

《最高人民法院关于适用〈中华人民共和国公司法〉若干问题的规定(二)》第二十二条 公司解散时,股东尚未缴纳的出资均应作为清算财产。股东尚未缴纳的出资,包括到期应缴未缴的出资,以及依照公司法第二十六条和第八十条的规定分期缴纳尚未届满缴纳期限的出资。

公司财产不足以清偿债务时,债权人主张未缴出资股东,以及公司设立时的其他股东或者发起人在未缴出资范围内对公司债务承担连带清偿责任的,人民法院应依法予以支持。

《全国法院民商事审判工作会议纪要》 6.【股东出资应否加速到期】 在注册资本认缴制下,股东依法享有期限利益。债权人以公司不能清偿到期债务为由,请求未届出资期限的股东在未出资范围内对公司不能清偿的债务承担补充赔偿责任的，人民法院不予支持。但是，下列情形除外：

(1)公司作为被执行人的案件，人民法院穷尽执行措施无财产可供执行，已具备破产原因，但不申请破产的；

(2)在公司债务产生后，公司股东(大)会决议或以其他方式延长股东出资期限的。

32. 出资协议与公司章程不一致的，股东之间产生纠纷时如何适用？

【情景案例】

2018年5月8日，李某与顾某签订《出资协议》一份，同意共同设立A公司，注册资本1000万元，李某认缴出资700万元占股70%，顾某认缴出资300万元占股30%，以上出资应当在2018年6月30日前缴纳。之后，李某与顾某制定的公司章程规定，李某认缴的出资款300万元于2018年7月31日前缴纳；顾某认缴的出资款于2020年12月31日前缴纳。2018年6月28日，李某按约定履行了出资义务。A公司生意十分红火，但由于订单太多公司急需资金周转，为此，李某以出资协议约定出资时间为由催促顾某尽快履行300万元的出资义务，但遭到顾某拒绝。无奈之下，A公司诉至法院，要求顾某按约定缴足全部出资。顾某认为，公司章程是公司的“宪法”，出资协议与公司章程规定不一致时，应当以公司章程规定为准，因此其最后出资期限是2020年12月31日，而非2018年6月30日。

请问：顾某的说法符合我国法律规定吗？

【案例分析】

本案涉及的是出资协议与公司章程不一致时如何适用的问题。

我国《公司法》及其他法律并没有就股东出资协议与公司章程不一致时以哪个为准作出明确规定，但按照公司法理论和实践，在处理有限责任公司内部关系的案件中，当发起人投资协议与公司章程不一致时，对于股权的确认，公司未成立前，应以发起人投资协议为依据；公司成立后，原则上应当以公司章程为依据；有特殊情况的除外。若有证据证明公司章程记载事项与事实不符，不能仅凭公司章程对争议事实作出认定，而应以发起人投资协议(内部约定)为依据来确认股权。

本案中，出资协议与公司章程中关于出资期限的约定并不一致，但考虑到公司此时业已成立，且公司章程签署于《出资协议》之后，故应当按照公司章程的约定进行出资份额的认缴和出资，故顾某的说法正确。

【风险防范建议】

为避免出资协议约定与公司章程规定不一致所引起的法律风险,建议如下:

(1)公司章程应当尽量吸收出资协议的内容,并与出资协议保持一致。

(2)在公司章程中注一句"本章程与股东出资协议不一致的,以出资协议为准",或者明确约定公司章程和出资协议各自适用的范围,避免出资协议与章程条款出现冲突。

(3)一些地区的工商部门在做登记的时候,要求按照其统一制定的样本格式起草公司章程,这往往会造成股东出资协议的内容无法被载入公司章程之中。为解决这个问题,股东可在公司设立后通过修改章程的办法将股东出资协议的内容加到章程中去,工商备案仅作公示之用,从而避免了出资协议与公示的公司章程不一致的矛盾和隐患。

【法条链接】

《公司法》第八十条 股份有限公司采取发起设立方式设立的,注册资本为在公司登记机关登记的全体发起人认购的股本总额。在发起人认购的股份缴足前,不得向他人募集股份。

股份有限公司采取募集方式设立的,注册资本为在公司登记机关登记的实收股本总额。

法律、行政法规以及国务院决定对股份有限公司注册资本实缴、注册资本最低限额另有规定的,从其规定。

33. 股东约定不按实际出资比例持有股权,有效吗?

【情景案例】

孟某是某中小房地产公司董事长,由于房地产行业不景气,孟某于2018年退出了房地产行业,并打算做一名天使投资人,专注投资互联网、人工智能、新能源等新兴行业。黄某是某大型互联网公司的技术总监,2018年12月辞职创业。2019年3月12日,孟某在一次创投大会上看好黄某的游戏项目。2019年3月15日,黄某起草了一份《投资合作协议》,主要内容:孟某与黄某两人合作成立某游戏公司,注册资本500万元,孟某出资350万元,持有公司70%的股权;黄某出资150万元,持有公司30%的股权。孟某看到协议内容后,希望将双方出资及所持股权比例调整为:孟某出资350万元,持有公司30%的股权;黄某出资150万元,持有公司70%的股权。孟某认为，其不参与公司经营，如果其占70%的股权，在公司盈利后黄某肯定心理不平衡，这样不利于双方的长远合作。

请问：孟某与黄某可以约定不按实际出资比例持有股权吗？

【案例分析】

本案涉及的是股东能否约定不按出资比例持有股权的问题。

对于持股比例是否可以与实际出资比例不同，《公司法》并未作出明确的规定，一般认为，有限公司股东的出资比例与持股比例及表决权比例原则上应当相同，但由于其具有人合因素，有限公司的股东在例外情况下，出资比例与持股比例及表决权比例可以不同，以适应实践的具体需要。

股东认缴的注册资本是构成公司资本的基础，但公司的有效经营有时还需要其他条件或资源，因此，在注册资本符合法定要求的情况下，我国法律并未禁止股东内部对各自的实际出资数额和占有股权比例作出约定，这样的约定并不影响公司资本对公司债权担保等对外基本功能实现，并非规避法律的行为，应属于公司股东意思自治的范畴。

本案中，孟某出资350万元（公司注册资本的70%），在审阅黄某起草的《投资合作协议》后，主动将原先拟定的"持有公司70%的股权"修改为"持有公司30%的股权"，属于对自己合法权益的处分，不损害第三人权益，应当依法有效。值得注意的是，根据我国《公司法》第三十四条的规定，股东按照实缴的出资比例分取红利，但全体股东约定不按照出资比例分取红利的除外。因此，孟某若想将公司利润的70%都分给黄某，还应当在章程中特别约定不按照出资比例分取红利，并明确约定分红的比例，彻底消除各种法律隐患。

【风险防范建议】

约定各股东的持股比例与实际出资比例不同，虽然在法律上可行，但存在一定的法律风险，若操作不当可能被认定为规避责任。为避免这一风险，建议如下：

（1）在公司章程中清楚载明各股东出资份额，清楚约定各股东持有股权数量及股权比例。

（2）在公司章程中约定各股东对公司债务所应负担的份额。

【法条链接】

《公司法》第三十四条　股东按照实缴的出资比例分取红利；公司新增资本时，股东有权优先按照实缴的出资比例认缴出资。但是，全体股东约定不按照出资比例分取红利或者不按照出资比例优先认缴出资的除外。

第四十二条　股东会会议由股东按照出资比例行使表决权;但是,公司章程另有规定的除外。

34. 股东可以约定不按出资比例行使表决权吗?

【情景案例】

2019年8月3日,穆某与萧某签订一份《合作协议》,约定:两人共同设立一家甲公司,注册资本100万元,穆某认缴出资60万元持股60%,萧某认缴出资40万元持股40%,上述出资应当在2019年8月31日前缴纳。之后,穆某与萧某均按约定履行了出资义务。2019年8月10日,穆某与萧某制定了一份公司章程,该章程的某条款规定:萧某担任公司执行董事兼总经理,所持公司表决权为60%;穆某担任公司监事,所持公司表决权为40%。穆某妻子刘某看到该内容后,表示不认同。刘某认为,股东表决权是根据出资比例来确定的,上述章程规定内容因违反我国法律强制性规定而无效。

请问:刘某的说法符合我国法律规定吗?

【案例分析】

本案涉及的是股东能否约定不按出资比例行使表决权的问题。

我国《公司法》第四十二条规定,股东会会议由股东按照出资比例行使表决权;但是,公司章程另有规定的除外。

本案中,穆某和萧某分别持股60%和40%,但公司章程中约定"萧某担任公司执行董事兼总经理,所持公司表决权为60%;穆某担任公司监事,所持公司表决权为40%"。尽管双方的持股比例和享有的表决权不一致,但根据上述法律规定完全是合法可行的。因此,穆某妻子刘某的说法不符合我国法律规定。

【风险防范建议】

股东表决权,既是公司治理的核心,又往往成为公司控制权争夺的焦点。股东通过行使表决权,可将自己的意志上升为公司意志,参与公司治理,从而达到其支配公司、监督管理层和实现自身权益的目的。为避免未来发生法律纠纷,建议如下:

(1)公司可以自主决定股东表决权的依据是出资比例还是股权比例,公司章程可以规定"同钱不同股",也即出资比例不一定等于股权比例,但应该在投资协议以及公司章程中明确。

（2）公司章程或股东会决议可以对未按期缴足出资的股东的表决权进行合理的限制，如规定股东表决权按照已缴出资占应缴出资的比例行使表决权，该规定可以遏制某些股东通过认缴公司大部分出资霸占多数表决权却又不按期缴足出资的现象，倒逼股东按期足额缴纳出资。

【法条链接】

《公司法》第四十二条　股东会会议由股东按照出资比例行使表决权；但是，公司章程另有规定的除外。

35. 股权是否可以作为公司股东的出资方式？

【情景案例】

2018 年 1 月，尹某、姚某与邵某共同成立 A 公司，注册资本 500 万元，尹某以货币出资 300 万元占股 60%，姚某以货币出资 100 万元占股 20%，邵某以其所持 B 公司 10% 的股权（经专业机构评估，该股权价值 100 万元）出资占股 20%。公司成立后，尹某、姚某均按约定将出资款存入公司银行账户；邵某也将股权转让到 A 公司名下。由于公司业务发展较好，截至 2018 年 12 月 31 日，A 公司税后利润为 300 万元。2019 年 1 月 10 日，尹某与姚某想不给邵某分红，于是以“股权不能作为股东出资方式”为由，要求邵某主动退股，否则诉至法院。邵某认为，能用货币估价并可以依法转让的非货币财产均可作价出资，因此公司股权是可以作为股东的出资方式。

请问：邵某的说法符合我国法律规定吗？

【案例分析】

本案涉及的是公司股东出资方式的法律问题。

根据我国《公司法》第二十七条的规定，股东可以用货币出资，也可以用实物、知识产权、土地使用权等可以用货币估价并可以依法转让的非货币财产作价出资。对作为出资的非货币财产应当评估作价，核实财产，不得高估或者低估作价。根据《最高人民法院关于适用〈中华人民共和国公司法〉若干问题的规定（三）》第十一条的规定，出资人以合法持有并依法可以转让的其他公司股权出资，出资的股权已依法进行了价值评估，且出资人已履行关于股权转让的法定手续后，应当认定出资人已履行出资义务。

本案中，邵某以其所持B公司10%的股权出资，该股权已经专业机构进行了价值评估，且邵某已将股权依法转让到A公司名下，我国法律已经明确规定股东可以股权方式出资。因此，邵某的说法正确，其出资符合法律规定，应认定邵某已履行股东出资义务，有权作为股东参与A公司的利润分配。

【风险防范建议】

关于公司在面临投资人以股权出资时，需要注意的法律风险，建议如下：

（1）以股权出资的，出资股权应当权属清晰、权能完整、依法可以转让。公司在受让股权前，应当注意出资股权是否存在以下情形：出资股权存在权利瑕疵或者权利负担（如已被设立质权、查封冻结），股权所在公司章程约定不得转让，或者法律、行政法规、国务院决定等相关规定股东转让股权应当报经批准而未经批准的，以及法律、行政法规或者国务院决定规定不得转让的其他情形。另股权转让还应当取得公司股东会的同意决议，公司的其他股东同意放弃优先受让权。

（2）公司股东应当严格按照出资协议或公司章程的规定履行出资义务，公司股东未按照出资协议或章程的约定出资的，属于出资瑕疵。出资瑕疵股东需要对公司补足出资及对公司债权人承担补充清偿责任。在实践中形成出资瑕疵的主要形式有：公司章程规定股东以货币以外的实物出资，尤其是土地房屋或其他办理产权过户的实物，股东没办理过户手续或没有交付的；约定以货币出资，但股东要求以实物出资等。投资者以非货币财产出资设立新公司时，若发现出资的非货币财产实际价额显著低于公司章程所定价额，该出资股东需要按照章程金额补足出资，且公司设立时的其他股东需承担连带责任。以非上市公司股权等非货币方式出资的，为了出资的公允性，应当委托资产评估机构对出资进行评估确定其价值。

（3）在用股权方式向其他公司出资时，还应当考察受让股权标的公司的业务对本公司是否有价值，标的公司的经营、财务状况是否良好，公司治理是否规范，对本公司以后的业务及发展是否有帮助等情况。

【法条链接】

《公司法》第二十七条 股东可以用货币出资，也可以用实物、知识产权、土地使用权等可以用货币估价并可以依法转让的非货币财产作价出资；但是，法律、行政法规规定不得作为出资的财产除外。

对作为出资的非货币财产应当评估作价，核实财产，不得高估或者低估作价。法律、行政法规对评估作价有规定的，从其规定。

《最高人民法院关于适用〈中华人民共和国公司法〉若干问题的规定(三)》第十一条第一款　出资人以其他公司股权出资,符合下列条件的,人民法院应当认定出资人已履行出资义务:

(一)出资的股权由出资人合法持有并依法可以转让;

(二)出资的股权无权利瑕疵或者权利负担;

(三)出资人已履行关于股权转让的法定手续;

(四)出资的股权已依法进行了价值评估。

《公司注册资本登记管理规定》第六条第一款　股东或者发起人可以以其持有的在中国境内设立的公司(以下称股权所在公司)股权出资。

第六条第二款　以股权出资的,该股权应当权属清楚、权能完整、依法可以转让。

36. 出资人可以以技术进行入股吗?

【情景案例】

汪某是某知名科技公司技术总监,2017 年 6 月辞职并创业成立了一间互联网科技公司。毛某是汪某好友,想投资汪某的公司。2018 年 7 月,两人经过充分协商后,双方签订了一份《投资合作协议》,约定毛某出 1000 万元资金,占 80% 的股权;汪某以技术入股,占 20% 的股权。毛某妻子戴某是一位法务人员,看到协议内容后,表示强烈反对。戴某认为,汪某虽然拥有专业的技术,但其技术没有取得专利证书等知识产权有效证书,故其技术出资在法律上是不认可的,如果汪某不出资,工商部门不给予办理登记手续;除非毛某愿意将出资方式改为毛某货币出资 800 万元,占 80% 的股权,汪某以货币出资 200 万元(该出资实际由毛某代缴资金),占 20% 的股权。但这种出资方式导致汪某将永远成为科技公司股东,如果汪某的技术不能达到公司发展的要求,毛某也不能将汪某股权收回。

请问:戴某的说法符合我国法律规定吗?

【案例分析】

本案涉及的是公司股东以非专利技术出资的法律问题。

2014 年以后,国家为鼓励技术创新,在多个方面推行了各种政策,来鼓励知识产权商业化大战略,包括修正的《公司法》取消了无形资产出资比例的限制、税收方面纳税人提供技术转让、技术开发和与之相关的技术咨询、技术服务,免增值税等税收政策。根据我国《公司法》第二十七条的规定,股东可以用货币出资,也可以用实物、知识产权、土地使用权等可以用货币估价并可以依法转让的非货币财产作价出资。对作为出资的非货币财产应当评估作价，核实财产，不得高估或者低估作价。可见，可用于出资的知识产权的条件是“可以用货币估价”并“可以依法转让”，因此，用于出资的技术必须符合上述条件。又根据《公司法》第三十条的规定，有限责任公司成立后，发现作为设立公司出资的非货币财产的实际价额显著低于公司章程所定价额的，应当由交付该出资的股东补足其差额；公司设立时的其他股东承担连带责任。

本案中，汪某虽拥有技术但没有取得专利权相关证书，如果汪某的技术也不构成专有技术，对其技术无法进行审查评估，则不属于可出资技术的范围。汪某以技术出资后，该非货币资产与公司章程所作定价有显著差别的，公司有权要求汪某以货币出资补足差额；若汪某不补足，可以通过公司减资方式，将汪某除名，使其丧失股东资格。但若汪某以毛某的200万元出资，可视为汪某和毛某二人之间成立借贷关系，汪某不愿归还借款的，毛某可依据借贷关系诉至法院，而无权要求汪某退出公司股东。所以，戴某有关非专利技术不能出资的说法不全面，但有关汪某向毛某借款并以货币出资后，毛某不能收回汪某股权的说法正确。

【风险防范建议】

公司接收股东以技术出资的，应注意以下几点：

(1)股东对用于出资的无形资产应拥有完全的处分权，权属明晰无瑕疵。在以技术出资时，需特别注意与原公司的业务是否具有关联性，排除其属于职务发明作品的可能性。如该发明专利涉嫌职务发明，不仅不能为目标公司带来技术转化的收益，反而可能对原权利人构成侵权。

(2)出资人和公司应当对拟出资知识产权客体进行明确，而非笼统以“技术出资”来表述。对出资的技术，应当明确其究竟是著作权、专利权，还是专有技术，以及技术的具体内容。否则一旦产生纠纷，无法明确该出资人的出资义务是否已履行。

(3)以技术出资需履行必要的评估、验资等程序。技术不经专业机构评估作价的，存在潜在的出资作价价值和实际价值不符的风险。若评估过程中发现技术出资与目标价值相差过大或所有权瑕疵，应当及时要求出资人用货币或其他方式弥补出资瑕疵。

【法条链接】

《公司法》第二十七条 股东可以用货币出资，也可以用实物、知识产权、土地使用权等可以用货币估价并可以依法转让的非货币财产作价出资；但是，法律、行政法规规定不得作为出资的财产除外。

对作为出资的非货币财产应当评估作价，核实财产，不得高估或者低估作价。法律、行政法规对评估作价有规定的，从其规定。

第三十条　有限责任公司成立后，发现作为设立公司出资的非货币财产的实际价额显著低于公司章程所定价额的，应当由交付该出资的股东补足其差额；公司设立时的其他股东承担连带责任。

第三章

股东资格确认纠纷

一、股东资格认定纠纷

37. 未经股东会决议通过，增资扩股成为公司股东的，具有股东资格吗？

【情景案例】

甲公司成立于2018年5月10日，注册资本500万元，戴某实缴出资250万元持股50%，宋某实缴出资250万元持股50%，法定代表人由戴某担任，宋某担任公司的监事；宋某很少回公司。2018年7月9日，为增强公司实力，戴某在没有召开股东会的情况下，私下与庞某签订一份《入股协议》，约定：庞某向甲公司入股500万元，占公司50%股权，公司注册资本增加到1000万元。在庞某将500万元入股出资汇入甲公司的银行账户后，戴某到工商部门办理了股权变更手续。事后，宋某知道庞某成为甲公司股东后，表示强烈反对，因为自己的股权比例被稀释，在公司的话语权变小了。为此，宋某以增资扩股未经股东会决议通过为由，要求取消庞某的股东资格、确认甲公司增资无效诉至法院。

请问：宋某的请求能得到法院支持吗？

【案例分析】

本案涉及的是公司股东会职权及公司增资程序性等法律问题。

根据我国《公司法》第三十七条、第四十三条第二款的规定，股东会有权对公司增加或者减少注册资本作出决议，该决议必须经代表2/3以上表决权的股东通过。又根据《公司法》第三十四条，公司新增资本时，股东有权优先按照实缴的出资比例认缴出资。

本案中，甲公司欲增加注册资本，必须按照《公司法》等法律法规和公司章程规定的程序召开股东会，且须经代表2/3以上表决权的股东通过，才能进行增加注册资本。戴某在没有召开股东会的情况下,就与庞某签订《入股协议》,增加公司资本至1000万元,且即使戴某召开股东会就公司增资、庞某入股事项进行表决,由于戴某、宋某各占公司50%股权,故该事项需戴某、宋某一致同意方可达到《公司法》中规定的公司增加注册资本应当经代表2/3以上表决权的股东通过的要求。因此,在未合法召集宋某参加股东会并经宋某表决同意的情形下,甲公司增资500万元的行为违反了甲公司的章程及法律的规定,该行为损害了原有股东宋某的合法权益,即使该出资行为已被工商行政机关备案登记,仍应认定为无效或者被撤销,公司原有股东股权比例应保持不变,宋某有权要求法院确认甲公司的增资无效或者予以撤销、庞某不具有甲公司股东资格。

【风险防范建议】

公司在增加注册资本时,应当注意以下两点:

(1)应尊重并保护原有股东对新增股权的优先认购权。根据《公司法》第三十四条的规定,公司新增资本时,股东有权优先按照实缴的出资比例认缴出资。因此,公司原股东在增资时,享有对新增资本的优先认购权,认缴比例为股东实缴出资比例;若有新股东(投资人)入股,公司原股东须作出声明放弃全部或部分优先认缴出资权。

(2)严格遵守公司章程或法律法规规定的增加注册资本程序性规定。公司需增加注册资本的,需要制定增资扩股方案并提交股东会或者股东大会审议。增加注册资本的决议属于公司的特别决议,需经代表2/3以上表决权的股东通过。投资人可通过货币、实物、知识产权以及土地使用权等方式出资。股东缴纳出资后,可以交由依法设立的会计师事务所验资并出具证明或者自行保留出资转账凭证。股东出资后公司即应召开股东会,完成增选及章程修改事宜,根据股东会决议修改股东名册并向新股东签发出资证明书。最后,公司需到工商部门办理注册资本、股东变更登记等手续。

【法条链接】

《公司法》第三十四条 股东按照实缴的出资比例分取红利;公司新增资本时,股东有权优先按照实缴的出资比例认缴出资。但是,全体股东约定不按照出资比例分取红利或者不按照出资比例优先认缴出资的除外。

第三十七条 股东会行使下列职权:

……

（七）对公司增加或者减少注册资本作出决议；

……

第四十二条 股东会会议由股东按照出资比例行使表决权；但是，公司章程另有规定的除外。

第四十三条第二款 股东会会议作出修改公司章程、增加或者减少注册资本的决议，以及公司合并、分立、解散或者变更公司形式的决议，必须经代表三分之二以上表决权的股东通过。

第一百七十九条第二款 公司增加或者减少注册资本，应当依法向公司登记机关办理变更登记。

38. 法律法规或公司章程规定股东资格的取得须经相关部门批准的，未经批准的受让人能取得股东资格吗？

【情景案例】

2018 年 3 月 1 日，甲公司与乙公司签订一份《股权转让合同》，约定乙公司将持有的某商业银行 2% 的股权转让给甲公司，转让价款为 5000 万元。某商业银行的公司章程第十条规定：“公司转让股权应当事先报请中国银行保险监督管理委员会批准。”合同签订后，甲公司按约定向乙公司支付全部股权转让款。2018 年 4 月 10 日，某商业银行修改公司章程，将甲公司列入其股东名册。2018 年 4 月 25 日，中国银行保险监督管理委员会批复不同意甲公司受让乙公司持有的某商业银行 2% 的股权，也不同意甲公司成为某商业银行的出资人。

请问：甲公司能成为某商业银行的股东吗？

【案例分析】

本案涉及的是公司章程对股东资格限制的法律问题。

根据《公司法》第七十一条第四款的规定，公司章程对股权转让另有规定的，从其规定。根据《全国法院民商事审判工作会议纪要》第 31 条，一般情况下，违反规章不影响合同效力，但该规章的内容涉及金融安全、市场秩序、国家宏观政策等公序良俗的，应当认定合同无效。

本案中，某商业银行的公司章程第十条规定，公司转让股权应当事先报请中国银行保险监督管理委员会批准。同时，又根据《商业银行股权管理暂行办法》第二章的规定，股东责任中明确了商业银行股东的职责，要求股东的资金系自有合法资金,并就入股商业银行的目的作出说明,不得委托他人或接受他人委托持有商业银行股权;商业银行主要股东还应当逐层说明其股权结构直至实际控制人、最终受益人,以及其与其他股东的关联关系或者一致行动关系。同一投资人及其关联方、一致行动人作为主要股东参股商业银行的数量不得超过2家,或控股商业银行的数量不得超过1家。同一投资人及其关联方、一致行动人入股商业银行应当遵守中国银行保险监督管理委员会规定的持股比例要求。另商业银行股东如有被列为相关部门失信联合惩戒对象、存在严重逃废银行债务行为、提供虚假材料或者作不实声明、对商业银行经营失败或重大违法违规行为负有重大责任、拒绝或阻碍中国银行保险监督管理委员会或其派出机构依法实施监管、因违法违规行为被金融监管部门或政府有关部门查处,造成恶劣影响,或其他可能对商业银行经营管理产生不利影响的情形的,不能成为商业银行主要股东及其控股股东、实际控制人。本案中,公司章程中"公司股权转让的应当事先报请中国银行保险监督管理委员会批准"的规定并未完全"堵死"股权转让的路径,未完全禁止股权转让的行为,且未与《公司法》相关规定产生冲突与矛盾,因此公司章程的该规定合法有效。故甲公司在受让某商业银行股权时,既需要按照公司章程的规定,报中国银行保险监督管理委员会批准,又需要符合法律法规和中国银行保险监督管理委员会制定的可受让商业银行股权成为商业银行股东的相关部门规章规定。2018年4月25日,中国银行保险监督管理委员会批复不同意甲公司受让某商业银行的股权,因此甲公司、乙公司双方的《股权转让协议》未生效,甲公司不能成功受让某商业银行的股权而成为股东,不享有某商业银行的股东权利。

【风险防范建议】

有限责任公司是资合兼人合性公司,我国《公司法》赋予了公司章程对股权对外转让限制性规定的意思自治,这是基于公司意思自治与股东意思自治原则,但该股权对外转让的限制性规定并非没有边界,其边界在于是否侵犯了公司股东的财产权,是否遵守了其他法律法规的相关规定。因此,公司在制定限制股东对外转让股权的公司章程条款时,需要注意以下几点:

(1)公司章程直接或间接规定禁止股权转让无效。若公司章程明文规定禁止股权转让,或虽未明文规定,但其条款实质导致股权无法转让,这些条款侵犯了股东自主处分财产的权利,一般认定为无效。

(2)公司章程对股权转让程序进行限制,规定股东转让股权需经股东会同意的,基于有限公司的人合性,对股权转让进行程序性限制,不实质影响股权转让,该公司章程有效。

(3)为了保持公司股东和经营的稳定,公司章程对股权转让时间进行限制,属于公司自治的内容,只要属于合理的时间限制,则该规定有效;反之,若公司章程对股权转让时间限制过长的,如20年、30年后才能转让的,应视为变相禁止股权转让,该规定无效。

(4)公司章程可以对股权受让对象作出限制性规定,特别是商业银行及其他特殊类型的公司,基于特定法律、行业等原因规定受让对象只能是特定的人员;另基于有限公司的人合性,公司章程对股权受让对象作出限制性规定实质上不影响股东转让股权的实现,一般认为有效。

【法条链接】

《公司法》第七十一条第四款 公司章程对股权转让另有规定的,从其规定。

《全国法院民商事审判工作会议纪要》 31【违反规章的合同效力】违反规章一般情况下不影响合同效力,但该规章的内容涉及金融安全、市场秩序、国家宏观政策等公序良俗的,应当认定合同无效。人民法院在认定规章是否涉及公序良俗时,要在考察规范对象基础上,兼顾监管强度、交易安全保护以及社会影响等方面进行慎重考量,并在裁判文书中进行充分说理。

《商业银行股权管理暂行办法》第十条 商业银行股东应当严格按照法律法规和银监会规定履行出资义务。

商业银行股东应当使用自有资金入股商业银行,且确保资金来源合法,不得以委托资金、债务资金等非自有资金入股,法律法规另有规定的除外。

第十一条 主要股东入股商业银行时,应当书面承诺遵守法律法规、监管规定和公司章程,并就入股商业银行的目的作出说明。

第十二条 商业银行股东不得委托他人或接受他人委托持有商业银行股权。

商业银行主要股东应当逐层说明其股权结构直至实际控制人、最终受益人,以及其与其他股东的关联关系或者一致行动关系。

第十三条 商业银行股东转让所持有的商业银行股权,应当告知受让方需符合法律法规和银监会规定的条件。

第十四条 同一投资人及其关联方、一致行动人作为主要股东参股商业银行的数量不得超过2家,或控股商业银行的数量不得超过1家。

根据国务院授权持有商业银行股权的投资主体、银行业金融机构,法律法规另有规定的主体入股商业银行,以及投资人经银监会批准并购重组高风险商业银行,不受本条前款规定限制。

第十五条 同一投资人及其关联方、一致行动人入股商业银行应当遵守银监会规定的持股比例要求。

第十六条　商业银行主要股东及其控股股东、实际控制人不得存在下列情形：

（一）被列为相关部门失信联合惩戒对象；

（二）存在严重逃废银行债务行为；

（三）提供虚假材料或者作不实声明；

（四）对商业银行经营失败或重大违法违规行为负有重大责任；

（五）拒绝或阻碍银监会或其派出机构依法实施监管；

（六）因违法违规行为被金融监管部门或政府有关部门查处，造成恶劣影响；

（七）其他可能对商业银行经营管理产生不利影响的情形。

39. 中国公民可以成为外商投资公司的股东吗？

【情景案例】

熊某系广东东莞人；项某是美国国籍，系熊某的大学同学。2020年3月，熊某与项某签订了一份《外商投资企业合作协议》，约定：两人在深圳成立一家关于人工智能的外商投资公司，注册资本100万美元，熊某出资60万美元，占股60%，项某出资40万美元，占股40%。熊某的好友董某看到协议后，认为该合作协议不可行，建议要么注册国内公司，要么通过股权代持的方法变通处理，因为熊某是中国公民，不能成为外商投资公司的股东。

请问：董某的说法符合我国法律规定吗？

【案例分析】

本案涉及的是外商投资企业的投资人的身份问题。

《外商投资法》于2020年1月1日起取代原有的“外资三法”[《中外合资经营企业法》（已失效）、《外资企业法》（已失效）、《中外合作经营企业法》（已失效）]。新设外商投资企业的组织形式、企业架构和运营规则将依照《公司法》和《合伙企业法》执行。我国《外商投资法》第二条规定，外商投资包括外国投资者单独或者与其他投资者共同在中国境内设立外商投资企业，而外商投资企业指全部或者部分由外国投资者投资，依照中国法律在中国境内经登记注册设立的企业。

本案中，熊某系中国公民，项某是美国国籍，中国公民与外国投资者在我国境内共同设立外商投资企业应当适用《外商投资法》。为此，熊某和项某两人可以在我国境内直接设立外商投资企业，不需要通过股权代持的方法变通处理，董某称熊某是中国公民不能成为外商投资公司的股东的说法错误。

【风险防范建议】

实务中,《外商投资法》对现有外商投资企业的主要影响如下:

(1)新设外商投资企业的组织形式、企业架构和运营规则将依照《公司法》《合伙企业法》执行。鉴于"合伙"这一组织形式在实践中很少被采用,因此,大多数外商投资企业将会适用《公司法》。在《外商投资法》颁布实施前设立的中外合资、中外合作企业依据《公司法》进行重组和调整为有限责任公司或股份有限公司后,在公司决策层面,大股东能够依据《公司法》享有公司决策、控制权。

(2)股东转让机制更为灵活。原来的外商投资企业中,如果股东拟转让其股权,无论是对内转让(由其中一名股东转让给另一名股东)还是对外转让,均须取得所有其他股东的同意。但《公司法》提供了更灵活的转让机制:对内转让的,无须其他股东的同意;对外转让的,则需要其他股东过半数同意,且放弃拟转让股份的优先购买权,不同意转让又拒绝购买拟转让股权的股东,视为同意转让。

(3)根据原《中外合资企业法》(已失效)、《中外合作企业法》(已失效)和相关规定,外国投资者在中外合资企业中的持股比例一般不得低于25%。《外商投资法》生效后,取消了该25%的最低持股比例要求,这为规模虽小但对中国发展前景看好的外国投资者创造了投资机会,也为资金雄厚,但希望多方面、多领域投资的外国投资者成为小股东提供了更灵活的选择。

【法条链接】

《外商投资法》第二条 在中华人民共和国境内(以下简称中国境内)的外商投资,适用本法。

本法所称外商投资,是指外国的自然人、企业或者其他组织(以下称外国投资者)直接或者间接在中国境内进行的投资活动,包括下列情形:

(一)外国投资者单独或者与其他投资者共同在中国境内设立外商投资企业;

……

本法所称外商投资企业,是指全部或者部分由外国投资者投资,依照中国法律在中国境内经登记注册设立的企业。

40. 虚假身份"股东"具有股东资格吗?

【情景案例】

2019年5月,梁某想投资1000万元成立一家灯饰公司。在向工商注册公司咨询后，梁某得知注册一人有限责任公司存在个人财产与公司财产混同的问题，如果处理不好，当公司经营不善时，要用个人财产抵债。为避免此风险，梁某虚构了一位根本不存在的自然人杜某作为公司股东，杜某的身份证复印件姓名与照片、出生日期、住址等信息均是利用几个人身份证复印后涂改、拼凑再复印而成的。就此，灯饰公司的股东在公司设立时登记时为2人，即除了梁某外，还包括虚构的自然人股东杜某。其中，梁某占公司80%的股权，杜某占公司20%的股权。后来，梁某与妻子阮某离婚，在离婚诉讼过程中，阮某提出杜某系虚拟股东，其不具有股东资格，其所持有20%股权应当属于梁某，应以夫妻共同财产给予分割。

请问：阮某的请求得到法院支持吗？

【案例分析】

本案涉及的是虚假股东是否具有股东资格的法律问题。

我国《公司法》对有关自然人股东资格条件未作明确规定，实践中存在一定的争议，但争议基础仍是自然人股东需要具有一定民事行为能力，且未违反其他法律法规的强制性规定。因此，自然人股东是具有公民身份的个人投资者，是基于自然出生而依法在民事上享有权利和承担义务的个人。本案中，梁某为避免成立一人有限公司后出现股东和公司人格及财产混同的情况，虚构了不存在的自然人杜某作为公司股东，并使用虚假的杜某身份证件进行工商登记，杜某是虚构不存在的人，当然不能成为灯饰公司股东。

在实务中也存在冒名登记的现象，即盗用他人名义并将该主体或他人作为股东在公司登记机关注册登记，由实际出资人自己行使股权。被冒名者因不知情，且从未作出过持有股权的意思表示、实际未出资，也不参与公司管理，不应被视为法律上的股东。但由于实践中认定当事人对冒名行为毫不知情难度很大，因此存在被冒名股东仍需对公司债务承担责任或有履行出资义务的法律风险。

另梁某伪造居民身份证的行为已违反了我国《居民身份证法》第十七条和《刑法》第二百八十条之一的规定，情节严重的，涉嫌刑事犯罪，将承担刑事责任。

【风险防范建议】

通过以上案例可知，为避免出现纠纷或风险，在日常交易中应注意以下几点：

(1)自然人在设立有限公司时，为避免一人公司中股东与公司人格、资产的混同，公司每会计年度应当对公司的财务进行审计；在设立公司时建议不设立一人公司，而应当设置2人以上自然人股东，可以避免因一人公司未进行财务会计年度审计而导致股东对公司债务承担连带清偿责任。

（2）身份证作为个人最重要的身份证件应当妥善保管，不轻易借给他人使用，以免个人身份证被冒用，甚至被用于违法犯罪活动。在日常业务往来中需要个人身份证复印件的，也需要在复印件上注明用途。

（3）一旦发现自己有可能被他人冒名登记为股东时，可自行收集证据向相关部门举报或以公司为被告，提起股东资格否认之诉，也可咨询专业律师，搜集相关证据，维护自己的合法权益。

【法条链接】

《刑法》第二百八十条之一第一款　在依照国家规定应当提供身份证明的活动中，使用伪造、变造的或者盗用他人的居民身份证、护照、社会保障卡、驾驶证等依法可以用于证明身份的证件，情节严重的，处拘役或者管制，并处或者单处罚金。

《居民身份证法》第十七条　有下列行为之一的，由公安机关处二百元以上一千元以下罚款，或者处十日以下拘留，有违法所得的，没收违法所得：

……

（二）购买、出售、使用伪造、变造的居民身份证的。

……

《最高人民法院关于适用〈中华人民共和国公司法〉若干问题的规定（三）》第二十八条　冒用他人名义出资并将该他人作为股东在公司登记机关登记的，冒名登记行为人应当承担相应责任；公司、其他股东或者公司债权人以未履行出资义务为由，请求被冒名登记为股东的承担补足出资责任或者对公司债务不能清偿部分的赔偿责任的，人民法院不予支持。

41. 法院生效裁判可直接产生股权变动效力吗？

【情景案例】

2018年3月5日，因甲公司无力清偿乙公司到期债务，某市中级人民法院裁定：甲公司持有的丙公司8%的股权作价300万元抵偿给乙公司。之后，双方一直没有办理股权变更工商登记。2018年6月10日，丙公司以丙公司名下三处房产为丁公司向某银行借款提供抵押担保。由于丁公司未能清偿银行借款，经法院委托拍卖了上述抵押房产，最终以1000万元偿还丁公司欠某银行的部分债务。2018年8月20日，乙公司以股东身份书面要求丙公司监事向丁公司主张债权，监事怠于履职。

2018年10月8日，乙公司向法院提起诉讼，称某市中级人民法院已裁定甲公司持有的丙公司8%股权归乙公司所有;丙公司监事在经乙公司书面请求后仍怠于以丙公司名义向丁公司主张1000万元债权,严重损害了乙公司的合法权益。因此,乙公司向法院提起股东代表诉讼,请求判令丁公司偿还丙公司1000万元及逾期还款的利息。丁公司辩称,乙公司提起股东代表诉讼的前提系具备公司股东的身份,而乙公司并非丙公司在工商登记备案的股东,因此乙公司无权提起股东代表诉讼,请求驳回乙公司的全部诉请。

请问:丁公司的说法符合我国法律规定吗?

【案例分析】

本案涉及的是生效裁判能否直接发生股权变动效力问题。

我国《公司法》第三十二条第三款规定,公司应当将股东的姓名或者名称向公司登记机关登记;登记事项发生变更的,应当办理变更登记。未经登记或者变更登记的,不得对抗第三人。

法院生效裁判可以直接发生股权变动的效力。当股权权属发生讼争时,法院对争议股权权属的生效裁判具有确定的、终局的法律效力和强制力。因此,法院生效裁判中的股权变更内容具有设权效力,可使权利人直接取得股东资格,即使裁判生效后当事人未办理股权变更工商登记。另股东代表诉讼制度的立法本意是保护与公司财产存在直接利益关系的投资人合法权益。

首先,本案中,乙公司的股东资格虽未在工商行政部门备案登记,但乙公司基于法院生效裁定书已受让了甲公司持有丙公司8%的股权,生效裁定书具有公示效力,据此乙公司取得丙公司的股权,成为公司的股东,与丙公司财产状况存在利益关系,故而应当获得股东代表诉讼制度的保护。另外,股东资格的确认并不以工商部门备案登记作为必要要件,工商部门办理股权转让备案登记后可以据此对抗公司外部善意第三人。因此,甲公司符合股东代表诉讼的主体资格。其次,乙公司在向法院提起诉讼前已书面请求丙公司监事代表公司提起诉讼,但公司监事怠于履职,应认定乙公司作为甲公司股东已竭尽公司内部救济途径,符合《公司法》第一百五十一条规定的提起股东代表诉讼的前置条件,有权以丙公司名义提起诉讼,故丁公司的说法是错误的。

【风险防范建议】

权利人根据法院的生效裁判取得公司股权的,为更好地保护和行使自己的股权,应注意以下几点:

(1)因法院裁判生效股权变动就发生效力,可能导致股东名册或工商部门登记的股权与真实的股权不一致。为避免第三人信赖工商登记的记载而发生善意取得的风险,因法院生效裁判而取得股权的权利人应及时要求公司变更股东名册及工商登记。

(2)权利人应及时凭生效裁判要求公司召开股东会、董事会,形成有效决议,督促公司尽快向工商管理部门提交股东变更申请。

【法条链接】

《公司法》第三十二条第三款 公司应当将股东的姓名或者名称向公司登记机关登记;登记事项发生变更的,应当办理变更登记。未经登记或者变更登记的,不得对抗第三人。

第一百五十一条 董事、高级管理人员有本法第一百四十九条规定的情形的,有限责任公司的股东、股份有限公司连续一百八十日以上单独或者合计持有公司百分之一以上股份的股东,可以书面请求监事会或者不设监事会的有限责任公司的监事向人民法院提起诉讼;监事有本法第一百四十九条规定的情形的,前述股东可以书面请求董事会或者不设董事会的有限责任公司的执行董事向人民法院提起诉讼。

监事会、不设监事会的有限责任公司的监事,或者董事会、执行董事收到前款规定的股东书面请求后拒绝提起诉讼,或者自收到请求之日起三十日内未提起诉讼,或者情况紧急、不立即提起诉讼将会使公司利益受到难以弥补的损害的,前款规定的股东有权为了公司的利益以自己的名义直接向人民法院提起诉讼。

他人侵犯公司合法权益,给公司造成损失的,本条第一款规定的股东可以依照前两款的规定向人民法院提起诉讼。

42. 股东未履行出资义务,公司能否解除该股东的股东资格?

【情景案例】

甲公司成立于2018年8月,由董某、梁某与杜某共同创办,三人分别持股60%、20%、20%。公司章程规定,三人应当于2018年12月31日前缴纳全部出资。直至2019年1月,只有杜某未按约定履行出资义务。2019年3月1日,甲公司催告杜某在2个月内缴纳出资,若不按时缴纳,公司将启动除名程序。2019年5月10日,甲公司召开股东会作出解除杜某股东资格的决议。2019年6月3日,杜某诉至法院,请求确认甲公司解除股东资格的行为无效。

请问:杜某的请求能得到法院的支持吗?

【案例分析】

本案涉及的是未出资股东除名的法律问题。

根据我国《公司法》第二十八条的规定，股东应当按期足额缴纳公司章程中规定的各自所认缴的出资额。股东不按照规定缴纳出资的，除应当向公司足额缴纳外，还应当向已按期足额缴纳出资的股东承担违约责任。可见，出资义务是股东最基本的法定义务，也是股东之间及股东和公司之间的约定义务。股东未履行出资义务时，公司可以通过公司章程的规定或者股东会决议限制股东权利。股东有向公司缴纳出资的义务，但股东的瑕疵出资并不当然否定公司的股东资格。根据《公司法》的有关规定，公司股东资格的丧失需经过法定的事由，履行严格的程序。股东的权利义务不因股东的单方意思表示或任意性行为免除。《最高人民法院关于适用〈中华人民共和国公司法〉若干问题的规定（三）》第十七条第一款规定，有限责任公司的股东未履行出资义务或者抽逃全部出资，经公司催告缴纳或者返还，其在合理期间内仍未缴纳或者返还出资，公司以股东会决议解除该股东的股东资格，该股东请求确认该解除行为无效的，人民法院不予支持。

本案中，甲公司的章程约定，股东应于2018年12月31日前缴纳全部出资，但杜某未按时履行出资义务，且在甲公司催告并给予宽限期后仍不履行，甲公司通过股东会决议解除未履行出资义务的股东资格，该决议符合相关法律规定的条件和流程，合法有效，杜某丧失甲公司的股东资格。因此，杜某请求确认解除其股东资格的股东会决议无效的主张法院将不予支持。

【风险防范建议】

股东拒不履行出资义务或者抽逃出资，公司欲对该股东除名的，需注意以下几点：

（1）解除股东资格对股东而言属于严厉措施，只应用于严重违反出资义务的情形中，即“构成根本违约”，主要为未出资和抽逃全部出资两种情形，未完全履行出资义务和抽逃部分出资的情形不应包括在内。

（2）公司在对未履行出资义务或者抽逃全部出资的股东除名前，应给予该股东补正的机会，即应当催告该股东在合理期间内缴纳或者返还出资。

（3）公司解除未履行出资义务或者抽逃全部出资的股东资格，应当依法依据公司章程召开股东会，作出有效的股东会决议。

（4）公司应当及时办理法定减资程序或者由其他股东或者第三人缴纳相应的出资。在办理法定减资程序或者其他股东或第三人缴纳相应的出资之前，公司债权人依照规定请求相关当事人承担相应责任的，相关当事人应当承担相应的责任。

公司应当对股东拒不履行出资义务或者抽逃出资时适用的除名制度在公司章程中作出明确规定，如瑕疵出资、抽逃出资的股东，公司应告知其在收到公司催缴通知后30日内缴交出资或返还出资；30日催缴期限届满后仍未缴交或者返还出资的股东，经实际代表1/2表决权的股东同意即丧失未缴交或者未返还出资所代表的股权；该出资由其余股东按出资比例认缴或者由实际代表1/2以上表决权的股东同意的其他人认缴。

【法条链接】

《公司法》第二十八条　股东应当按期足额缴纳公司章程中规定的各自所认缴的出资额。股东以货币出资的，应当将货币出资足额存入有限责任公司在银行开设的账户；以非货币财产出资的，应当依法办理其财产权的转移手续。

股东不按照前款规定缴纳出资的，除应当向公司足额缴纳外，还应当向已按期足额缴纳出资的股东承担违约责任。

《最高人民法院关于适用〈中华人民共和国公司法〉若干问题的规定（三）》第十七条第一款　有限责任公司的股东未履行出资义务或者抽逃全部出资，经公司催告缴纳或者返还，其在合理期间内仍未缴纳或者返还出资，公司以股东会决议解除该股东的股东资格，该股东请求确认该解除行为无效的，人民法院不予支持。

43.“一股二卖”的，股权归登记者还是先买者所有？

【情景案例】

A公司由甲与乙创办，注册资本500万元，甲实缴出资400万元持股80%，乙实缴出资100万元持股20%。2018年10月9日，乙与丙签订一份《股权转让协议》，约定：乙将所持A公司的20%股权转让给丙，转让价款为150万元。合同签订后，丙按约定给乙支付了股权转让款，但由于丙较忙，于是约定2018年12月再办理股权变更手续，乙、丙未将股权转让协议通知公司和甲。2018年11月3日，乙在某高档小区买了一套价款为1000万元的别墅，由于资金不够，于是又将上述股权也以150万元转让给丁，并办理股权变更登记手续。2018年12月，当丙得知乙又将股权转让给丁后，十分生气，遂诉至法院。

请问：乙所卖股权应当归谁所有？

【案例分析】

本案涉及的是“一股二卖”中股权归属的法律问题。

根据我国《公司法》第三十二条和《公司登记管理条例》第三十四条的规定，公司应当将股东的姓名或者名称向公司登记机关登记；公司发生股东变更的，应当自变更之日起30日内办理变更登记。未经登记或者变更登记的，不得对抗第三人。

本案中，乙与丙签订了《股权转让协议》，该协议合法有效，双方应依约全面履行。但是，在丙尚未办理股权变更手续时，乙又将该受让股权转让给了丁，并为丁办理了股权工商变更手续。丁与乙完成股权转移交付，履行了股权工商变更登记手续，其受让的该部分股权可以对抗第三人。所以，丁从乙处受让股权符合公司法规定的程序要求，丁已实际成为A公司的股东，股权最终属于丁，丙可依据《股权转让协议》要求甲承担违约责任。

【风险防范建议】

投资人为避免公司原股东“一股多卖”的情形，在受让股权时应注意以下几点：

(1)受让股权应当权属清晰、权能完整、无瑕疵和争议，依法可以转让。

(2)投资人应当取得目标公司其他股东同意转让股东转让股权的股东会决议以及其他股东放弃优先购买权的书面声明。

(3)对于股权转让的双方而言，应当尽量在合同中约定相对客观、公平的违约责任条款。

(4)及时将股权转让协议及变更股东申请等文件通知公司，并要求公司按照法律法规召开股东会、选举“三会一层”、修改公司章程，及时办理股权工商变更手续和变更股东名册。

【法条链接】

《公司法》第三十二条第三款 公司应当将股东的姓名或者名称向公司登记机关登记；登记事项发生变更的，应当办理变更登记。未经登记或者变更登记的，不得对抗第三人。

第七十三条 依照本法第七十一条、第七十二条转让股权后，公司应当注销原股东的出资证明书，向新股东签发出资证明书，并相应修改公司章程和股东名册中有关股东及其出资额的记载。对公司章程的该项修改不需再由股东会表决。

《公司登记管理条例》第三十四条第一款 有限责任公司变更股东的,应当自变更之日起30日内申请变更登记,并应当提交新股东的主体资格证明或者自然人身份证明。

44. 股东资格是在股权转让合同生效时取得吗?

【情景案例】

甲公司是一家生产水龙头的有限责任公司,成立于2017年3月1日,由蓝某与贾某共同创办。注册资本1000万元,蓝某出资900万元持股90%,贾某出资100万元持股10%。2019年3月2日,在已取得甲公司同意贾某将股权转让给季某的股东会决议后,贾某与季某签订一份《股权转让协议》,约定:贾某将其所持有甲公司10%的股权转让给季某,转让款为200万元,付款方式为合同签订后7日内支付。2019年3月6日,季某按约定履行了支付转让款义务。2019年3月27日,双方办理了股权变更手续,从此,贾某离开公司。

请问:季某在什么时候获得甲公司的股东资格?

【案例分析】

本案涉及的是股东资格何时取得的法律问题。

根据我国《公司法》第七十三条的规定,转让股权后,公司应当注销原股东的出资证明书,向新股东签发出资证明书,并相应修改公司章程和股东名册中有关股东及其出资额的记载。对公司章程的该项修改不需再由股东会表决。该法第三十二条第三款规定,公司应当将股东的姓名或者名称向公司登记机关登记;登记事项发生变更的,应当办理变更登记。未经登记或者变更登记的,不得对抗第三人。由此可知,受让人自公司向新股东签发出资证明书,并相应修改公司章程,及将新股东及出资额记载于股东名册之日股权受让人取得股东资格。公司办理内部股权变更登记时,受让人取得股权,工商登记仅为对抗要件,并非取得股权和股东身份的法定要件。

本案中,2019年3月2日,贾某与季某签订一份《股权转让协议》,2019年3月6日,季某按约定履行了出资义务。2019年3月27日,双方办理了股权变更手续。季某在甲公司修改公司章程,将季某名字记载于股东名册后取得股东资格,即季某在2019年3月6日至27日的某一日已经取得了甲公司的股东资格。季某完成股权工商变更手续后,季某的股权因为已经社会公示,可以对抗第三人。

【风险防范建议】

在公司相关的纠纷中，股东资格确认纠纷占较大的比重，为避免股权转让中的此类纠纷，应该注意以下问题：

（1）股权转让中应充分尊重公司原股东的优先受让权，确保转让程序合法。我国《公司法》第七十一条规定，有限责任公司股东对外转让股权需经全体股东过半数同意，其他股东享有优先购买权。如同意股东没有过半数，那么即使受让人和转让股东签订了股权转让合同，该合同对标的公司不产生效力，转让股东对受让人承担违约责任。

（2）股权转让事务应当及时通知公司，并通知公司及时办理有关股东变更的登记手续。公司发生股东变更的，应当自变更之日起30日内办理变更登记，具体包括：新股东出资或者认缴出资、公司向股东签发出资证明书、变更股东名册，并完成工商部门变更登记。及时办理股权转让手续，以避免股权转让方一股多卖，或者因股权转让方自身的债务等问题股权被司法机关查封、冻结。

【法条链接】

《公司法》第三十二条第三款　公司应当将股东的姓名或者名称向公司登记机关登记；登记事项发生变更的，应当办理变更登记。未经登记或者变更登记的，不得对抗第三人。

第七十三条　依照本法第七十一条、第七十二条转让股权后，公司应当注销原股东的出资证明书，向新股东签发出资证明书，并相应修改公司章程和股东名册中有关股东及其出资额的记载。对公司章程的该项修改不需再由股东会表决。

二、隐名股东纠纷

45. 名义股东将股权转让给了第三人，实际投资人怎么办？

【情景案例】

江某是甲公司的股东，持有甲公司30%的股权，但实际上童某才是实际出资人。童某在出资前与江某签订一份《股权代持协议》，约定江某只是名义股东。2021年3月1日，江某由于急需用钱，于是将持有甲公司的股权以90万元的价款转让给颜某，且办理了股东变更登记手续。颜某对江某与童某之间存在的代持股情况并不知情。童某得知此事后，认为江某在没有征得其同意的情况下，私自转让股权的行为是无效的。江某则认为，自己才是甲公司的股权持有人，当然有资格转让股权,其股权转让行为是有效的。

请问:童某的说法符合我国法律规定吗?

【案例分析】

本案涉及的是名义股东对外转让股权的法律效力问题。

根据《最高人民法院关于适用〈中华人民共和国公司法〉若干问题的规定(三)》第二十四条、第二十五条的规定,实际出资人与名义股东对代持股协议效力发生争议的,如无法律规定的无效情形,人民法院应当认定该合同有效。若名义股东将登记于其名下的股权转让、质押或者以其他方式处分的,参照《民法典》第三百一十一条的规定处理。根据《民法典》第三百一十一条关于善意取得制度的规定,无处分权人将不动产或者动产转让给受让人的,除法律另有规定外,受让人是善意的,以合理的价格受让、转让的不动产或者动产依照法律规定应当登记的已经登记,不需要登记的已经交付给受让人,则受让人取得该不动产或者动产的所有权。

本案中,童某与江某签订《股权代持协议》,约定童某出资的股权由江某代持,童某系隐名股东,江某系显名股东,该《股权代持协议》无违反《民法典》第一百五十三条规定的情形,应认定为有效合同。江某将代持的股权以 90 万元的价款转让给不知情的颜某,且颜某已支付了股权转让对价款,并办理股东变更登记手续,颜某的股权受让行为符合《民法典》第三百一十一条善意取得的规定,颜某成为甲公司的受让股东。但江某明知其不是实际持有甲公司的股权仍对外转让,其对外转让股权的行为属于无权处分,侵犯了童某的财产权益,构成侵权。综上所述,童某称江某私自对外转让甲公司股权无效的说法不成立的,颜某的受让构成善意取得,江某转让股权的行为有效,但童某有权要求江某承担侵权赔偿责任。

【风险防范建议】

实践中,投资人基于特定的原因委托亲友代为持有公司的股权,成为公司的隐名股东。隐名股东可能面临显名股东侵权对外转让股权,也可能面临显名股东不履行债务而被司法机关查封、冻结甚至评估拍卖股权的法律风险。投资人为了保障自己的权益,需注意以下几点:

(1)隐名股东与显名股东必须签订股权代持协议,针对股息和红利的支取等事宜作出明确具体的约定,并约定显名股东违反代持协议的责任及侵权责任,甚至可以要求显名股东提供相应的财产担保。

(2)隐名股东要妥善保存实际缴纳公司注册资本的证据,便于向公司主张确认股东资格。

(3)隐名股东可以通过列席股东会、制定和修改公司章程、选任人员等方式行使股东权利，若发生纠纷，可作为认定过半数的其他股东知悉隐名股东实际出资、行使股东权利而未提出异议的事实；同时隐名股东显名并不会影响有限公司的人合性。

(4)在公司允许的情况下，隐名股东日常应直接参与公司经营管理、决策、选任人员等公司事项，行使股东权利。

【法条链接】

《公司法》第三十二条第三款　公司应当将股东的姓名或者名称向公司登记机关登记；登记事项发生变更的，应当办理变更登记。未经登记或者变更登记的，不得对抗第三人。

《民法典》第一百五十三条　违反法律、行政法规的强制性规定的民事法律行为无效。但是，该强制性规定不导致该民事法律行为无效的除外。

违背公序良俗的民事法律行为无效。

第三百一十一条　无处分权人将不动产或者动产转让给受让人的，所有权人有权追回；除法律另有规定外，符合下列情形的，受让人取得该不动产或者动产的所有权：

（一）受让人受让该不动产或者动产时是善意；

（二）以合理的价格转让；

（三）转让的不动产或者动产依照法律规定应当登记的已经登记，不需要登记的已经交付给受让人。

受让人依据前款规定取得不动产或者动产的所有权的，原所有权人有权向无处分权人请求损害赔偿。

当事人善意取得其他物权的，参照适用前两款规定。

《最高人民法院关于适用〈中华人民共和国公司法〉若干问题的规定（三）》第二十四条　有限责任公司的实际出资人与名义出资人订立合同，约定由实际出资人出资并享有投资权益，以名义出资人为名义股东，实际出资人与名义股东对该合同效力发生争议的，如无法律规定的无效情形，人民法院应当认定该合同有效。

前款规定的实际出资人与名义股东因投资权益的归属发生争议，实际出资人以其实际履行了出资义务为由向名义股东主张权利的，人民法院应予支持。名义股东以公司股东名册记载、公司登记机关登记为由否认实际出资人权利的，人民法院不予支持。

……

第二十五条　名义股东将登记于其名下的股权转让、质押或者以其他方式处分，实际出资人以其对于股权享有实际权利为由，请求认定处分股权行为无效的，人民法院可以参照民法典第三百一十一条的规定处理。

名义股东处分股权造成实际出资人损失，实际出资人请求名义股东承担赔偿责任的，人民法院应予支持。

46. 名义股东怠于行使股东权利，实际出资人怎么办？

【情景案例】

A公司成立于2018年9月7日，注册资本为100万元，郭某出资51万元持股51%，梅某出资49万元持股49%。梅某所占股权的实际出资人是盛某，两人于2018年8月20日签订一份《股权代持协议》，约定：由梅某代持盛某在A公司的全部股权，出资款49万元全部由盛某缴纳，梅某应当按照盛某的指示行使股东权利（包括但不限于知情权、损害赔偿请求权等），以维护盛某的合法权益。A公司另一股东郭某对梅某、盛某之间代持事实知情，且未提出异议。A公司在2019年的生意十分红火，但税后利润仅有20万元，盛某怀疑是郭某与梅某合谋起来做假账，因此盛某要求梅某将公司财务账簿拿给他看，但梅某阳奉阴违，表面上答应，实际却以各种理由推脱不办理。由于双方所签订的《股权代持协议》没有关于梅某怠于行使股东权利违约责任的约定，现盛某不知如何是好。

请问：盛某如何进行维权？

【案例分析】

本案涉及的是实际出资人如何行使股东权利的问题。

根据我国《公司法》第三十三条的规定，股东有权查阅、复制财务会计报告，股东可以要求查阅公司会计账簿。根据《最高人民法院关于适用〈中华人民共和国公司法〉若干问题的规定（三）》第二十四条的规定，实际出资人能够提供证据证明有限责任公司过半数的其他股东知道其实际出资的事实，且对其实际行使股东权利未曾提出异议的，有权向公司提出变更股东，将自己登记为公司股东记载于公司名册，并签发出资证明。

实际出资人通过显名股东行使股东权利，若其要“显名”变更并为公司股东，可向公司主张权利，但需要经公司其他股东半数以上同意，否则不能作为公司的股东。在实务中，人民法院认为隐名股东必须“显名”后，方可行使包括知情权在内的股东权利。本案中，盛某作为实际出资人行使权利需通过其显名股东梅某行使，现盛某要求自行行使股东知情权的，实质上属于实际出资人显名，其先要向公司主张变更股东并成为A公司股东后，方可向A公司主张股东权利。A公司其他股东郭某对盛某实际出资的事实知情，若郭某对变更盛某为公司股东无异议，盛某成为A公司股东后，可依据法律及公司章程行使股东权利。

【风险防范建议】

为避免隐名股东的投资风险，需要注意以下几点：

(1)如非必要，一般不要以隐名股东的身份对企业进行投资。司法实践中，由于隐名出资既不利于公司内部治理，又影响公示信息的权威与市场交易的安全，且相关纠纷所涉立法空白较多，极易引发纠纷，故司法对此不予鼓励。

(2)确实无法显名登记、需要隐名出资的，应当事先与显名股东签订代持股协议，详细约定以下事项：显名股东定期(按月或按季度)向隐名股东书面报告公司状况；公司重大决策时，显名股东应立即向隐名股东进行书面汇报；根据隐名股东的要求，显名股东对隐名股东需行使的股东权利、特定情况下需提起的诉讼，应提供相应的配合；以及显名股东因违约应对隐名股东的损失承担的赔偿责任等条款内容。

(3)实际出资人作为隐名股东请求显名，实际出资人将从公司外部进入公司内部成为公司的股东，此种情况下，相当于名义股东对外转让其持有公司的股权，需经公司其他股东半数以上同意，即需要履行股权转让的法定程序。否则，隐名股东无法获得股东资格，只能依据与显名股东之间的协议，向显名股东主张相关权利。

【法条链接】

《公司法》第三十三条　股东有权查阅、复制公司章程、股东会会议记录、董事会会议决议、监事会会议决议和财务会计报告。

股东可以要求查阅公司会计账簿。股东要求查阅公司会计账簿的，应当向公司提出书面请求，说明目的。公司有合理根据认为股东查阅会计账簿有不正当目的，可能损害公司合法利益的，可以拒绝提供查阅，并应当自股东提出书面请求之日起十五日内书面答复股东并说明理由。公司拒绝提供查阅的，股东可以请求人民法院要求公司提供查阅。

《最高人民法院关于适用〈中华人民共和国公司法〉若干问题的规定(三)》第二十四条　有限责任公司的实际出资人与名义出资人订立合同，约定由实际出资人出资并享有投资权益，以名义出资人为名义股东，实际出资人与名义股东对该合同效力发生争议的，如无法律规定无效的情形，人民法院应当认定该合同有效。

前款规定的实际出资人与名义股东因投资权益的归属发生争议，实际出资人以其实际履行了出资义务为由向名义股东主张权利的，人民法院应予支持。名义股东以公司股东名册记载、公司登记机关登记为由否认实际出资人权利的，人民法院不予支持。

实际出资人未经公司其他股东半数以上同意，请求公司变更股东、签发出资证明书、记载于股东名册、记载于公司章程并办理公司登记机关登记的，人民法院不予支持。

47. 实际出资人可以要求公司办理股权变更登记手续吗？

【情景案例】

林某是一位知名作家，为人低调谨慎。为避免张扬，遂与好友徐某商定，由徐某出面与邱某、刘某设立一家文化公司，出资款由林某支付且相应的投资权益均归林某。2015 年 1 月，徐某、邱某与刘某共同设立甲公司，分别持股为 30%、30%、40%，在公司股东名册中记载了徐某、邱某、刘某三人的姓名与出资额，并办理了工商登记。2019 年 12 月，林某想直接参与公司经营，于是向徐某与甲公司提出股权变更登记的请求。对此，徐某没有异议，但邱某与刘某感觉十分意外，因为其不知道徐某的出资款是林某所提供的，且他们之间签订了一份《股权代持协议》。由于邱某、刘某与徐某合作非常好，于是拒绝了林某提出的要求。无奈之下，林某诉至法院，要求甲公司协助办理股权变更登记手续。

请问：林某的请求能得到法院支持吗？

【案例分析】

本案涉及的是实际出资人可否要求公司变更股东，即隐名股东“显名”问题。

根据《最高人民法院关于适用〈中华人民共和国公司法〉若干问题的规定（三）》第二十四条的规定，有限责任公司的实际出资人与名义出资人订立合同，约定由实际出资人出资并享有投资权益，以名义出资人为名义股东，如无违反合同有效事由，该合同有效。但实际出资人未经公司其他股东半数以上同意，请求公司变更股东、签发出资证明书、记载于股东名册、记载于公司章程并办理公司登记机关登记的，人民法院不予支持。

本案中，林某与徐某签订《股权代持协议》，约定由林某向甲公司出资，徐某代林某持有的甲公司30%的股份,实际股东权利由林某享有。且林某的身份仅是一位作家,属于非国家工作人员,该协议不存在无效事由,林某、徐某之间签订的代持协议应认定为合法有效。但是,由于公司其他股东邱某、刘某(共占甲公司70%股份)对徐某和林某之间股权代持的事实不知情,且不同意林某要求甲公司变更其为股东的请求,根据相关法律及司法解释的规定,林某主张变更自己为甲公司股东的请求不会得到法院支持。

【风险防范建议】

为避免实际出资人的股东资格不被认可的风险,在实务操作中可以参考以下几点:

(1)隐名股东在与隐名股东签署代持协议时,应当在股权代持协议中明确出资款的性质及支付方,在协议中明确隐名股东与显名股东各自的权利义务关系,约定名义股东在行使股东表决权时应提前取得隐名股东书面授权,未经授权不得行使表决权。

(2)隐名股东在出资后,可以要求公司通过出具股东会决议、出资证明书等方式对其实际出资人的身份予以确认。如有条件,还可以进一步约定实际出资人可直接享有并行使股东权利。

(3)隐名股东应注意保留参与公司决策管理的书面文件,如公司章程、议案、通知、决议、委托书等。

(4)可以选择与显名股东及公司三方签订股权代持协议,约定公司直接向隐名股东支付红利,以及在条件成就时,公司配合名义股东积极完成隐名股东显名的事务及程序。

【法条链接】

《最高人民法院关于适用〈中华人民共和国公司法〉若干问题的规定(三)》第二十四条 有限责任公司的实际出资人与名义出资人订立合同,约定由实际出资人出资并享有投资权益,以名义出资人为名义股东,实际出资人与名义股东对该合同效力发生争议的,如无法律规定的无效情形,人民法院应当认定该合同有效。

前款规定的实际出资人与名义股东因投资权益的归属发生争议,实际出资人以其实际履行了出资义务为由向名义股东主张权利的,人民法院应予支持。名义股东以公司股东名册记载、公司登记机关登记为由否认实际出资人权利的,人民法院不予支持。

实际出资人未经公司其他股东半数以上同意,请求公司变更股东、签发出资证明书、记载于股东名册、记载于公司章程并办理公司登记机关登记的,人民法院不予支持。

48. 公务员让他人代持股权,合法吗?

【情景案例】

骆某与高某是大学同学,两人关系甚好。骆某想在深圳成立一家软件公司,投资规模100万元,由于骆某资金不足,希望高某投资。高某十分看好骆某的创业想法,但自己是公务员,不方便出面,于是他让好友夏某代为持股。后高某与夏某签订了一份《股权代持协议》,让夏某成为显名股东。某软件公司成立后,骆某出资51万元持股51%,高某实际出资49万元持股49%。前5年公司处于发展期,税后利润不多,高某每年都能顺利按照协议获得分红。公司成立第六年,由于公司获得了1亿元风险投资,此时夏某的心态变了,想支付高某49万元实际取得代持股权,双方因此发生矛盾。高某想维权,但又碍于公务员的身份,不知道如何是好。

请问:高某委托骆某代持软件公司股权的行为合法吗?

【案例分析】

本案涉及的是公务员作为隐名股东与他人签订股权代持协议的效力问题。

根据《公务员法》第五十九条的规定,公务员不得从事或者参与营利性活动,不得在企业或者其他营利性组织中兼任职务。根据《最高人民法院关于适用〈中华人民共和国公司法〉若干问题的规定(三)》第二十四条与《民法典》第一百四十三条的规定,有限责任公司的实际出资人与名义出资人订立合同,约定由实际出资人出资并享有投资权益,以名义出资人为名义股东,实际出资人与名义股东对该合同效力发生争议的,如合同不违反法律、行政法规的强制性规定,应当认定该合同有效。

判断本案高某与夏某签订的股权代持协议是否合法、有效,目前仍存在争议。司法判例的主流观点认为,涉案股权代持协议不存在《民法典》第一百四十三条规定的无效情形,即违反法律、行政法规的强制性规定。这里的"强制性规定"应是指效力性强制性规定。高某作为公务员,固然不得从事或者参与营利性活动,在企业或者其他营利性组织中兼任职务,但前述规定属管理性禁止性规范,并不属于效力性强制性规范。公务员若违反了该规范,应由其管理机关追究其相应责任,但并不能因此影响代持股协议的合同效力,不当然导致合同无效,因此高某与夏某签订的股权代持协议合同合法有效。但是,若高某提出请求公司将其登记为具有公示效力的工商登记股东,因该主张与前述公务员规定相悖,不能成立,法院将不予支持。尽管高某不能成为工商登记股东,但是其可以依据签订的股权代持协议享有项下股权相对应的财产权益。

【风险防范建议】

公务员若想投资股权,应当选择公众上市公司公开发行的股票予以投资,理由如下:

(1)虽然公务员因投资入股所签订的股权代持协议并不因违反《公务员法》的规范而无效,但毕竟公务员投资入股属于一种违反管理性强制性规定的行为,法院不会因协议有效支持其要求在工商局变更登记的要求。

(2)公务员投资违反公务员相关法律禁止性规定,应当由其所在单位及相关部门进行审查确认并予以处理,即公务员投资入股还有可能遭受行政处分。实践中,因此被处理的公务员也不少,这种行为不仅影响晋升或者导致公务员被行政、刑事处罚,且该公务员将不能获得被代持公司的股权分红。

(3)如果某公务员因特定的原因确实需要以自有合法资金投资有限公司股权,应与显名股东之间签订股权代持协议,明确约定相关协议条款,与显名股东维持良好关系,尽量避免发生冲突;另外,为确定股东资格,公务员也应当在未与显名股东及其他股东产生矛盾之前,要求各股东及公司签章确认其出资金额及股权比例,并明确公务员持有公司股权的,除行使分红等收益权外,公务员身份解除前不参与公司管理、参加公司股东会等。如果确实必须亲自参加投资公司的管理,公务员应当依法办理辞职手续。

【法条链接】

《民法典》第一百四十三条　具备下列条件的民事法律行为有效:

(一)行为人具有相应的民事行为能力;

(二)意思表示真实;

(三)不违反法律、行政法规的强制性规定,不违背公序良俗。

《公务员法》第五十九条　公务员应当遵纪守法,不得有下列行为:

……

(十六)违反有关规定从事或者参与营利性活动,在企业或者其他营利性组织中兼任职务;

……

《最高人民法院关于适用〈中华人民共和国公司法〉若干问题的规定(三)》第二十四条第一款 有限责任公司的实际出资人与名义出资人订立合同,约定由实际出资人出资并享有投资权益,以名义出资人为名义股东,实际出资人与名义股东对该合同效力发生争议的,如无法律规定的无效情形,人民法院应当认定该合同有效。

49. 外国投资者让国内自然人代持股权,合法吗?

【情景案例】

蔡某是美籍华人,祖籍广东江门。2020 年 3 月,蔡某决定回家乡投资建设一家服装公司。经实地考察后,蔡某决定与国内好友田某、樊某签订一份《股权代持协议》,约定:名义上由田某、樊某作为公司股东进行工商登记,但实质上是蔡某实缴人民币 300 万元作为注册资本;年度决算时田某、樊某均可获得公司税后利润的 2% 作为股权代持的报酬。

李某是蔡某的妻子,其认为蔡某以上述方式成立公司是违法行为,因此建议尽快将股东变更为蔡某与李某。

请问:李某的说法符合我国法律规定吗?

【案例分析】

本案涉及的是外国投资者委托境内自然人代持公司股权的效力问题。

根据我国《外商投资法》第二条的规定,外国的自然人、企业或者其他组织可以取得中国境内企业的股份、股权、财产份额或者其他类似权益的方式进行投资。根据《最高人民法院关于审理外商投资企业纠纷案件若干问题的规定(一)》第十五条的规定,合同约定一方实际投资、另一方作为外商投资企业显名股东,不具有法律、行政法规规定的无效情形的,人民法院应认定该合同有效。实际投资者请求外商投资企业显名股东依据双方约定履行相应义务的,人民法院应予支持。

本案中,蔡某系美籍华人,因以外国投资者身份出资注册设立公司手续较为烦琐,于是蔡某与田某、樊某签订了一份《股权代持协议》,约定由田某、樊某作为公司股东进行工商登记,但实质上由蔡某实际出资。首先,前述约定是当事人之间的合意,并未违反法律、行政法规的禁止性规定,应认定合法有效。其次,自 2020 年 1 月 1 日起,《外商投资法》开始实施,我国法律对外国投资者成为境内企业的股东并未限制,只要该境内企业所从事领域不在外商投资准入特别管理措施范围内即可。本案投资设立的公司所从事的是服装行业,不属于特别管理措施范围里的行业,故蔡某要求变更为服装公司股东,不需要履行特别的审批手续,且不存在法律和政策上的障碍。因此,李某的说法片面,蔡某的行为不构成违法,但蔡某可要求将公司股东变更为其本人和妻子李某。

【风险防范建议】

外籍隐名股东要保障自己的投资权益,应注意以下几点:

(1)符合《外商投资法》规定的外籍隐名股东,且投资境内企业所从事领域不在外商投资准入特别管理措施范围内的可以解除代持关系,办理相关股东确认及工商登记手续,成为公司的显名股东。

(2)签订内容明确详细的股权代持协议。协议应包括以下内容:隐名股东的出资额、占比、出资方式,或者购买的股份数量、价格等相关信息,明确出资额或股份购买对价为隐名股东所出;严格限制显名股东行使股东权利;明确显名股东的禁止行为和应承担的违约责任;约定显名股东应配合隐名股东进行代持风险防控;等等。

(3)可以办理股权质押登记。隐名股东签署股权代持协议时可以约定显名股东将代持股权质押给自己或者指定的第三方,在一定程度上限制隐名股东对外行使股东权利,特别是转让代持的股权。

(4)及时向其他股东披露代持协议。实践中隐名股东需先明确其他股东对股权代持的知情及同意,并出具放弃优先购买权的书面声明。

【法条链接】

《外商投资法》第二条 在中华人民共和国境内(以下简称中国境内)的外商投资,适用本法。

本法所称外商投资,是指外国的自然人、企业或者其他组织(以下称外国投资者)直接或者间接在中国境内进行的投资活动,包括下列情形:

(一)外国投资者单独或者与其他投资者共同在中国境内设立外商投资企业;

(二)外国投资者取得中国境内企业的股份、股权、财产份额或者其他类似权益;

(三)外国投资者单独或者与其他投资者共同在中国境内投资新建项目;

(四)法律、行政法规或者国务院规定的其他方式的投资。

本法所称外商投资企业,是指全部或者部分由外国投资者投资,依照中国法律在中国境内经登记注册设立的企业。

《最高人民法院关于审理外商投资企业纠纷案件若干问题的规定(一)》第十五条 合同约定一方实际投资、另一方作为外商投资企业名义股东,不具有法律、行政法规规定的无效情形的，人民法院应认定该合同有效。一方当事人仅以未经外商投资企业审批机关批准为由主张该合同无效或者未生效的，人民法院不予支持。

实际投资者请求外商投资企业名义股东依据双方约定履行相应义务的，人民法院应予支持。

双方未约定利益分配，实际投资者请求外商投资企业名义股东向其交付从外商投资企业获得的收益的，人民法院应予支持。外商投资企业名义股东向实际投资者请求支付必要报酬的，人民法院应酌情予以支持。

50. 名义股东不将公司分红转交给实际出资人，怎么办?

【情景案例】

甲公司成立于2015年3月，注册资本100万元，工商登记股东为郭某、梅某，郭某出资70万元持股70%，梅某出资30万元持股30%。2021年4月，甲公司就2020年利润进行分红，梅某获得15万元的分红。因梅某与徐某签有一份《股权代持协议》，约定：由梅某代持徐某在甲公司的股权，出资款30万元全部由徐某缴纳，梅某应当在每年取得分红之后5日内将钱转入徐某指定的银行账户。梅某在取得上述分红后一直没转入徐某账户。多次催收无果后，徐某遂诉至法院，要求梅某返还2020年的红利15万元及其利息。

请问：徐某的请求能得到法院支持吗?

【案例分析】

本案涉及的是隐名股东的投资权益归属问题。

根据《最高人民法院关于适用〈中华人民共和国公司法〉若干问题的规定（三）》第二十四条的规定，实际出资人与名义股东因投资权益的归属发生争议，实际出资人以其实际履行了出资义务为由向名义股东主张权利的，人民法院应予支持。可见，隐名股东的投资权益与公司股东权益是两个完全不同的概念，隐名股东投资权益是基于隐名股东与显名股东之间代持协议而享有的一种合同权利。该权利若不存在法定的合同无效情形，权利合法有效，应当受到法律保护。

本案中，梅某与徐某签有《股权代持协议》，约定由徐某实际出资，梅某代持甲公司股权，徐某享有甲公司相应股权收益，梅某应当在每年取得分红之后5日内将钱转入徐某指定的银行账户。前述约定系当事人真实的意思表示，且不违反相关的法律、行政法规的禁止性规定，应认定为有效。梅某在取得上述分红后一直未将分红转入徐某账户的行为属于违约行为，徐某有权向人民法院起诉，要求梅某履行《股权代持协议》中约定的义务,并承担迟延履行的违约责任。

【风险防范建议】

隐名股东为保障自己的合法股东权益,应注意以下几点:

(1)隐名股东尽量与显名股东、公司签订三方协议。三方协议中可以约定隐名股东在成为登记股东之前按照其出资比例直接分得股息、红利;实际出资人欲转为登记股东的,显名股东和公司须为实际出资人提供包括但不限于变更股东名册、出具股东出资证明书、协助办理股东变更手续等的协助义务。

(2)隐名股东投资有限责任公司的,应尽可能要求其他过半数股东也在股权代持协议上签字确认,避免其他股东以行使优先购买权为由,阻碍隐名股东变更为显名股东。

【法条链接】

《民法典》第一百四十三条　具备下列条件的民事法律行为有效:

(一)行为人具有相应的民事行为能力;

(二)意思表示真实;

(三)不违反法律、行政法规的强制性规定,不违背公序良俗。

《最高人民法院关于适用〈中华人民共和国公司法〉若干问题的规定(三)》第二十四条　有限责任公司的实际出资人与名义出资人订立合同,约定由实际出资人出资并享有投资权益,以名义出资人为名义股东,实际出资人与名义股东对该合同效力发生争议的,如无法律规定的无效情形,人民法院应当认定该合同有效。

前款规定的实际出资人与名义股东因投资权益的归属发生争议,实际出资人以其实际履行了出资义务为由向名义股东主张权利的,人民法院应予支持。名义股东以公司股东名册记载、公司登记机关登记为由否认实际出资人权利的,人民法院不予支持。

实际出资人未经公司其他股东半数以上同意,请求公司变更股东、签发出资证明书、记载于股东名册、记载于公司章程并办理公司登记机关登记的,人民法院不予支持。

51. 名义股东涉诉,其代持的股权可被法院强制执行吗?

【情景案例】

甲公司注册资本为500万元,邱某出资300万元持股60%,骆某出资200万元持股40%。骆某所占股权的实际出资人是高某,两人于此前签订一份《股权代持协议》,约定:由骆某代持高某在甲公司的全部股权,出资款200万元全部由高某缴纳。2021年8月,骆某由于拖欠乙公司货款300万元被起诉,法院作出骆某返还乙公司货款及利息的判决。之后,乙公司向法院申请执行骆某在甲公司的股权。对此,高某向法院提出执行异议,请求中止对该部分股权的执行。

请问:高某的请求得到法院支持吗?

【案例分析】

本案涉及的是名义股东的债权人能否申请法院强制执行该名义股东名下的股权问题。

《最高人民法院关于人民法院办理执行异议和复议案件若干问题的规定》第二十五条规定,"对案外人的异议,人民法院应当按照下列标准判断其是否系权利人:……(四)股权按照工商行政管理机关的登记和企业信用信息公示系统公示的信息判断……"《公司法》第三十二条第三款规定,公司应当将股东的姓名或者名称向公司登记机关登记;登记事项发生变更的,应当办理变更登记。未经登记或者变更登记的,不得对抗第三人。

对于名义股东为债务人时的股权执行问题,司法实践基本已达成共识,即普遍认为实际股东无权阻却法院对登记在显名股东名下股权的执行。首先,股东登记属于典型的商事活动,应当遵循商事外观主义原则,即以对外公示登记的股东工商登记为准。如果因为实际股东与名义股东内部之间存在股权代持协议而否定债权人对登记在名义股东名下股权的执行权益,则必然会导致商事交易活动的不稳定。其次,根据合同相对性原则,股权代持协议属于实际股东与名义股东之间达成的合同,一般情况下,其应当仅对合同当事人发生效力。债权人作为股权代持协议之外的第三人,不应当受此约束。

本案中,骆某与高某之间的股权代持协议仅具有内部效力,对于外部第三人而言,股权登记具有公信力,隐名股东高某对外不具有公示股东的法律地位,不得以内部股权代持协议有效为由对抗外部债权人对显名股东骆某的正当权利。《公司法》第三十二条第三款所称的"第三人",并不限缩于与显名股东存在股权交易关系的债权人。根据商事外观主义原则,第三人的民事法律行为效力即应受到法律的优先保护。基于上述原则,骆某的非基于股权处分的债权人乙公司亦应属于法律保护的"第三人"范畴。因此,本案中骆某因其未能清偿到期债务而成为被执行人时,乙公司作为债权人依据工商登记中记载的股权归属,有权请求人民法院申请对该股权强制执行。高某虽为实际股东,但不享有排除强制执行争议股权的权利。

【风险防范建议】

为避免隐名股东的股权因名义股东的个人债务而被执行的风险，需要注意以下几点：

（1）及时变更股权登记或提起股权确认之诉。实际出资人在股权因名义股东债务纠纷被执行法院冻结前要及时将股权变更登记于自身名下，或者向法院及时提起股权确认之诉。

变更登记后，因隐名股东已成为对外公示的权利人，原名义股东的债权人自然无权申请冻结。如果没能及时进行变更登记，可以选择提起股权确认之诉。生效的裁判文书也具有一定的公示效力，获得法院确权的生效裁判文书后，即使股权公示登记的还是名义股东，隐名股东在执行阶段也可以此提出执行异议对抗法院的强制执行。

（2）对于执行法院冻结显名股东名下股权的情形，隐名股东应及时提出案外人执行异议，避免股权被查封、冻结和评估拍卖。

（3）实际出资人应与名义股东签订书面代持协议。代持协议是法院认定双方存在股权代持关系的基础。除了有利于股权代持关系认定外，代持协议也是实际出资人向名义股东追偿，要求名义股东承担违约责任或赔偿责任的依据。实际出资人在代持协议中应针对不同的违约情形约定不同的违约条款。

【法条链接】

《公司法》第三十二条　有限责任公司应当置备股东名册，记载下列事项：

（一）股东的姓名或者名称及住所；

（二）股东的出资额；

（三）出资证明书编号。

记载于股东名册的股东，可以依股东名册主张行使股东权利。

公司应当将股东的姓名或者名称向公司登记机关登记；登记事项发生变更的，应当办理变更登记。未经登记或者变更登记的，不得对抗第三人。

《最高人民法院关于人民法院办理执行异议和复议案件若干问题的规定》第二十五条　对案外人的异议，人民法院应当按照下列标准判断其是否系权利人：

……

（四）股权按照工商行政管理机关的登记和企业信用信息公示系统公示的信息判断；

……

52. 股东会决议时，实际出资人与名义股东持不同意见的，应该听谁的？

【情景案例】

A建筑公司成立于2018年7月6日，注册资本1000万元，樊某、胡某、万某系该公司的股东，分别持有兴达公司51%、40%、9%的股权。2018年7月1日，凌某与樊某签订一份《股权代持协议》，约定：由樊某代持凌某在A建筑公司的股权，出资款510万元全部由凌某缴纳；对于公司每年的分红，樊某可获得10%作为报酬。2019年3月10日，A公司召开股东会议，商讨是否承建B房地产公司某小区的1号楼的土建工程。凌某也参与该股东会议，在股东会上，樊某、胡某、万某一致支持承建该工程，但凌某表示反对。凌某认为，B房地产公司在业内口碑不好，经常拖欠工程款，合作风险巨大。樊某认为，其是A建筑公司的法定股东，应当以其意见为准。

请问：樊某的说法符合我国法律规定吗？

【案例分析】

本案涉及的是名义股东擅自决策的法律问题。

我国《公司法》第二十条第二款规定，公司股东滥用股东权利给公司或者其他股东造成损失的，应当依法承担赔偿责任。根据《最高人民法院关于适用〈中华人民共和国公司法〉若干问题的规定（三）》第二十四条的规定，实际出资人与名义出资人订立合同，约定由实际出资人出资并享有投资权益，以名义出资人为名义股东，如不违反法律、法规禁止性规定，该合同有效。

本案中，凌某与樊某签订《股权代持协议》，约定由樊某代持凌某在A建筑公司的股权，出资款510万元全部由凌某缴纳，凌某是实际出资人，樊某是名义股东，代为行使股东权利。虽然凌某是实际出资人，但其并未载明在公司章程、股东名册上，亦未进行工商登记，故樊某不能直接行使股东权利，而应当依据《最高人民法院关于适用〈中华人民共和国公司法〉若干问题的规定（三）》第二十四条的规定，凌某在依法变更成为A建筑公司股东后，方能直接行使表决权。《公司法》规定，股东会会议由股东按照出资比例行使表决权；《公司法》并未规定股东会会议由实际出资人行使表决权。在凌某未授权樊某出席临时股东会，且樊某与凌某的意思表示不一致的情况下，凌某发言不能记入表决，应当以樊某的意思表示为准记入表决。但若樊某的擅自决策行为给凌某带来实际损失，凌某可根据与樊某之间签订的《股权代持协议》中约定的违约责任，要求樊某对公司或者自己承担相应的赔偿责任。

【风险防范建议】

实际出资人为避免名义股东违背自己意愿擅自行使股东权利，应注意以下几点：

（1）在股权代持协议中明确双方的权利义务和相关违约责任。实际出资人应在股权代持协议中明确约定名义股东代为行使股东权利的方式和限制，如名义股东应严格按照实际出资人意愿行使股东权利、不得擅自进行公司决策管理等，并针对该方面约定加重名义股东的违约责任，增加其违约成本和风险。

（2）向公司和其他股东披露自己实际出资人的身份，有条件的可与公司签订实际股东身份确认书，约定由实际出资人直接参与公司经营管理，享有股东权利，以及名义股东行使表决权需得到实际出资人的书面同意或确认。

（3）实际出资人应尽快办理股权变更登记，成为标的公司的股东，直接行使股东权利。

【法条链接】

《公司法》第二十条　公司股东应当遵守法律、行政法规和公司章程，依法行使股东权利，不得滥用股东权利损害公司或者其他股东的利益；不得滥用公司法人独立地位和股东有限责任损害公司债权人的利益。

公司股东滥用股东权利给公司或者其他股东造成损失的，应当依法承担赔偿责任。

公司股东滥用公司法人独立地位和股东有限责任，逃避债务，严重损害公司债权人利益的，应当对公司债务承担连带责任。

第四十二条　股东会会议由股东按照出资比例行使表决权；但是，公司章程另有规定的除外。

《最高人民法院关于适用〈中华人民共和国公司法〉若干问题的规定（三）》第二十四条　有限责任公司的实际出资人与名义出资人订立合同，约定由实际出资人出资并享有投资权益，以名义出资人为名义股东，实际出资人与名义股东对该合同效力发生争议的，如无法律规定的无效情形，人民法院应当认定该合同有效。

前款规定的实际出资人与名义股东因投资权益的归属发生争议，实际出资人以其实际履行了出资义务为由向名义股东主张权利的，人民法院应予支持。名义股东以公司股东名册记载、公司登记机关登记为由否认实际出资人权利的，人民法院不予支持。

实际出资人未经公司其他股东半数以上同意，请求公司变更股东、签发出资证明书、记载于股东名册、记载于公司章程并办理公司登记机关登记的，人民法院不予支持。

53. 名义股东不配合办理股权变更至实际出资人名下的手续，怎么办？

【情景案例】

A公司注册资本100万元，甲、乙、丙为公司工商登记股东，公司章程记载，甲出资40万元持股40%；乙、丙各出资30万元，各持股30%。公司成立前丙与丁签订了《股权代持协议》，约定丙是A公司的名义股东，实际出资人系丁。对于该协议，甲、乙知情也同意。随着公司发展规模越来越大，丁担心丙继续代持股权会存在风险。2021年8月，丁向丙提出将股权过户到自己名下，甲、乙对此也表示同意，但丙表示反对且不配合办理股权变更手续。

请问：丁应当如何维权呢？

【案例分析】

本案涉及的是隐名股东如何“显名”的法律问题。

根据《最高人民法院关于适用〈中华人民共和国公司法〉若干问题的规定（三）》第二十四条的规定，有限责任公司的实际出资人与名义出资人订立合同，约定由实际出资人出资并享有投资权益，以名义出资人为名义股东，实际出资人与名义股东对该合同效力发生争议的，如无合同无效事由，该股权代持合同有效。但实际出资人未经公司其他股东半数同意，请求公司变更股东、签发出资证明书、记载于股东名册、记载于公司章程并办理公司登记机关登记的，人民法院不予支持。

本案中，丙与丁签订《股权代持协议》，由丁实际出资，但公司股权登记在丙名下，由名义股东丙持有并出面行使股东权利，但实际出资人丁享有股权收益。该协议是两者之间的真实合意，不违反法律、法规的禁止性规定，合法有效。另由于有限责任公司具有人合性的特征，即使隐名股东已实际向公司出资，隐名股东要显名化成为公司的股东，仍需经过公司其他股东过半数同意。本案中，A公司的其他股东甲、乙（共占A公司70%股份）对丁提出变更自己为公司股东的要求表示同意，虽然丙表示反对且不配合办理股权变更手续，丁可将A公司列为被告、全部股东列为第三人，向人民法院提起股权资格确认之诉，请求变更股东登记。

【风险防范建议】

实际出资人为了规避隐名出资的风险，便于日后请求股权变更登记，需注意以下几点：

(1)确保代持股协议合法有效。合法有效的代持股协议是隐名出资的前提，同时注意在代持股协议中明确自己的实际出资人身份和实际股东身份，注明双方的权利义务，同时约定实际出资人可以随时要求显名股东配合其办理工商变更登记手续，将自己显名登记为公司股东，并约定显名股东的违约责任。

(2)注明投资款用途。隐名股东在将公司投资款支付给名义股东或公司时，切记进行相关备注，另可要求公司在收取投资款后向自己出具载明"收到投资款"的收据等证据文件。

(3)让其他股东知悉自己实际出资人的身份，并以股东身份在公司行使股东权利、出席股东会等，并保留证据。

(4)及时办理股东变更登记，将股东身份记载于公司内部的股东名册与外部的工商登记上。隐名股东应当在不方便以真实身份向公司出资的情况消失后，及时办理变更登记，最大限度地降低潜在的风险。

【法条链接】

《民法典》第一百四十三条　具备下列条件的民事法律行为有效：

(一)行为人具有相应的民事行为能力；

(二)意思表示真实；

(三)不违反法律、行政法规的强制性规定，不违背公序良俗。

《最高人民法院关于适用〈中华人民共和国公司法〉若干问题的规定(三)》第二十一条　当事人向人民法院起诉请求确认其股东资格的，应当以公司为被告，与案件争议股权有利害关系的人作为第三人参加诉讼。

第二十四条　有限责任公司的实际出资人与名义出资人订立合同，约定由实际出资人出资并享有投资权益，以名义出资人为名义股东，实际出资人与名义股东对该合同效力发生争议的，如无法律规定的无效情形，人民法院应当认定该合同有效。

前款规定的实际出资人与名义股东因投资权益的归属发生争议，实际出资人以其实际履行了出资义务为由向名义股东主张权利的，人民法院应予支持。名义股东以公司股东名册记载、公司登记机关登记为由否认实际出资人权利的，人民法院不予支持。

实际出资人未经公司其他股东半数以上同意，请求公司变更股东、签发出资证明书、记载于股东名册、记载于公司章程并办理公司登记机关登记的，人民法院不予支持。

54. 股权代持协议丢失，对实际出资人会产生什么后果？

【情景案例】

2015年8月，柯某与卢某共同成立一家科技公司，注册资本300万元，柯某持股70%，卢某持股30%。2015年7月26日，卢某与莫某签订一份《股权代持协议》，约定：卢某代莫某持有某科技公司30%的股权，该股权的90万元实际出资款由莫某支出；卢某在每年取得分红之后3日内将钱交给莫某。协议签订以来，卢某一直能按约定将分红交给莫某，也未听从莫某的意见。2019年12月20日，莫某家里被盗，《股权代持协议》、房产证及家里存放的现金都被盗走了。对此，莫某感到十分担心，其担心如果卢某不承认双方之间签订协议，则十分被动，股权有可能全部归卢某所有。

请问：股权代持协议丢失，对莫某会产生什么后果？

【案例分析】

本案涉及的是隐名股东无股权代持协议情形下的股东资格确认问题。

我国《公司法》第三十二条第二款规定，记载于股东名册的股东，可以依股东名册主张行使股东权利。根据该法第三十四条的规定，股东按照实缴的出资比例分取红利。根据《最高人民法院关于适用〈中华人民共和国公司法〉若干问题的规定(三)》第二十四条的规定，实际出资人未经公司其他股东半数以上同意，请求公司变更股东、签发出资证明书、记载于股东名册、记载于公司章程并办理公司登记机关登记的，人民法院不予支持。

本案中，莫某作为科技公司的隐名股东履行了出资义务，也间接行使了股东分红权及公司经营管理部分权利，因股权代持协议被盗而丢失，其是否当然地失去隐名股东权利，导致公司股东权利全部归显名股东所有呢？股权代持协议是显名股东与隐名股东之间有关股权代持的合约，对双方具有约束力，未经公司确认时对公司是无约束力的，但是隐名股东向公司出资、对公司行使部分股权权利的行为将产生法律效力，隐名股东在代持协议丢失的情况下，仍然可以根据出资转账凭证、公司出具的出资证明、委托书、行使股东权利的其他证据材料主张股东身份，经公司其他股东过半数同意(本案中即柯某同意)其显名为公司股东，可以登记确认为该科技公司股东。但如果莫某在《股权代持协议》丢失及其他出资代持的证据材料也不存在的情形下与卢某发生纠纷，根据民事诉讼中“谁主张，谁举证”的举证原则，莫某将可能承担举证不能或者不利的后果，最终可能因证据不足败诉。

【风险防范建议】

股权代持协议是隐名股东主张权益的重要依据，隐名股东除应与显名股东签订股权代持协议外，为了保障合法权益，实践中还应注意以下几点：

（1）妥善保存股权代持协议。股权代持协议是证明隐名股东与显名股东存在股权代持合意的最直接的证据，若无该等股权代持合意证据，投资人支付的投资款在诉讼中极有可能被显名股东抗辩为该款项是隐名股东向显名股东提供的借款、赠款或是归还对显名股东的欠款。

（2）若隐名股东出席或参加公司经营管理活动，应保存书面的会议或决议文件。隐名股东可提供其参加被投资公司股东会、董事会的会议记录，显名股东委托其出席股东会的授权委托书，显名股东将公司分红转付至隐名股东账户的记录等证据。

（3）对用于公司出资或公司增资的款项，实际出资人在汇款时应该写清楚用途，并要求被投资公司向其出具载明“收到投资款”的收据、出资证明等，避免后续出现争议时，产生对该资金性质的争议。

【法条链接】

《公司法》第三十二条　有限责任公司应当置备股东名册，记载下列事项：

（一）股东的姓名或者名称及住所；

（二）股东的出资额；

（三）出资证明书编号。

记载于股东名册的股东，可以依股东名册主张行使股东权利。

公司应当将股东的姓名或者名称向公司登记机关登记；登记事项发生变更的，应当办理变更登记。未经登记或者变更登记的，不得对抗第三人。

第三十四条　股东按照实缴的出资比例分取红利；公司新增资本时，股东有权优先按照实缴的出资比例认缴出资。但是，全体股东约定不按照出资比例分取红利或者不按照出资比例优先认缴出资的除外。

《最高人民法院关于适用〈中华人民共和国公司法〉若干问题的规定（三）》第二十四条　有限责任公司的实际出资人与名义出资人订立合同，约定由实际出资人出资并享有投资权益，以名义出资人为名义股东，实际出资人与名义股东对该合同效力发生争议的，如无法律规定的无效情形，人民法院应当认定该合同有效。

前款规定的实际出资人与名义股东因投资权益的归属发生争议，实际出资人以其实际履行了出资义务为由向名义股东主张权利的，人民法院应予支持。名义股东以公司股东名册记载、公司登记机关登记为由否认实际出资人权利的，人民法院不予支持。

实际出资人未经公司其他股东半数以上同意，请求公司变更股东、签发出资证明书、记载于股东名册、记载于公司章程并办理公司登记机关登记的，人民法院不予支持。

55. 为他人代持股权，有什么法律风险？

【情景案例】

2018 年 6 月 20 日，甲公司向乙公司借款人民币 1000 万元，但甲公司到期未按约定还款付息。甲公司名义股东为房某、丁某，两人各占股权的 60%、40%，但实际出资人为李某，公司总经理也是李某。2019 年 7 月 1 日，李某冒用名义股东房某、丁某的签字，在未经清算的情况下，注销了甲公司。甲公司被注销后，乙公司诉至法院要求判令房某、丁某共同对甲公司欠乙公司的借款 1000 万元本金及相应利息损失的债务承担清偿、赔偿责任。房某、丁某辩称，甲公司的实际投资人是李某，二人与他签订了一份《股权代持协议》，还款责任应当由李某承担。

请问：房某、丁某的说法符合我国法律规定吗？

【案例分析】

本案涉及的是公司未经依法清算注销，代持股东对公司债务承担的问题。

公司与股东是两个不同的法律主体，股东以其认缴的出资额为限对公司承担责任，股东与公司的债权人之间不发生任何关系，债权人只能向公司主张权利而不能向股东主张权利，但在公司未经依法清算或者以虚假的清算报告骗取公司登记机关注销公司的情况下债权人是否有权要求公司股东承担清偿责任呢？根据《最高人民法院关于适用〈中华人民共和国公司法〉若干问题的规定（二）》第十九条、第二十条的规定，有限责任公司的股东未经依法清算，以虚假的清算报告骗取公司登记机关办理法人注销登记，债权人主张其对公司债务承担相应赔偿责任的，人民法院应依法予以支持。公司未经清算即办理注销登记，导致公司无法进行清算，债权人主张有限责任公司的股东、股份有限公司的董事和控股股东，以及公司的实际控制人对公司债务承担清偿责任的，人民法院应依法予以支持。又根据《公司法》第三十二条的规定，公司应当将股东的姓名或者名称向公司登记机关登记。未经登记或者变更登记的，不得对抗第三人。

本案中，甲公司未经合法清算即注销登记，债权人乙公司有权主张甲公司股东房某、丁某对公司债务承担赔偿责任;或者主张因公司未经清算即办理注销登记导致公司无法进行清算,甲公司股东房某、丁某对公司债务向债权人乙公司承担连带清偿责任。由于工商登记备案的股东身份对外具有公示效力,即便房某、丁某陈述其仅为甲公司的名义股东,实际出资人系李某,且与李某签订了《股权代持协议》,但在对外效力上,仍应以甲公司在工商行政部门登记对外公示的股东信息为准。即房某、丁某仍应以甲公司登记公示股东的身份对外承担法律责任。而隐名股东李某对外不具有公示股东的法律地位,不得以内部股权代持协议有效为由对抗外部债权人对显名股东的正当权利,房某、丁某对外承担公司的债务后,可以向实际出资人李某追偿。故房某、丁某的说法错误。

【风险防范建议】

名义股东为了避免为他人代持股权的法律风险,应注意以下几点:

(1)在股权代持协议中明确约定隐名股东的违约责任。名义股东和实际出资人之间的股权代持协议只能在协议双方之间发生法律效力,不能对抗第三人。因此在实际出资人并未履行出资义务的情形下,名义股东将要面临实际出资的风险,以及因公司诉讼产生之债务,将由名义股东承担。名义股东在与隐名股东签订委托投资协议时,应约定隐名股东不履行或不按时履行出资义务应承担的违约责任,或者让其提供第三人担保,以防由于隐名股东违约而给名义股东带来不必要的损失。

(2)名义股东要注意隐名股东是否具备诚信经营、资金实力,如不具备上述条件,尽量委婉拒绝隐名股东的要求,避免今后因隐名股东不履行实际出资义务而承担股东出资责任。

(3)名义股东在公司日常经营和管理中,尽可能取得隐名股东参与公司经营和管理的证据,如参与股东会会议、分红证据、其他股东知道隐名股东实际出资的证据等,如果受到追偿名义股东可向对方披露隐名股东,尽最大努力维护自己的权益。

【法条链接】

《公司法》第三十二条第二款 记载于股东名册的股东,可以依股东名册主张行使股东权利。

《最高人民法院关于适用〈中华人民共和国公司法〉若干问题的规定(二)》第十九条 有限责任公司的股东、股份有限公司的董事和控股股东,以及公司的实际控制人在公司解散后,恶意处置公司财产给债权人造成损失,或者未经依法清算,以虚假的清算报告骗取公司登记机关办理法人注销登记,债权人主张其对公司债务承担相应赔偿责任的，人民法院应依法予以支持。

第二十条 公司解散应当在依法清算完毕后，申请办理注销登记。公司未经清算即办理注销登记，导致公司无法进行清算，债权人主张有限责任公司的股东、股份有限公司的董事和控股股东，以及公司的实际控制人对公司债务承担清偿责任的，人民法院应依法予以支持。

公司未经依法清算即办理注销登记，股东或者第三人在公司登记机关办理注销登记时承诺对公司债务承担责任，债权人主张其对公司债务承担相应民事责任的，人民法院应依法予以支持。

第二十一条 按照本规定第十八条和第二十条第一款的规定应当承担责任的有限责任公司的股东、股份有限公司的董事和控股股东，以及公司的实际控制人为二人以上的，其中一人或者数人依法承担民事责任后，主张其他人员按照过错大小分担责任的，人民法院应依法予以支持。

三、股东名册记载纠纷

56. 继承取得公司股权的，继承人有权要求公司将自己记入股东名册吗？

【情景案例】

A公司是一家制药公司，成立于2010年5月，注册资本5000万元。甲是A公司的小股东，持有A公司5%的股权，实缴出资250万元。乙是甲的独生子。2018年6月2日，甲因病去世，其生前立下遗嘱，内容为：我所持A公司5%的股权由乙一人继承。2018年6月10日，乙给A公司发出一份通知书，要求A公司接到通知书后1个月内将自己记入公司股东名册并办理股权变更登记手续。A公司收到通知后，直至2018年7月12日仍未办理。无奈之下，乙诉至法院，要求A公司尽快将自己记入公司股东名册并办理股权变更登记手续。

请问：乙的请求能得到法院支持吗？

【案例分析】

本案涉及的是有限责任公司股权继承的法律问题。

我国《公司法》第七十五条规定，自然人股东死亡后，其合法继承人可以继承股东资格；但是，公司章程另有规定的除外。《公司登记管理条例》第三十四条第二款规定，有限责任公司的自然人股东死亡后，其合法继承人继承股东资格的，公司应当依照相关规定申请变更登记。公司章程没有排除或限制原公司股东的法定继承人因继承成为公司股东的，原公司股东的法定继承人可以继承公司股权成为并登记为公司股东。

实践中，继承人只要证明其为被继承人的合法继承人，而被继承人是公司股东即可。其他股东只有证明公司章程有排除或限制公司股东的法定继承人以继承成为公司股东，公司股东的法定继承人方不能自动取得股东资格。本案中，甲持有 A 公司 5% 的股权，乙作为甲的法定继承人，在甲死亡后有权依据甲的遗嘱继承 A 公司的股权，除非 A 公司章程有排除或限制公司股东的法定继承人因继承成为公司股东的规定，否则 A 公司应当按照法律法规为乙办理股东变更登记，登记在公司股东名册中。

【风险防范建议】

有限责任公司股权继承制度增加了公司治理风险和股东间信任危机可能性，为降低此种风险，可以在公司章程中增加有关股权继承排除或限制的特别规定。主要应注意以下几点：

（1）对不符合股东标准的继承人资格予以限制。公司章程可以规定股权继承人需具有完全的民事责任能力及行为能力，其必须具备对公司经营决策和管理监督的基本能力或者更高条件，否则便不能继承股东资格。对于不符合公司股东条件的继承人，章程可以约定由公司回购或由大股东及其他股东受让股权，由继承人取得公司股权的相应财产对价，以此保护公司的持续稳定发展。

（2）章程约定排除股东资格继承。在不违背《公司法》及相关法律强制性规范的情形下，章程可约定当出现股东死亡情形时，由公司回购其股权，即排除所有继承人的股权继承资格，继承人仅取得股权财产现金对价；或者委托有限公司大股东或实际控制人代持股权，享有公司分红等财产权益。

（3）约定合理的股权回购价值或确定方式。可对回购或受让股权的价值制定计算方式，同时根据公司经营情况等相关数据约定一定的调整空间，从而实现一个相对公平公正的股权价值评估方案。

【法条链接】

《公司法》第七十五条　自然人股东死亡后，其合法继承人可以继承股东资格；但是，公司章程另有规定的除外。

《公司登记管理条例》第三十四条第二款　有限责任公司的自然人股东死亡后，其合法继承人继承股东资格的，公司应当依照前款规定申请变更登记。

57. 法院生效判决确认股东资格的，当事人有权要求公司将自己记入股东名册吗？

【情景案例】

宣某曾向某法院提起民事诉讼，要求确认其拥有甲公司10%的股权。某法院经审理后作出判决，认定宣某享有甲公司10%的股权份额，邓某系名义股东，不符合改制批准的出资人资格而不享有甲公司股权。判决生效后，宣某要求甲公司在1个月内将邓某名下10%的股权变更为其持有，并将自己记入股东名册，但遭到甲公司拒绝。甲公司认为，宣某与邓某之间没有签订股权转让协议，因此不同意宣某的要求。协商无果后，宣某遂诉至法院，要求甲公司将自己记入股东名册并办理股权变更手续。

请问：宣某的请求能得到法院支持吗？

【案例分析】

本案涉及的是法院生效裁判可否直接产生股东变更的效力问题。

我国《民法典》第二百二十九条规定，因人民法院、仲裁机构的法律文书或者人民政府的征收决定等，导致物权设立、变更、转让或者消灭的，自法律文书或者征收决定等生效时发生效力。根据《公司法》第三十二条第三款的规定，公司应当将股东的姓名或者名称向公司登记机关登记；登记事项发生变更的，应当办理变更登记。未经登记或者变更登记的，不得对抗第三人。可见，法院生效裁判文书可产生物权变动的效力，并适用于登记生效的不动产。虽然不能将股权等同于物权，但多数观点认为，可将股权解释为动产参照适用物权相关法律规定。

本案中，某法院经审理后作出判决，认定宣某享有甲公司10%的股权份额，邓某不享有甲公司股权份额；判决生效后，宣某已经成为甲公司的股东，虽未进行股东变更工商登记，但登记并非生效要件。另法院在确认宣某为有限公司股东之前，应当将公司及其他股东列为第三人，并查明其他半数以上股东是否同意宣某成为公司股东，如果上述事实均已查明，宣某作为甲公司股东当然有权要求甲公司将自己记入股东名册并办理股权变更手续。且该判决对公司及其他股东具有法律拘束力，可以依据该生效判决申请法院强制执行，由法院签发执行协助通知，让商事登记机关及公司履行变更登记义务。因此，宣某的请求能得到法院的支持。

【风险防范建议】

隐名股东为保障自身权益，要求公司为自己进行股东变更登记，应注意以下几点：

（1）签订尽可能周全的《股权代持协议》。以《股权代持协议》约束名义出资人，加重其违约成本。同时该协议又可作为存在股权代持合意的有力证据之一。

（2）在签订代持协议时，要求显名股东签署隐名股东出席股东会的授权书，以保障表决权的行使，并注意保全参加股东会、董事会等参与公司管理的证据。

（3）获取公司其他股东及公司认可其股东身份的证据，如通过股东会决议、公司章程修正案等方式确认或公司向隐名股东签发加盖公章的出资证明书等。

（4）在显名条件具备时，及时通过诉讼等措施确认股东资格。在诉讼时，将名义股东和公司都列为被告，其他股东列为第三人。为了保证案件的顺利执行，诉讼请求中还可以明确名义股东及公司协助办理显名变更登记的内容。

【法条链接】

《民法典》第二百二十九条　因人民法院、仲裁机构的法律文书或者人民政府的征收决定等，导致物权设立、变更、转让或者消灭的，自法律文书或者征收决定等生效时发生效力。

《公司法》第三十二条第三款　公司应当将股东的姓名或者名称向公司登记机关登记；登记事项发生变更的，应当办理变更登记。未经登记或者变更登记的，不得对抗第三人。

第七十三条　依照本法第七十一条、第七十二条转让股权后，公司应当注销原股东的出资证明书，向新股东签发出资证明书，并相应修改公司章程和股东名册中有关股东及其出资额的记载。对公司章程的该项修改不需再由股东会表决。

《最高人民法院关于适用〈中华人民共和国公司法〉若干问题的规定（三）》第二十四条　有限责任公司的实际出资人与名义出资人订立合同，约定由实际出资人出资并享有投资权益，以名义出资人为名义股东，实际出资人与名义股东对该合同效力发生争议的，如无法律规定的无效情形，人民法院应当认定该合同有效。

前款规定的实际出资人与名义股东因投资权益的归属发生争议，实际出资人以其实际履行了出资义务为由向名义股东主张权利的，人民法院应予支持。名义股东以公司股东名册记载、公司登记机关登记为由否认实际出资人权利的，人民法院不予支持。

实际出资人未经公司其他股东半数以上同意，请求公司变更股东、签发出资证明书、记载于股东名册、记载于公司章程并办理公司登记机关登记的，人民法院不予支持。

第四章
股东权利义务纠纷

一、股东知情权纠纷

58. 公司拒绝股东查阅、复制股东会会议记录，股东可以起诉公司吗？

【情景案例】

甲公司成立于2019年1月，注册资本300万元，赵某持股67%，担公司总经理；钱某持股30%，担任公司财务总监；孙某持股3%，没有在公司任职，由于其在另一个城市生活，因此从不参加公司的股东会。2019年12月20日，为全面了解公司的运营情况，孙某向甲公司快递了请求函，要求查阅并复制公司设立至今的股东会会议记录，但甲公司拒绝了孙某的请求。甲公司认为，股东会会议记录是公司商业秘密，孙某只是小股东，且其有可能在外地从事与甲公司相似的业务，为防止泄密，因而不同意其查阅与复制。无奈之下，孙某将甲公司诉至法院，要求查阅并复制公司设立至今的股东会会议记录。

请问：孙某的请求能得到法院支持吗？

【案例分析】

本案涉及的是股东知情权的法律问题。

我国《公司法》第三十三条第一款规定，股东有权查阅、复制公司章程、股东会会议记录、董事会会议决议、监事会会议决议和财务会计报告。《最高人民法院关于适用〈中华人民共和国公司法〉若干问题的规定（四）》第七条第一款规定，股东依据《公司法》第三十三条、第九十七条或者公司章程的规定，起诉请求查阅或者复制公司特定文件材料的，人民法院应当依法予以受理。

可见，对于公司章程、股东会会议记录、董事会会议决议、监事会会议决议和财务会计报告，股东有权要求查阅和复制，无论股东以何种方式提出或者公司以何种方式拒绝，股东均可直接向法院提起知情权之诉，请求法院支持其查阅公司章程、股东会会议记录、董事会会议决议、监事会会议决议和财务会计报告的主张。另外，《公司法》对于股东查阅、复制公司章程、股东会会议记录、董事会会议决议、监事会会议决议和财务会计报告的权限并没有加以限制，仅对股东的会计账簿查阅权限进行了限制。

本案中，孙某作为甲公司股东，有权查阅及复制甲公司股东会会议记录，甲公司拒绝孙某查阅复制的行为，不符合法律规定且严重侵害了孙某作为股东的知情权。因此，孙某查阅、复制公司设立至今的股东会会议记录的请求能得到法院支持。

【风险防范建议】

为保障自身合法权益，股东在行使知情权时应注意以下几点：

(1)对于有限责任公司的章程、股东会记录、董事会决议、监事会决议及财务会计报告，股东有权查阅并复制，但对于会计账簿，股东仅可查阅，并不当然有权复制。

(2)股东查阅会计账簿是否已履行前置程序。需查阅公司会计账簿的股东，应当向公司提出书面请求，并说明目的。股东只有在公司拒绝其请求后，才可以起诉，如其直接起诉，法院可能会裁定驳回起诉。

(3)公司不得以章程、股东之间的协议等实质性剥夺了股东依据《公司法》查阅或者复制公司决议等文件材料的权利的条款为由，拒绝股东查阅公司文件请求的理由。

【法条链接】

《公司法》第三十三条第一款 股东有权查阅、复制公司章程、股东会会议记录、董事会会议决议、监事会会议决议和财务会计报告。

《最高人民法院关于适用〈中华人民共和国公司法〉若干问题的规定(四)》第七条第一款 股东依据公司法第三十三条、第九十七条或者公司章程的规定，起诉请求查阅或者复制公司特定文件材料的，人民法院应当依法予以受理。

59. 公司认为股东查阅会计账簿有不正当目的，可以拒绝提供吗？

【情景案例】

A公司成立于2016年3月，经营范围为锂电池材料的研发、生产和销售。李某为 A 公司的股东，持股 5%。李某之妻周女士系 B 公司的股东，任该公司营销总监，B 公司的经营范围与 A 公司基本一致，主要从事锂电池的生产与销售。2019 年 12 月 22 日，李某致函 A 公司要求查阅公司的会计账簿。A 公收到函件后，以李某未说明查阅的目的及其妻子周女士现任职的 B 公司与 A 公司存在同业竞争关系，不同意李某的查阅请求。无奈之下，李某将 A 公司起诉到法院，要求 A 公司提供公司会计账簿给其查阅、复制。

请问：李某的请求能得到法院支持吗？

【案例分析】

本案涉及的是公司是否有权拒绝公司股东查阅会计账簿的法律问题。

根据我国《公司法》第三十三条的规定，股东可以要求查阅公司会计账簿。股东要求查阅公司会计账簿的，应当向公司提出书面请求，说明目的。公司有合理根据认为股东查阅会计账簿有不正当目的，可能损害公司合法利益的，可以拒绝提供查阅，并应当自股东提出书面请求之日起 15 日内书面答复股东并说明理由。根据《最高人民法院关于适用〈中华人民共和国公司法〉若干问题的规定（四）》第八条的规定，股东具有“不正当目的”主要包括以下情形：股东自营或者为他人经营与公司主营业务有实质性竞争关系业务的，但公司章程另有规定或者全体股东另有约定的除外；股东为了向他人通报有关信息查阅公司会计账簿，可能损害公司合法利益的；股东在向公司提出查阅请求之日前的 3 年内，曾通过查阅公司会计账簿，向他人通报有关信息损害公司合法利益的；股东有不正当目的的其他情形。

本案中，A 公司股东李某要求查阅公司会计账簿，李某妻子周女士任职的 B 公司与 A 公司存在同业竞争关系。由于周女士作为李某的家庭成员，无疑与李某具有共同的财产利益，李某查阅 A 公司会计账簿资料，存在向妻子周女士任职的 B 公司泄露的极高风险。B 公司一旦获悉 A 公司的市场信息、客户信息、价格信息等具有商业秘密性质的信息，将在与 A 公司的竞争中处于有利地位并相应损害 A 公司的利益。因此 A 公司认为李某查阅会计账簿具有不正当目的的主张符合法律规定，主张成立，公司有权拒绝李某查阅公司会计账簿的请求。

【风险防范建议】

关于公司应该如何证明股东查阅会计账簿具有“不正当目的”，可以从以下几点入手：

（1）公司可以通过举证证明股东同时经营或者参与了与本公司主营业务、客户群体存在实质上的竞争关系的其他公司或业务，证明该事实可以通过证明股东同时担任两个公司的股东或者高管，而两公司在经营范围、客户范围、客户群体、主营产品或服务等方面存在实质性竞争；或者证明股东的家庭成员、近亲属或其他与股东共享财产利益的人经营或者参与与公司同业竞争业务的事实。

(2)证明股东查阅公司账簿是为了向别人通报公司的经营信息，损害公司利益。

(3)证明股东近3年存在查阅公司账簿后向他人提供公司相关信息的行为。

【法条链接】

《公司法》第三十三条 股东有权查阅、复制公司章程、股东会会议记录、董事会会议决议、监事会会议决议和财务会计报告。

股东可以要求查阅公司会计账簿。股东要求查阅公司会计账簿的，应当向公司提出书面请求，说明目的。公司有合理根据认为股东查阅会计账簿有不正当目的，可能损害公司合法利益的，可以拒绝提供查阅，并应当自股东提出书面请求之日起十五日内书面答复股东并说明理由。公司拒绝提供查阅的，股东可以请求人民法院要求公司提供查阅。

《最高人民法院关于适用〈中华人民共和国公司法〉若干问题的规定(四)》第八条 有限责任公司有证据证明股东存在下列情形之一的，人民法院应当认定股东有公司法第三十三条第二款规定的“不正当目的”：

(一)股东自营或者为他人经营与公司主营业务有实质性竞争关系业务的，但公司章程另有规定或者全体股东另有约定的除外；

(二)股东为了向他人通报有关信息查阅公司会计账簿，可能损害公司合法利益的；

(三)股东在向公司提出查阅请求之日前的三年内，曾通过查阅公司会计账簿，向他人通报有关信息损害公司合法利益的；

(四)股东有不正当目的的其他情形。

60. 股东可以委托专业人员辅助查阅公司会计账簿等资料吗?

【情景案例】

2021年3月，甲、乙、丙三人成立A公司，注册资本500万元，甲出资300万元持股60%，乙出资150万元持股30%，丙出资50万元持股10%。甲担任公司总经理，乙担任公司监事，丙没有在公司任职。公司成立后，生意十分红火，丙估计公司年利润应该有300万元，但公司在股东会公布的实际利润仅为50万元，对此丙表示怀疑。为此，丙要求A公司提供自成立至今的会计账簿供甲和其委托的注册会计师、律师查阅，但遭到A公司的拒绝。A公司认为，丙作为公司股东有权查阅公司的会计账簿，但其不能委托注册会计师、律师辅助查阅，因为会计账簿涉及公司的商业秘密，这样有可能会泄密。

请问：A公司的说法符合我国法律规定吗？

【案例分析】

本案涉及的是股东是否有权委托专业代理人辅助查阅公司会计账簿的问题。

根据我国《公司法》第三十三条的规定，股东可以要求查阅公司会计账簿。股东要求查阅公司会计账簿的，应当向公司提出书面请求，说明目的。公司有合理根据认为股东查阅会计账簿有不正当目的，可能损害公司合法利益的，可以拒绝提供查阅，并应当自股东提出书面请求之日起15日内书面答复股东并说明理由。公司拒绝提供查阅的，股东可以请求人民法院要求公司提供查阅。根据《民法典》第一百六十一条、第一百六十二条的规定，民事主体可以通过代理人实施民事法律行为。代理人在代理权限内，以被代理人名义实施的民事法律行为，对被代理人发生效力。

本案中，丙作为A公司的股东，对公司在股东会公布的实际利润金额存在疑问而向A公司请求查阅公司会计账簿，具有正当目的。如果A公司认为丙的请求具有不正当目的或侵害公司商业秘密，应当举证证明，否则就应允许丙查阅公司会计账簿。同时，根据《民法典》第一百六十一条、第一百六十二条的规定，委托代理人实施民事法律行为是公民应有的权利，除非依照法律规定或按双方当事人的约定不得委托的事项。公司的会计账簿、会计凭证等财务资料具有很强的专业性和复杂性，作为股东未必具有专业的会计知识，因此应当允许丙委托专业人员进行辅助查阅，否则无法切实保障股东知情权。综上所述，A公司的说法不符合我国法律规定。

【风险防范建议】

为了确实保障公司股东知情权，股东在查阅会计账簿时，应注意以下几点：

（1）股东查询会计账簿的起止时间，不限于其加入公司成为股东之后的公司财务会计资料。对于其成为股东之前的公司财会资料，只要符合正当目的，也应当允许查阅。

（2）股东可以委托具有专业知识的会计师、律师等第三人在签署保密协议的前提下协助、辅助其查阅会计账簿。小股东可以利用其在公司担任监事的职责，在公司章程中明确监事对公司财务报告、账簿有异议的可以委托专业会计师事务所进行审计，审计费用由公司承担。

(3)公司认定股东查阅具有不正当目的的，可拒绝提供查阅。一般而言，不正当目的指股东存在损害公司合法利益的情形，如股东存在竞业禁止的情形(公司章程、股东约定除外)或股东泄露公司商业秘密、恶意竞争等。

(4)公司章程、股东之间的协议等实质性剥夺了股东依据公司法查阅或者复制公司章程、股东会会议记录、董事会会议决议、监事会会议决议和财务会计报告、账簿等文件资料的权利的，该条款无效。

【法条链接】

《公司法》第三十三条 股东有权查阅、复制公司章程、股东会会议记录、董事会会议决议、监事会会议决议和财务会计报告。

股东可以要求查阅公司会计账簿。股东要求查阅公司会计账簿的，应当向公司提出书面请求，说明目的。公司有合理根据认为股东查阅会计账簿有不正当目的，可能损害公司合法利益的，可以拒绝提供查阅，并应当自股东提出书面请求之日起十五日内书面答复股东并说明理由。公司拒绝提供查阅的，股东可以请求人民法院要求公司提供查阅。

《民法典》第一百六十一条 民事主体可以通过代理人实施民事法律行为。

依照法律规定、当事人约定或者民事法律行为的性质，应当由本人亲自实施的民事法律行为，不得代理。

第一百六十二条 代理人在代理权限内，以被代理人名义实施的民事法律行为，对被代理人发生效力。

61. 瑕疵出资的股东是否享有股东知情权?

【情景案例】

甲公司成立于2017年8月，由周某与吴某共同设立，注册资本100万元，周某认缴出资60万元，吴某认缴出资40万元。甲公司的章程规定：周某担任公司总经理，吴某担任公司的营销总监，两人所认缴出资应当在2017年9月30日支付。之后，周某按约定履行了出资义务，但吴某以资金紧张为由没有出资。2018年3月，周某与吴某在经营理念上发生矛盾，吴某因此不再担任公司营销总监职务。2018年12月31日，吴某以对甲公司经营现状所知甚少，需要了解公司实际经营情况为由，向甲公司邮寄一份股东知情权申请书，要求查阅并复制公司的所有资料（含公司所有会计账簿、原始凭证、契约、传票、通知等）。甲公司收到邮件后，拒绝了吴某的请求。周某认为，吴某至今未按公司章程规定履行出资义务，因此其不具有股东资格，不享有股东权利，无权行使股东知情权。

请问：周某的说法符合我国法律规定吗？

【案例分析】

本案涉及的是未履行出资义务的股东是否享有知情权的问题。

根据我国《公司法》第三十三条的规定，股东有权查阅、复制公司章程、股东会会议记录、董事会会议决议、监事会会议决议和财务会计报告，股东可以要求查阅公司会计账簿。《最高人民法院关于适用〈中华人民共和国公司法〉若干问题的规定（三）》第十六条规定，股东未履行或者未全面履行出资义务或者抽逃出资，公司根据公司章程或者股东会决议对其利润分配请求权、新股优先认购权、剩余财产分配请求权等股东权利作出相应的合理限制，该股东请求认定该限制无效的，人民法院不予支持。

根据《公司法》第四条的规定，公司股东依法享有资产收益、参与重大决策和选择管理者等权利。参与重大决策的前提是掌握公司的经营状况，股东知情权即是股东了解公司信息的权利，属于股东的基本权利，即使股东未按照章程约定履行出资义务，公司亦不能限制股东中的知情权，但公司可对股东利润分配请求权、新股优先认购权、剩余财产分配请求权等自益权利进行限制，无合理根据证明股东行使知情权具有不正当目的的，则不应限制股东行使。账簿查阅权是股东知情权的重要内容，查阅权行使的范围应当包括会计账簿和会计凭证。根据会计准则、相关契约等，有关资料也是编制记账凭证的依据，应当作为原始凭证的附件入账备查。

据此，本案中，吴某认缴了甲公司 40% 的股权，系甲公司的股东，其虽未履行出资义务，但未出资事实不影响吴某股东身份资格，吴某作为股东有权要求查阅甲公司会计账簿等资料，查阅权行使的范围应当包括会计账簿（含总账、明细账、日记账和其他辅助性账簿）和会计凭证（含记账凭证、相关原始凭证、契约及作为原始凭证附件入账备查的有关资料）。故甲公司以吴某未履行出资义务拒绝查阅的理由不成立，吴某有权查阅公司会计账簿和原始凭证，但无权复制；而吴某要求查阅其他公司资料的请求，因超出了《公司法》第三十三条规定的股东行使知情权的查阅范围，公司有权拒绝吴某该相应的请求。

【风险防范建议】

为避免出现股东恶意不履行、不全面履行出资义务或者抽逃出资的行为,可以在公司章程中设计以下条款予以防范:

(1)对于瑕疵出资(包括未出资、迟延出资、出资不实)、抽逃出资的股东,公司告知其在收到公司的催缴通知后2个月内(补缴)缴纳出资或返还出资,2个月催缴期限届满,仍未(完全)缴纳或者返还出资的股东,经实际代表1/2以上表决权的股东同意即丧失未缴纳或未返还(部分)出资所代表的股权;该(部分)出资由其余股东按出资比例认缴或者由实际代表1/2以上表决权的股东同意的其他人认缴。

(2)在股东未实际缴足全部出资前,其仅有权按照实际出资比例行使股东权利,包括利润分配请求权、新股优先认购权、剩余财产分配请求权表决权等股东权利。

(3)违约股东对除名前的公司债务承担的责任不能免除,且还需在应缴或应返还的范围内对公司因瑕疵出资、抽逃出资而遭受的损失承担责任。

【法条链接】

《会计法》第九条 各单位必须根据实际发生的经济业务事项进行会计核算,填制会计凭证,登记会计帐簿,编制财务会计报告。

任何单位不得以虚假的经济业务事项或者资料进行会计核算。

第十四条 会计凭证包括原始凭证和记帐凭证。

办理本法第十条所列的经济业务事项,必须填制或者取得原始凭证并及时送交会计机构。

……

第十五条 会计帐簿登记,必须以经过审核的会计凭证为依据,并符合有关法律、行政法规和国家统一的会计制度的规定……

《公司法》第四条 公司股东依法享有资产收益、参与重大决策和选择管理者等权利。

第三十三条 股东有权查阅、复制公司章程、股东会会议记录、董事会会议决议、监事会会议决议和财务会计报告。

股东可以要求查阅公司会计账簿。股东要求查阅公司会计账簿的,应当向公司提出书面请求,说明目的。公司有合理根据认为股东查阅会计账簿有不正当目的,可能损害公司合法利益的,可以拒绝提供查阅,并应当自股东提出书面请求之日起十五日内书面答复股东并说明理由。公司拒绝提供查阅的,股东可以请求人民法院要求公司提供查阅。

《最高人民法院关于适用〈中华人民共和国公司法〉若干问题的规定(三)》第十六条　股东未履行或者未全面履行出资义务或者抽逃出资,公司根据公司章程或者股东会决议对其利润分配请求权、新股优先认购权、剩余财产分配请求权等股东权利作出相应的合理限制,该股东请求认定该限制无效的,人民法院不予支持。

62. 公司章程限制股东知情权的条款有效吗?

【情景案例】

A公司成立于2016年6月,注册资本1000万元,由甲、乙、丙、丁、戊五人共同创办,持股分别为51%、39%、4%、3%、3%。甲担任公司董事长,乙担任公司总经理,丙、丁与戊系公司的高级技术人员。为保护公司商业秘密不外露,A公司的公司章程第十条规定:所持公司股权少于5%的股东不享有知情权,无权查阅股东会会议记录、董事会会议决议、财务会计报告和公司会计账簿等。2019年6月,丙从朋友中得知,B公司最近向甲与乙借款500万元,年利率为36%。丙怀疑甲与乙挪用公司资金借款给B公司,遂书面向公司提出查阅股东会会议记录、财务会计报告和公司会计账簿的要求,但遭到拒绝。A公司认为,丙持股少于5%,根据章程规定不享有公司知情权。无奈之下,丙将A公司诉至法院。

请问:A公司的说法符合我国法律规定吗?

【案例分析】

本案涉及的是公司章程限制股东知情权效力的法律问题。

根据我国《公司法》第三十三条的规定,股东有权查阅、复制公司章程、股东会会议记录、董事会会议决议、监事会会议决议和财务会计报告。且股东查阅、复制公司上述文件是不需要任何前提条件,公司也不得附加任何条件,应当予以配合股东查询、复制。股东要求查阅公司会计账簿的,应当向公司提出书面请求,说明目的。公司有合理根据认为股东查阅会计账簿有不正当目的,可能损害公司合法利益的,可以拒绝提供查阅,并应当自股东提出书面请求之日起15日内书面答复股东并说明理由。公司拒绝提供查阅的,股东可以请求人民法院要求公司提供查阅。《最高人民法院关于适用〈中华人民共和国公司法〉若干问题的规定(四)》第九条规定,公司章程、股东之间的协议等实质性剥夺股东依据《公司法》第三十三条、第九十七条规定查阅或者复制公司文件材料的权利,公司以此为由拒绝股东查阅或者复制的,人民法院不予支持。

股东知情权是股东参与公司日常管理、决策的基本权利。股东知情权是股东的固有权利,《公司法》中将股东知情权的规定为强制性规范,不可以通过约定排除,公司章程、股东之间的协议等实质性剥夺股东知情权的约定无效。本案中,A公司的公司章程第十条规定所持公司股权少于5%的股东不享有知情权,无权查阅股东会会议记录、董事会会议决议、财务会计报告和公司会计账簿等文件的约定侵犯了股东法定知情权,该规定无效。丙作为A公司股东,因对公司交易、财务方面存在疑问,书面请求查阅A公司会计账簿,符合《公司法》的规定,A公司若无法证明丙查阅公司账簿具有不正当理由,不得拒绝丙的请求。

【风险防范建议】

关于公司小股东应当如何保障自己有效行使知情权,建议如下:

(1)确保信息披露制度的有效落实是保障股东知情权实现的重要途径。中小股东应积极推进公司制定完善信息披露制度,有效、及时地向公司股东披露真实的经营信息,使股东充分了解公司的财务状况与经营成果,并要求公司设立专门机构妥善保存公司各类文件,包括但不限于股东会会议记录、董事会会议决议、监事会会议决议及公司财务会计资料,积极协助公司股东行使知情权。

(2)另审查公司章程、股东协议中的限制性股东知情权约定是否达到实质性剥夺股东法定知情权,可从以下角度进行判断:限制性约定是否对《公司法》第三十三条规定的知情权主体、对象和权利行使方式等作出了实质性限制,因而可能导致股东知情权被架空。如法律规定股东享有查阅公司会计账簿的权利,而公司章程规定股东只能查阅公司财务报告,此即为对法定知情权范围的实质性剥夺,应认定为无效;若章程仅是对股东行使法定知情权的具体规则作出程序性的细化规定,如仅是明确查阅、复制公司资料的时间和地点,且并未实质增加股东行使权利的难度,就不属于实质意义上剥夺知情权,故应当承认其效力。

【法条链接】

《公司法》第三十三条 股东有权查阅、复制公司章程、股东会会议记录、董事会会议决议、监事会会议决议和财务会计报告。

股东可以要求查阅公司会计账簿。股东要求查阅公司会计账簿的,应当向公司提出书面请求,说明目的。公司有合理根据认为股东查阅会计账簿有不正当目的,可能损害公司合法利益的,可以拒绝提供查阅,并应当自股东提出书面请求之日起十五日内书面答复股东并说明理由。公司拒绝提供查阅的,股东可以请求人民法院要求公司提供查阅。

《最高人民法院关于适用〈中华人民共和国公司法〉若干问题的规定(四)》第九条　公司章程、股东之间的协议等实质性剥夺股东依据公司法第三十三条、第九十七条规定查阅或者复制公司文件材料的权利，公司以此为由拒绝股东查阅或者复制的，人民法院不予支持。

二、股权回购纠纷

63. 公司连续5年不分红，股东可以要求公司回购股权吗？

【情景案例】

甲公司成立于2013年1月，注册资本100万元，由郑某、王某、冯某三人共同创办，郑某出资70万元持股70%，王某出资20万元持股20%，冯某出资10万元持股10%。郑某担任公司总经理，王某担任公司财务总监，冯某没有在公司任职。公司连续5年一直处于盈利状态，且不欠任何外债，但连续5年一直不分红。冯某曾要求公司分红，但大股东郑某强调以“积蓄资金，做大做强”为由不分红。2019年4月，冯某由于资金周转紧张，于是书面给甲公司发函要求分配2018年的红利，但遭到公司拒绝。多次协商无果后，冯某诉至法院，要求公司回购其所持公司10%的股权。

请问：冯某的请求能得到法院支持吗？

【案例分析】

本案涉及的是公司连续5年盈利不分红，股东是否有权要求公司回购股权的法律问题。

根据我国《公司法》第三十九条和第四十条的规定，代表1/10以上表决权的股东，1/3以上的董事，监事会或者不设监事会的公司的监事提议召开临时会议的，应当召开临时会议。董事会或者执行董事不能履行或者不履行召集股东会会议职责的，由监事会或者不设监事会的公司的监事召集和主持；监事会或者监事不召集和主持的，代表1/10以上表决权的股东可以自行召集和主持。又根据其第七十四条，公司连续5年不向股东分配利润，而公司该5年连续盈利，并且符合该法规定的分配利润条件的，对股东会该项决议投反对票的股东可以请求公司按照合理的价格收购其股权。自股东会会议决议通过之日起60日内，股东与公司不能达成股权收购协议的，股东可以自股东会会议决议通过之日起90日内向人民法院提起诉讼。

本案中，冯某持有甲公司 10% 的股权，根据《公司法》规定有权在公司董事、监事不履行召集股东会会议职责的情况下，自行召集和主持股东会，要求股东会对分红进行决议。鉴于甲公司连续 5 年一直处于盈利状态，且不欠任何外债，但连续 5 年一直不分红，冯某可以在股东会上，对不分红决议持反对意见，并请求公司以合理价格回购自己持有的 10% 股权；在股东会不分红决议通过之日起 60 日内，冯某与甲公司仍不能达成股权收购协议的，冯某有权自不分红决议通过之日起 90 日内向人民法院提起诉讼，要求甲公司回购股权。故冯某的请求能得到法院的支持。

实践中，公司中小股东的权益往往受到公司控股股东或者实际控制人的侵害，因此我国法律赋予了公司中小股东许多救济途径来保护公司中小股东的合法权利。当公司中小股东的分红权受到侵害时，股东可以依据《公司法》第三十九条的规定要求公司召开临时股东会，专门就红利分配作出决议。控股股东拒绝召开的，代表 1/10 以上表决权的股东可以《公司法》第四十条自行召集和主持股东会。除此之外，如果公司中小股东能够找到意向受让公司股权的其他股东或者股东之外的受让人，可以依据《公司法》第七十一条的规定对内或对外转让股权，以获取股权转让价款的方式退出公司。

【风险防范建议】

关于实务中，公司中小股东应当如何保障自己分红权的行使，建议如下：

(1)股东应积极行使自己的股东知情权，通过查阅公司的财务账簿了解公司真实的财务及经营状况，减少与避免控股股东与管理层通过财务造假规避红利分配和股东退股等风险。

(2)在公司召开股东会之际积极行使自己的投票权，对大股东不分红的决议投反对票，并确认是否如实记录于股东会记录等相关文件中。

(3)在不分红的股东会决议作出之后，立即书面致函要求公司按照合理价格回购自己的股权，并要求公司聘请第三方机构评估公司净资产的价值。

(4)对于持股比例低于 10% 的小股东来讲，在自身无权提议召开股东会，且董事、监事或大股东不召开股东会的情况下，可以直接向公司提出退股的意愿，如若不能达成大股东收购或者公司回购的协议，可以到法院提起诉讼。

(5)在公司章程中明确规定，公司每年盈余分配的期间、比例、方式等条款内容，并明确规定公司连续盈余不分红的情形下，公司回购股东股权的价值计算方式、支付方式及支付时间等条款。

【法条链接】

《公司法》第三十九条 股东会会议分为定期会议和临时会议。

定期会议应当依照公司章程的规定按时召开。代表十分之一以上表决权的股东,三分之一以上的董事,监事会或者不设监事会的公司的监事提议召开临时会议的,应当召开临时会议。

第四十条 有限责任公司设立董事会的,股东会会议由董事会召集,董事长主持;董事长不能履行职务或者不履行职务的,由副董事长主持;副董事长不能履行职务或者不履行职务的,由半数以上董事共同推举一名董事主持。

有限责任公司不设董事会的,股东会会议由执行董事召集和主持。

董事会或者执行董事不能履行或者不履行召集股东会会议职责的,由监事会或者不设监事会的公司的监事召集和主持;监事会或者监事不召集和主持的,代表十分之一以上表决权的股东可以自行召集和主持。

第七十四条 有下列情形之一的,对股东会该项决议投反对票的股东可以请求公司按照合理的价格收购其股权:

(一)公司连续五年不向股东分配利润,而公司该五年连续盈利,并且符合本法规定的分配利润条件的;

(二)公司合并、分立、转让主要财产的;

(三)公司章程规定的营业期限届满或者章程规定的其他解散事由出现,股东会会议通过决议修改章程使公司存续的。

自股东会会议决议通过之日起六十日内,股东与公司不能达成股权收购协议的,股东可以自股东会会议决议通过之日起九十日内向人民法院提起诉讼。

64. 股权回购协议中约定的无风险绝对收益条款侵犯了公司其他股东和债权人的利益的,有效吗?

【情景案例】

2014年5月6日,甲公司与乙公司签署《投资合作协议》,约定乙公司向甲公司投资3000万元,投资完成后占甲公司股权比例额的10%,并约定了股权回购条款,其触发条件为:甲公司未完成约定的净利润目标或未在2019年5月31日前完成上市,回购股权的金额为投资本金加12%的年回报率,且该回购金额转为对甲公司的债权。2019年6月,股权回购条款触发条件成就,乙公司向法院起诉,要求甲公司根据协议约定支付乙公司的回购金额本金和利息。

请问:乙公司的请求能得到法院支持吗?

【案例分析】

本案涉及的是股权投资中"对赌"条款中股权回购的法律效力问题。

根据我国《公司法》第二十条和第三十五条的规定,公司股东应当遵守法律、行政法规和公司章程,依法行使股东权利,不得滥用公司法人独立地位和股东有限责任损害公司债权人的利益。公司成立后,股东不得抽逃出资。《全国法院民商事审判工作会议纪要》关于对赌协议的效力及履行规定,投资方与目标公司订立的对赌协议在不存在法定无效事由的情况下,目标公司仅以存在股权回购或者金钱补偿约定为由,主张对赌协议无效的,人民法院不予支持,但投资方主张实际履行的,人民法院应当审查是否符合《公司法》关于股东不得抽逃出资及股份回购的强制性规定,判决是否支持其诉讼请求。投资方请求目标公司回购股权的,人民法院应当依据《公司法》第三十五条关于股东不得抽逃出资或者第一百四十二条关于股份回购的强制性规定进行审查。经审查,目标公司未完成减资程序的,人民法院应当驳回其诉讼请求。又根据《公司法》第三十七条、第一百七十七条的规定,股东会对公司增加或减少注册资本作出决议;公司需要减少注册资本时,必须编制资产负债表及财产清单。公司应当自作出减少注册资本决议之日起10日内通知债权人,并于30日内在报纸上公告。

本案中,甲公司与乙公司签署《投资合作协议》,乙公司向甲公司投资3000万元,并约定了股权回购条款,若甲公司未完成约定条件,回购股权的金额为投资本金加12%的年回报率,且该回购金额转为对甲公司的债权。乙公司投资甲公司后依法定程序成为甲公司的股东,依法享有甲公司的股东权利,承担股东义务。但是双方在《投资合作协议》中约定的股权回购条款实质上是保证无风险绝对收益的保底条款,违反了《公司法》第二十条的规定,侵犯了公司其他股东和公司债权人的利益,不符合公司法规定的股东以其出资额为限对公司债务承担责任的公司法基本原则。乙公司要求甲公司回购其股权的请求需由甲公司股东大会作出有效决议,并符合法律规定的公司减资程序,本案甲公司既未在股东大会作出回购股权的决议,也未完成法定减资程序,故乙公司的请求不能得到法院支持。

【风险防范建议】

投资者在制定有限公司股权投资协议中股权回购条款时,应注意以下几点:

(1)投资者在以公司股权回购作为资金退出方式时,要审慎选择回购主体,公司作为法人,其背后有各种错综复杂的利益,实践中,法院对于公司作为回购主体的案件中的股份回购条款审查往往更为严格，因此在确定回购主体时，可以选择信用较高的股东。实践中，资本投资方的对赌回购条款的对方主体多为公司的大股东或者实际控制人。

(2)协议的签署尽量经过股东会决议与公示，目的主要是保障股东与债权人的知情权，进一步证明条款的签订是各方当事人之间的真实意思表示，为条款的有效性提供依据。

(3)根据公司资本确定、资本维持、资本不变三原则，应当明确投资金额所对应的股权比例。股份回购条款的效力仅及于股权对应的投资额，因此，投资者在通过股权回购条款安排资金退出时，务必明确投资金额所对应的股权比例，对其他不占股权的资金通过其他方式安排资金退出渠道。

【法条链接】

《公司法》第二十条 公司股东应当遵守法律、行政法规和公司章程，依法行使股东权利，不得滥用股东权利损害公司或者其他股东的利益；不得滥用公司法人独立地位和股东有限责任损害公司债权人的利益。

公司股东滥用股东权利给公司或者其他股东造成损失的，应当依法承担赔偿责任。

公司股东滥用公司法人独立地位和股东有限责任，逃避债务，严重损害公司债权人利益的，应当对公司债务承担连带责任。

第三十五条 公司成立后，股东不得抽逃出资。

第三十七条 股东会行使下列职权：

……

(七)对公司增加或者减少注册资本作出决议；

……

第一百四十二条 公司不得收购本公司股份。但是，有下列情形之一的除外：

(一)减少公司注册资本；

……

公司因前款第(一)项、第(二)项规定的情形收购本公司股份的，应当经股东大会决议……

公司依照本条第一款规定收购本公司股份后，属于第(一)项情形的，应当自收购之日起十日内注销……

《全国法院民商事审判工作会议纪要》 5.【与目标公司“对赌”】投资方与目标公司订立的“对赌协议”在不存在法定无效事由的情况下，目标公司仅以存在股权回购或者金钱补偿约定为由,主张“对赌协议”无效的,人民法院不予支持,但投资方主张实际履行的,人民法院应当审查是否符合公司法关于“股东不得抽逃出资”及股份回购的强制性规定,判决是否支持其诉讼请求。

投资方请求目标公司回购股权的,人民法院应当依据《公司法》第35条关于“股东不得抽逃出资”或者第142条关于股份回购的强制性规定进行审查。经审查,目标公司未完成减资程序的,人民法院应当驳回其诉讼请求。

……

65. 公司章程规定解除劳动关系时公司强制回购员工股权条款,有效吗?

【情景案例】

甲公司成立于2015年3月,陈某系甲公司技术总监。2016年1月,为提高全体管理人员积极性,甲公司实施股权激励计划,陈某当时出资10万元成为甲公司股东,持股比例1%,并在工商部门备案登记。2021年1月2日,甲公司召开股东会对公司章程进行修改并表决通过,陈某亦签字同意,公司章程增加的第十条内容为:股东与公司终止或者解除劳动合同关系时,自动丧失公司股东资格,必须按照本章程的规定,在终止或者解除劳动关系时,按照公司当期股权转让指导价,将其所持有股权转让给公司。2021年3月,陈某与甲公司解除劳动关系。劳动关系解除后,甲公司以公司章程的规定为依据提出要回购陈某的股权,但遭到陈某的拒绝。陈某认为,章程规定解除劳动关系时公司强制回购员工股权的内容是无效条款,没有法律效力。

请问:陈某的说法符合我国法律规定吗?

【案例分析】

本案涉及的是章程规定股权激励中公司“强制”回购离职激励对象股权的法律效力问题。

根据我国《公司法》第十一条和第七十一条的规定,设立公司必须依法制定公司章程。公司章程对公司、股东、董事、监事、高级管理人员具有约束力。有限公司的公司章程对股权转让另有规定的,从其规定。根据《民法典》第一百四十三条的规定,行为人具有相应的民事行为能力作出的意思表示真实且不违反法律、行政法规的强制性规定,不违背公序良俗的民事法律行为有效。

《公司法》充分授予股东公司自治空间,允许公司股东通过公司章程贯彻公司自治原则。本案中,甲公司为提高公司员工的积极性,实施股权激励计划,公司员工陈某成为甲公司股东，持有公司1%的股权。后甲公司召开股东会在公司章程中新增关于“股东与公司解除劳动关系时公司按照当期股权转让指导价回购股权，股东无条件退出”的条款并表决通过，陈某签字同意的行为系其真实意思表示，合法有效，该章程是经过全体股东同意并签署的，是公司股东之间的契约和全体股东意思自治的体现，对全体股东和公司高管均具有约束力，且并未违反法律法规的强制性规定，故该约定应属有效。因此，当陈某与甲公司解除劳动关系时，甲公司有权按照公司章程的规定回购陈某持有公司的股权。

【风险防范建议】

公司在采用股权激励制度时，需要注意以下几点：

(1)与员工签订《股权激励协议》时应明确约定激励股权的行权条件、等待期与行权期、退出情形、退出方式等内容。

(2)设定必要的行权条件。比如，设定业绩目标，将行权条件与业绩成绩挂钩，调动员工的积极性。

(3)在股权激励协议中明确约定退出机制，可以约定当员工因个人原因离职时，公司有权以合理的价格回购员工所享有的激励股权，员工须无条件配合公司办理相关手续等类似条款。

(4)设定合理的回购价格。公司在设定时，既要避免回购价过高给公司造成损失，又要避免回购价过低让员工心寒，降低对创始人及公司的信任度，影响股权激励效果。

【法条链接】

《民法典》第一百四十三条　具备下列条件的民事法律行为有效：

(一)行为人具有相应的民事行为能力；

(二)意思表示真实；

(三)不违反法律、行政法规的强制性规定，不违背公序良俗。

《公司法》第十一条　设立公司必须依法制定公司章程。公司章程对公司、股东、董事、监事、高级管理人员具有约束力。

第七十一条　有限责任公司的股东之间可以相互转让其全部或者部分股权。

股东向股东以外的人转让股权，应当经其他股东过半数同意。股东应就其股权转让事项书面通知其他股东征求同意，其他股东自接到书面通知之日起满三十日未答复的，视为同意转让。其他股东半数以上不同意转让的，不同意的股东应当购买该转让的股权；不购买的，视为同意转让。

经股东同意转让的股权，在同等条件下，其他股东有优先购买权。两个以上股东主张行使优先购买权的，协商确定各自的购买比例；协商不成的，按照转让时各自的出资比例行使优先购买权。

公司章程对股权转让另有规定的，从其规定。

66. 瑕疵出资股东是否享有股权回购请求权？

【情景案例】

A公司成立于2016年1月15日，注册资本500万元，由甲、乙、丙三人共同创办，甲认缴出资250万元持股50%，乙、丙各认缴出资125万元，各持股25%。公司章程规定：公司成立后7日内各股东出资50万元，余款应当在2016年6月30日前缴纳。2016年1月20日，甲、乙、丙均按约定出资50万元。2016年6月30日，甲、乙按约定履行出资义务，但丙由于借出的钱未能收回，没有按期出资。2016年12月1日，A公司召开股东会，会议决定与B公司合并（甲、乙投了赞成票，丙投了反对票）。为此，丙向A公司书面提出退股的请求，希望公司回购其所持的股权，但遭到A公司拒绝。A公司认为，丙没有按章程规定出资到位，不享有股权回购请求权。

请问：A公司的说法符合我国法律规定吗？

【案例分析】

本案涉及的是公司章程能否限制未足额出资股东的请求回购权问题。

根据我国《公司法》第二十八条的规定，股东应当按期足额缴纳公司章程中规定的各自所认缴的出资额。股东以货币出资的，应当将货币出资足额存入有限责任公司在银行开设的账户；股东不按照前款规定缴纳出资的，除应当向公司足额缴纳外，还应当向已按期足额缴纳出资的股东承担违约责任。根据《最高人民法院关于适用〈中华人民共和国公司法〉若干问题的规定（三）》第十六条的规定，股东未履行或者未全面履行出资义务的，公司可以根据公司章程或者股东会决议对其利润分配请求权、新股优先认购权、剩余财产分配请求权等股东权利作出相应的合理限制。

股东的权利主要分为经营管理性权利和财产性权利，经营管理性权利包括股东表决权，选举或被选举董事、监事权，知情权，召集、主持股东会会议权，股东诉讼权等；股东财产性权利主要有利润分配权、优先增资权、剩余财产分配权、股权转让权、优先购买权、异议股东回购请求权等。公司有权依照章程或股东会决议对未履行出资义务股东的部分财产性权利进行合理限制。通说观念认为,除利润分配权、优先增资权、剩余财产分配权以外的其他财产性权利,如股权转让权、优先购买权、异议股东回购请求权这类权利的行使,一般不受是否已全部出资的影响。股权回购权与股东知情权、账簿查阅权、质询权、股东代表诉讼等权利,属于股东的固有权利,以股东资格取得为前提,而股东资格的取得不受出资是否全部缴付的影响,具备合法股东资格便有权对外进行股权转让、提起股东代表诉讼或要求公司回购股权等。

本案中,丙认缴了A公司125万元的股权,仅支付50万元,未足额出资的事实不影响丙取得A公司股东资格,根据《公司法》第七十四条的规定,丙作为对A公司合并的股东会决议持异议的股东,有权请求A公司按照合理的价格收购其股权。因此,A公司认为丙没有足额出资不享有股权回购请求权的说法不符合法律规定。

【风险防范建议】

公司为避免股东长期不缴纳出资对公司造成损失的情况,应注意以下几点:

(1)《公司法》明确规定按实缴出资比例行使的权利的只有利润分配权、优先增资权和剩余财产分配权,若公司想对未完全履行出资义务的股东给予更多限制,应重视公司章程的拟定,可在章程中对股东表决权、股权转让权等其他权利给予合理限制。

(2)公司可以在章程或股东协议中约定未实缴出资的股东除应当足额缴纳出资外,还应当向已按时实缴出资的股东承担违约责任,如违约金等,加重对未足额出资股东的惩罚,督促其尽快履行出资义务。

【法条链接】

《公司法》第二十八条　股东应当按期足额缴纳公司章程中规定的各自所认缴的出资额。股东以货币出资的,应当将货币出资足额存入有限责任公司在银行开设的账户;以非货币财产出资的,应当依法办理其财产权的转移手续。

股东不按照前款规定缴纳出资的,除应当向公司足额缴纳外,还应当向已按期足额缴纳出资的股东承担违约责任。

第四十二条　股东会会议由股东按照出资比例行使表决权;但是,公司章程另有规定的除外。

第七十四条　有下列情形之一的,对股东会该项决议投反对票的股东可以请求公司按照合理的价格收购其股权:

（一）公司连续五年不向股东分配利润，而公司该五年连续盈利，并且符合本法规定的分配利润条件的；

（二）公司合并、分立、转让主要财产的；

（三）公司章程规定的营业期限届满或者章程规定的其他解散事由出现，股东会会议通过决议修改章程使公司存续的。

自股东会会议决议通过之日起六十日内，股东与公司不能达成股权收购协议的，股东可以自股东会会议决议通过之日起九十日内向人民法院提起诉讼。

《最高人民法院关于适用〈中华人民共和国公司法〉若干问题的规定（三）》第十六条 股东未履行或者未全面履行出资义务或者抽逃出资，公司根据公司章程或者股东会决议对其利润分配请求权、新股优先认购权、剩余财产分配请求权等股东权利作出相应的合理限制，该股东请求认定该限制无效的，人民法院不予支持。

三、公司盈余分配纠纷

67. 股东可以约定不按出资比例分红吗？

【情景案例】

2018年3月，陈某和褚某共同创办一家文化传播公司，注册资本100万元，陈某认缴70万元持股70%，褚某认缴30万元持股30%。两人都按公司章程约定实缴了出资。由于陈某不参与公司经营，公司所有事务都由褚某处理，且褚某拥有丰富的人脉资源和业务渠道，为此褚某觉得按出资比例分红不合理，于是在陈某的同意下，双方于2019年5月10日签订了一份协议，约定：陈某占公司分红的30%，褚某占公司分红的70%。后来，随着公司经营效益的逐年增加，陈某认为其与褚某签订协议不合理，遂诉至法院，要求确认双方所签订关于不按出资比例分红的协议无效。

请问：陈某的请求能得到法院支持吗？

【案例分析】

本案涉及的是股东不按出资比例分红的约定是否有效的法律问题。

根据我国《公司法》第四条和第三十四条的规定，公司股东依法享有资产收益、参与重大决策和选择管理者等权利。股东按照实缴的出资比例分取红利，但是，全体股东约定不按照出资比例分取红利的除外。

本案中，陈某和褚某是某文化传播公司的股东，陈某持股70%，褚某持股30%。由于陈某不参与公司经营，公司所有事务都由褚某处理，且褚某拥有丰富的人脉资源和业务渠道,双方于 2019 年 5 月 10 日签订了一份协议,约定:陈某占公司分红的 30%,褚某占公司分红的 70%。该约定考虑了陈、褚两股东出资对公司的贡献,也考虑了褚某付出的人力资源和人脉业务资源的贡献,协议内容公平合理,是二人真实的意思表示,我国《公司法》规定全体股东可以约定不按照出资比例分取红利,该股东协议不违反法律规定,合法有效。陈某认为该分红协议不公平,在无其他充分、有利的证据证明股东协议显失公平的情况下,诉请法院认定协议无效的请求将不能得到法院的支持。

【风险防范建议】

公司股东若约定不按出资比例分红,应当注意以下几点:

(1)根据《公司法》的规定,有限公司股东可以不按照出资比例分红,因此公司股东可充分利用该规则约定给予出资比例低但特殊贡献高的股东较高分红。但是如果长期不按股东出资比例而按股东另行协议约定分红,也同样会在一定的期间导致不公平,所以建议有限公司分时期、分阶段约定盈余利润的分配比例,建立动态的股东盈余分配比例。

(2)当分红比例与出资比例不一致时,必须由全体股东共同进行约定,而不适用一般公司决议中的 1/2 以上表决权同意或特殊决议中的 2/3 以上表决权同意。

(3)如公司未经全体股东会决议,个别股东单独以分红方式从公司提取大额款项,则侵犯了公司及其他股东的合法利益,应认定为抽逃出资,该股东应当依法赔偿公司损失并支付违约金。

【法条链接】

《公司法》第四条　公司股东依法享有资产收益、参与重大决策和选择管理者等权利。

第三十四条　股东按照实缴的出资比例分取红利;公司新增资本时,股东有权优先按照实缴的出资比例认缴出资。但是,全体股东约定不按照出资比例分取红利或者不按照出资比例优先认缴出资的除外。

68. 对未按时缴纳出资的股东,公司可以通过股东会决议不给其分红吗?

【情景案例】

2018 年 3 月 1 日,甲、乙、丙三人签订一份《投资合作协议》,约定:三人共同设立 A 公司,注册资本 1000 万元,甲认缴出资 500 万元,占 50% 的股权,乙认缴出资

300万元，占30%的股权，丙认缴出资200万元，占20%的股权；三人应当在2018年5月31日前缴纳出资。之后，甲、乙均按约定履行出资义务，但丙并按没约定履行。经A公司多次催促，丙以各种理由拖延出资。2019年1月10日，A公司召开股东会，以丙没有出资为由作出不给丙分红的决议。对此，丙表示强烈反对。丙认为，虽然其暂时没有出资，但其是法定股东，依法应当享有分红权。

请问：丙的说法符合我国法律规定吗？

【案例分析】

本案涉及的是公司能否限制不履行出资义务股东的利润分配请求权问题。

根据我国《公司法》第二十八条的规定，股东应当按期足额缴纳公司章程中规定的各自所认缴的出资额。股东以货币出资的，应当将货币出资足额存入有限责任公司在银行开设的账户。股东不缴纳出资的，除应当向公司足额缴纳外，还应当向已按期足额缴纳出资的股东承担违约责任。根据《最高人民法院关于适用〈中华人民共和国公司法〉若干问题的规定（三）》第十六条的规定，股东未履行或者未全面履行出资义务或者抽逃出资的，公司有权根据公司章程或者股东会决议对其利润分配请求权、新股优先认购权、剩余财产分配请求权等股东权利作出相应的合理限制。

本案中，甲、乙、丙三人共同设立A公司，甲认缴出资500万元，占50%的股权，乙认缴出资300万元，占30%的股权，丙认缴出资200万元，占20%的股权；甲、乙均按约定履行出资义务，但丙经公司多次催告后仍未按约定履行。鉴于此，A公司召开股东会，以丙没有出资为由作出不给丙分红的决议。根据相关法律规定，公司股东会决议有权对不履行出资义务股东的利润分配请求权予以合理限制，故A公司的决议内容和程序符合法律规定，该决议合法有效，丙认为其作为股东必然享有分红权的请求不能得到法院支持。

【风险防范建议】

出资是有限公司股东的基本义务，也是其享有股东权利的基础，股东出资应注意以下几点：

（1）股东要及时、全面履行出资义务，否则不仅需要对已出资股东承担的违约赔偿责任，还有可能被公司限制股东权利，如限制盈利分配请求权，甚至不能获得盈余分红。除此之外，公司债权人也有权请求未履行或者未全面履行出资义务的股东在未出资本息范围内对公司债务不能清偿的部分承担补充赔偿责任。

（2）未履行出资义务的股东经催缴而仍未缴纳的，有被解除股东资格的风险。

(3)在公司清算或者解散时,对于认缴而未实缴的注册资本,股东应按其认缴的注册资金进行补缴。

(4)限制股东权利一定要在公司章程中作出规定,或者经过股东会决议表决,如果股东会决议程序严重违法,股东会决议可能被撤销,也无法有效对股东的权利作出限制。

【法条链接】

《公司法》第二十八条　股东应当按期足额缴纳公司章程中规定的各自所认缴的出资额。股东以货币出资的,应当将货币出资足额存入有限责任公司在银行开设的账户;以非货币财产出资的,应当依法办理其财产权的转移手续。

股东不按照前款规定缴纳出资的,除应当向公司足额缴纳外,还应当向已按期足额缴纳出资的股东承担违约责任。

《最高人民法院关于适用〈中华人民共和国公司法〉若干问题的规定(三)》第十六条　股东未履行或者未全面履行出资义务或者抽逃出资,公司根据公司章程或者股东会决议对其利润分配请求权、新股优先认购权、剩余财产分配请求权等股东权利作出相应的合理限制,该股东请求认定该限制无效的,人民法院不予支持。

69. 股东在提取法定公积金前分配利润的,已分配利润需要返还给公司吗?

【情景案例】

甲公司成立于2016年1月9日,注册资金300万元,股东为蒋某、沈某与韩某,分别持股为60%、30%、10%。蒋某担任执行董事及总经理,沈某为公司监事,韩某没有在公司任职。公司发展初期,甲公司经营状况一般,基本处于保本状态,因此2016年与2017年公司没有分红。但从2018年1月起,公司生意十分红火,经财务核算,公司2018年度的税后可分配利润为200万元。由于蒋某、沈某有购房的需求,于是两人在没有提取10%的法定公积金前通过股东会决议进行了利润分配。之后,韩某才得知此事,表示强烈反对。协商无果后,韩某遂将甲公司诉至法院,请求确认未提取10%的法定公积金前盈余分配的股东会决议无效,已分配利润股东应将全部款项返还公司。

请问:韩某的请求能得到法院支持吗?

【案例分析】

本案涉及的是未经提取法定公积金的利润分配决议的效力问题。

根据我国《公司法》第一百六十六条的规定，公司分配当年税后利润时，应当提取利润的10%列入公司法定公积金。公司法定公积金累计额为公司注册资本的50%以上的，可以不再提取。股东会、股东大会或者董事会违反规定，在公司弥补亏损和提取法定公积金之前向股东分配利润的，股东必须将违反规定分配的利润退还公司。

本案中，蒋某、沈某与韩某是甲公司的股东，分别持股为60%、30%、10%，经核算，甲公司2018年度的税后可分配利润为200万元，蒋某、沈某在没有提取10%的法定公积金前通过股东会决议进行了利润分配。该股东会决议在提取法定公积金之前就向股东分配利润，违反了《公司法》的规定，属于无效决议，蒋某、沈某必须将违反规定分配的利润退还公司，依法重新作出盈余分配方案交股东会表决，故韩某的请求能得到法院的支持。

【风险防范建议】

公司在分配税后利润时，应注意以下几点：

（1）公司的税后利润应当先用于弥补亏损、提取法定公积金，然后才能按照公司章程及股东会决议分配给公司股东。股东违反规定分配利润的决议、行为无效，已分得款项应当退还公司。

（2）公司持有的本公司股份不得分配利润。

（3）公司从税后利润中提取法定公积金后，经股东会或者股东大会决议，还可以从税后利润中提取一定比例的任意公积金。任意公积金可以用作平衡公司历年盈亏状况，补偿公司亏损或盈利较少时的基金，也可以用来补充公司的流动资产，增加固定资产，扩大生产经营规模等。

（4）公司不依照《公司法》规定提取法定公积金的，有面临行政处罚的风险，县级以上人民政府财政部门可以责令公司如数补足应当提取的金额，并对公司处以20万元以下的罚款。

【法条链接】

《公司法》第一百六十六条 公司分配当年税后利润时，应当提取利润的百分之十列入公司法定公积金。公司法定公积金累计额为公司注册资本的百分之五十以上的，可以不再提取。

公司的法定公积金不足以弥补以前年度亏损的，在依照前款规定提取法定公积金之前，应当先用当年利润弥补亏损。

公司从税后利润中提取法定公积金后，经股东会或者股东大会决议，还可以从税后利润中提取任意公积金。

公司弥补亏损和提取公积金后所余税后利润，有限责任公司依照本法第三十四条的规定分配；股份有限公司按照股东持有的股份比例分配，但股份有限公司章程规定不按持股比例分配的除外。

股东会、股东大会或者董事会违反前款规定，在公司弥补亏损和提取法定公积金之前向股东分配利润的，股东必须将违反规定分配的利润退还公司。

公司持有的本公司股份不得分配利润。

70. 股权转让后，原股东可否分配转让前的利润？

【情景案例】

2019 年 12 月 30 日，杨某与朱某签订一份《股权转让协议》，约定：杨某将持有的甲公司 20% 的股权以 60 万元转让给朱某，股权转让款于签订协议后 2 日内支付。2019 年 12 月 31 日，朱某按约定将股权转让款支付给杨某。之后，双方办理了股权变更登记。2020 年 4 月 10 日，甲公司作出 2019 年度甲公司利润分配的股东会决议，根据股东会决议，朱某可分配利润 20 万元。杨某知道后，要求朱某返还 20 万元的分红款，但遭到朱某的拒绝。朱某认为，股东已办理变更登记，其现在是公司的法定股东，分红款当然归其所有。

请问：朱某的说法符合我国法律规定吗？

【案例分析】

本案涉及的是股权转让后的公司盈余分配归属问题。

我国《公司法》第四条规定，公司股东依法享有资产收益、参与重大决策和选择管理者等权利。根据该法第三十七条的规定，股东会审议批准公司的利润分配方案和弥补亏损方案。

股东请求分红必须具备两个要件：一是公司具有可供的利润；二是股东会作出分红决议。只有同时具备上述要件，股东才可以请求分红，缺少其中任何一个要件，股东均无权请求分配利润。股东在不具备分红条件时只有分红期待权，当公司不存在盈余或是股东会没有作出利润分配决议的情况下，股东无法行使这项权利。但一旦公司有了可供分红的盈余，并且经股东会作出了利润分配决议，即使尚未支付到股东名下，但已经确定为股东的可得收益，股东因此享有利润分配请求权，此时公司和股东之间形成了债权债务关系。如果在分红方案确定后股东转让股权，只是转让了股东身份权及其相关附属权利，已经形成的债权归原股东所有，并不随股权同时转让；如果原股东和受让股东没有特别约定，受让后的股东没有该分红利润的请求权。但原股东因股权转让丧失股权后，股东会就转让前的公司利润形成分配决议的，原股东无权再要求公司给付相应利润盈余。

本案中，杨某与朱某于 2019 年 12 月 30 日签订《股权转让协议》，杨某将持有的甲公司 20% 股权转让给朱某，之后双方办理了股权变更登记。股权转让后，甲公司于 2020 年 4 月 10 日作出 2019 年度公司利润分配的股东会决议，根据该决议，杨某原持有的股权可分配利润 20 万元。但由于杨某转让股权是在甲公司股东会利润分配决议前，甲公司股东会就转让前的公司利润形成分配决议，因杨某已丧失股东身份，因此杨某对该分红款无请求权，不得向公司主张；公司向新股东朱某支付的，杨某亦无权要求朱某返还。因此，朱某的说法正确。

【风险防范建议】

为避免股权转让过程中的价款、收益等争议，股权转让时关于股权利润分配应注意以下几点：

（1）股权转让协议中应就股权转让收益权的转移时间，转移前后的相关收益作出明确约定。未明确约定的，按照相关法律法规和交易习惯，收益权在股权登记日后再转移，收益权转移时，股权项下的全部财产权益（转让的股权包含股息、红利以及其他衍生孳息）一并转移。

（2）在双方进行股权转让交易时，可以在股权价格上进行处理，按照每股净资产等量化标准进行协商，将未分配利润或股东分红的收益折算或直接累加进入对价中。或者在股权转让协议中明确股权转让前公司未分配盈余归原股东所有。

（3）作为公司股权的转让方、受让方对转让标的股权要有充分的了解，应当充分了解公司的经营情况、财务报表和未分配利润等基础信息，特别是受让方应当委托专业的会计师、律师对受让标的股权应当予以尽职调查，根据专业的尽职调查报告，与对方就股权价格及未分配盈余做出合理的安排，以便在交易环节充分保障自身利益，避免日后发生诉争。

【法条链接】

《公司法》第四条　公司股东依法享有资产收益、参与重大决策和选择管理者等权利。

第三十七条　股东会行使下列职权：

（一）决定公司的经营方针和投资计划；

（二）选举和更换非由职工代表担任的董事、监事，决定有关董事、监事的报酬事项；

（三）审议批准董事会的报告；

（四）审议批准监事会或者监事的报告；

（五）审议批准公司的年度财务预算方案、决算方案；

（六）审议批准公司的利润分配方案和弥补亏损方案；

（七）对公司增加或者减少注册资本作出决议；

（八）对发行公司债券作出决议；

（九）对公司合并、分立、解散、清算或者变更公司形式作出决议；

（十）修改公司章程；

（十一）公司章程规定的其他职权。

对前款所列事项股东以书面形式一致表示同意的，可以不召开股东会会议，直接作出决定，并由全体股东在决定文件上签名、盖章。

71. 隐名股东可直接向公司主张盈余分配吗？

【情景案例】

A公司成立于2017年5月，注册资本1000万元，工商登记股东为秦某、尤某与李某，秦某出资400万元持股40%，尤某出资350万元持股35%，李某出资250万元持股25%。秦某担任公司董事长，尤某担任公司总经理，李某担任公司技术总监。2017年4月20日，尤某与许某签订一份《股权代持协议》，约定：由尤某代持许某在A公司的股权，出资款350万元全部由许某缴纳，尤某应当在每年取得分红之后3日内将钱转给许某；对许某所获得的分红利润，尤某可获得20%作为报酬。经财务核算，A公司2018年度税后利润为200万元。2019年3月，A公司召开股东会作出不进行盈余分配的决议。对此，许某表示反对，于是要求尤某重新作出进行盈余分配的股东会决议，但遭到尤某的拒绝。尤某认为，利润应当用于扩大公司生产规模，从长远角度考虑，公司今年不适宜分红。无奈之下，许某将A公司诉至法院，以实际投资人的身份要求甲公司进行盈余分配。

请问：许某的请求能得到法院支持吗？

【案例分析】

本案涉及的是隐名股东能否要求公司向其分配利润的问题。

根据我国《公司法》第三十二条的规定，有限责任公司应当置备股东名册，记载下列事项：股东的姓名或者名称及住所；股东的出资额；出资证明书编号。

记载于股东名册的股东，可以依股东名册主张行使股东权利。公司应当将股东的姓名或者名称向公司登记机关登记；登记事项发生变更的，应当办理变更登记。未经登记或者变更登记的，不得对抗第三人。根据该法第三十四条的规定，股东按照实缴的出资比例分取红利。根据该法第三十七条的规定，股东会的职权包括审议批准公司的利润分配方案和弥补亏损方案。股东权利包括董事/监事选举权和被选举权、股东知情权、利润分配权、剩余财产分配权等，而股东利润分配请求权是股东权利的核心内容之一。

隐名股东也称实际投资人，是指为了规避法律或出于其他原因，借用他人名义设立公司或者以他人名义出资，但在公司的章程、股东名册和工商登记中却记载为他人的出资人。与此相对应，显名股东，是指记载于工商登记资料上而没有实际出资的股东。利润分配请求权是股东权利的一种，指股东基于其公司股东地位和资格所享有的请求公司向自己分配股利的权利。股东投资的目的是盈利，因此利润分配请求权是股东的一项重要权利。公司的利润分配属于公司自治范畴，由公司股东会自主决定，公司法不予干预；公司决定盈余分配，应当由董事会提出利润分配方案，再由股东会以决议的形式审议批准利润分配方案。

本案中，许某能否要求公司直接向其分配利润，关键在于其是否系记载于股东名册的股东，因为只有记载于股东名册的股东才能行使股东权利。由于许某是隐名股东，其与公司不存在法律上的权利义务关系，因此其向甲公司主张分配利润的请求不能得到法院的支持。

需要说明的是，隐名股东如果能通过法律程序确认其为公司正式股东，就能拥有向公司主张盈余分配的权利。因此，许某可以先行发起一个股东资格确认之诉，待股东资格确认完毕后再向甲公司提出盈余分配的诉求。

【风险防范建议】

实务中，建议投资人尽量以自己名义入股，不要委托他人代为持股，因为委托他人持股，会面临如下风险：

（1）显名股东如果违反约定或者不按照实际出资人的要求行使股东权利，实际出资人的股东权益可能受损。如本案中的显名股东尤某没有按照实际出资人许某的真实意思表示行使股东权利，损害了许某的利益。

（2）显名股东怠于履行股东义务，或者损害了其他股东、公司、公司债权人的利益，将会承担相应的法律责任。相关损失最终可能由实际出资人承担。

（3）实际出资人的股权被处分或强制执行的风险。显名股东如果急需用钱，有可能会将股权转让或者质押给第三方；显名股东如果有未清偿的债务，其名下的股权可能会被法院强制执行拍卖。

(4)实际出资人的股东资格不能确认带来的风险。根据相关法律规定,实际出资人股东资格须经公司其他股东过半数以上同意才能确认。如果实际出资人的股东资格因各种原因得不到确认,其只能通过显名股东行使股东权利,一旦其与显名股东产生纠纷或显名股东想将代投股权据为己有,其投资权益很难最终得到保证。

基于各种特殊的原因,如果投资人不愿意公开自己的股东身份,必须要借用他人名义成立公司的,建议找信得过的人代持股权。如果投资金额较大,建议聘请专业律师制作股权代持协议,以最大限度地避免遭受不可预测的法律风险。

【法条链接】

《公司法》第三十二条　有限责任公司应当置备股东名册,记载下列事项:

(一)股东的姓名或者名称及住所;

(二)股东的出资额;

(三)出资证明书编号。

记载于股东名册的股东,可以依股东名册主张行使股东权利。

公司应当将股东的姓名或者名称向公司登记机关登记;登记事项发生变更的,应当办理变更登记。未经登记或者变更登记的,不得对抗第三人。

第三十四条　股东按照实缴的出资比例分取红利;公司新增资本时,股东有权优先按照实缴的出资比例认缴出资。但是,全体股东约定不按照出资比例分取红利或者不按照出资比例优先认缴出资的除外。

第三十七条　股东会行使下列职权:

……

(六)审议批准公司的利润分配方案和弥补亏损方案;

……

对前款所列事项股东以书面形式一致表示同意的,可以不召开股东会会议,直接作出决定,并由全体股东在决定文件上签名、盖章。

《最高人民法院关于适用〈中华人民共和国公司法〉若干问题的规定(五)》第四条　分配利润的股东会或者股东大会决议作出后,公司应当在决议载明的时间内完成利润分配。决议没有载明时间的,以公司章程规定的为准。决议、章程中均未规定时间或者时间超过一年的,公司应当自决议作出之日起一年内完成利润分配。

决议中载明的利润分配完成时间超过公司章程规定时间的,股东可以依据民法典第八十五条、公司法第二十二条第二款规定请求人民法院撤销决议中关于该时间的规定。

四、其他股东权利义务纠纷

72. 股东怠于履行清算义务导致公司无法清算的,要承担什么责任?

【情景案例】

甲、乙、丙是A公司的股东,分别持股60%、30%、10%。2018年5月,A公司与B公司签订一份《购销合同》,约定B公司向A公司供应钢材一批,价款为100万元,货到10日内付款。B公司按约定履行义务后,A公司仅支付20万元货款,尚欠80万元未支付。2019年1月,B公司起诉A公司至法院,法院判决A公司于判决生效之日起10日内偿还B公司货款80万元及利息。判决生效后,B公司向法院申请强制执行,执行过程中A公司因违反公司登记管理规定被吊销营业执照,未依法清算。B公司向法院申请对A公司进行清算并指定清算组成员。之后,法院指定公司股东甲、乙、丙组成清算组对A公司进行清算,但甲、乙、丙怠于履行清算义务,导致公司主要财产、账册、重要文件等灭失,导致清算组无法进行清算,于是法院裁定终结A公司的清算程序。为此,B公司遂以甲、乙、丙怠于履行义务致A公司无法清算为由向法院起诉,请求判决甲、乙、丙承担连带赔偿责任。

请问:甲、乙、丙要对B公司的债务承担连带清偿责任吗?

【案例分析】

本案涉及的是有限公司股东怠于履行清算义务的法律责任问题。

我国《公司法》第一百八十三条规定,公司因该法第一百八十条第(一)项、第(二)项、第(四)项、第(五)项规定而解散的,应当在解散事由出现之日起15日内成立清算组,开始清算。有限责任公司的清算组由股东组成。逾期不成立清算组进行清算的,债权人可以申请人民法院指定有关人员组成清算组进行清算。人民法院应当受理该申请,并及时组织清算组进行清算。根据《最高人民法院关于适用〈中华人民共和国公司法〉若干问题的规定(二)》第十八条的规定,有限责任公司的股东、股份有限公司的董事和控股股东未在法定期限内成立清算组开始清算,导致公司财产贬值、流失、毁损或者灭失,债权人主张其在造成损失范围内对公司债务承担赔偿责任的,人民法院应依法予以支持。有限责任公司的股东因怠于履行义务,导致公司主要财产、账册、重要文件等灭失,无法进行清算,债权人主张其对公司债务承担连带清偿责任的,人民法院应依法予以支持。

本案中,债权人B公司申请对吊销营业执照的A公司进行强制清算,法院指定A公司的股东甲、乙、丙为公司清算组成员,由于其怠于履行清算义务,造成公司主要财产、账册、重要文件等灭失,公司清算无法进行,最终法院裁定终结A公司的清算程序。甲、乙、丙怠于履行清算义务的行为已严重损害了债权人B公司的合法权益,应对债务承担连带责任。因此,甲、乙、丙应当对B公司的债务承担连带清偿责任。

【风险防范建议】

清算义务人根据公司类型不同而不同,对于有限责任公司而言,全体股东都属于清算义务人;对于股份有限公司而言,清算义务人为董事会成员和控股股东或者实际控制人。公司解散后,清算义务人应当依法组建清算组进行清算,否则会面临以下法律风险:

(1)清算义务人未在法定期限内成立清算组开始清算,或者未经依法清算,以虚假清算报告骗取公司登记机关办理法人注销登记,债权人可主张清算义务人对公司债务承担连带清偿责任。

(2)清算义务人未在法定期限内成立清算组开始清算,导致公司财产贬值、流失、毁损或者灭失,债权人可主张其在注册资金范围内或者造成损失范围内承担连带赔偿责任。

(3)清算义务人因怠于履行义务,导致公司主要财产、账册、重要文件等灭失,无法进行清算,债权人可主张其对公司债务承担连带清偿责任。

(4)清算义务人在公司解散后,恶意处置公司财产,给债权人造成损失,债权人可主张其在恶意处置公司财产范围内承担责任。

【法条链接】

《公司法》第一百八十条　公司因下列原因解散:

(一)公司章程规定的营业期限届满或者公司章程规定的其他解散事由出现;

(二)股东会或者股东大会决议解散;

(三)因公司合并或者分立需要解散;

(四)依法被吊销营业执照、责令关闭或者被撤销;

(五)人民法院依照本法第一百八十二条的规定予以解散。

第一百八十三条　公司因本法第一百八十条第(一)项、第(二)项、第(四)项、第(五)项规定而解散的,应当在解散事由出现之日起十五日内成立清算组,开始清算。有限责任公司的清算组由股东组成，股份有限公司的清算组由董事或者股东大会确定的人员组成。逾期不成立清算组进行清算的，债权人可以申请人民法院指定有关人员组成清算组进行清算。人民法院应当受理该申请，并及时组织清算组进行清算。

《最高人民法院关于适用〈中华人民共和国公司法〉若干问题的规定（二）》第十八条 有限责任公司的股东、股份有限公司的董事和控股股东未在法定期限内成立清算组开始清算，导致公司财产贬值、流失、毁损或者灭失，债权人主张其在造成损失范围内对公司债务承担赔偿责任的，人民法院应依法予以支持。

有限责任公司的股东、股份有限公司的董事和控股股东因怠于履行义务，导致公司主要财产、账册、重要文件等灭失，无法进行清算，债权人主张其对公司债务承担连带清偿责任的，人民法院应依法予以支持。

上述情形系实际控制人原因造成，债权人主张实际控制人对公司债务承担相应民事责任的，人民法院应依法予以支持。

73. 股东对外负债，债权人可申请执行其在公司的股权吗？

【情景案例】

甲公司由华某与金某共同创办，注册资本 500 万元，华某实缴出资 300 万元持股 60%，金某实缴出资 200 万元持股 40%。华某担任公司总经理，金某没有参与公司经营。2018 年 3 月 1 日，金某与某小额贷款公司签订一份借款合同，约定：金某向某小额贷款公司借款 150 万元，年利率 18%，借款期限 1 年。借款期限届满后，由于金某无力偿还贷款，某小额贷款公司将金某诉至法院，法院判决金某于判决生效之日起 10 日内偿还 B 公司借款 150 万元及利息。由于金某除持有甲公司 40% 的股权外，已无其他财产可偿还借款，某小额贷款公司遂向法院申请查封并拍卖金某在甲公司所持的 40% 股权偿还债务。

请问：某小额贷款公司的请求得到法院支持吗？

【案例分析】

本案涉及的是有限公司股东的股权是否能被强制执行的法律问题。

股权是股东基于向公司出资后所享有的对公司的各种权利，包括利润分配、剩余财产分配、增资优先认、出资转让、出席股东会议和表决、选举和被选举等权利。其中，财产权是股权的基本权利。也就是说，股权行使的最终结果是获得财产权益，因此股权也属于财产权益的一种，在法院可执行范围内。

根据我国《公司法》第七十二条和第七十三条的规定，人民法院依照法律规定的强制执行程序转让股东的股权时，应当通知公司及全体股东，其他股东在同等条件下有优先购买权。其他股东自人民法院通知之日起满20日不行使优先购买权的，视为放弃优先购买权。转让股权后，公司应当注销原股东的出资证明书，向新股东签发出资证明书，并相应修改公司章程和股东名册中有关股东及其出资额的记载。对公司章程的该项修改不再由股东表决。

本案中，某小额贷款公司基于生效判决向法院申请强制执行金某财产，金某除拥有甲公司40%的股权外，无其他财产可供执行。因此，某小额贷款公司可向法院申请查封并拍卖金某持有的甲公司股权。但是由于有限公司的人合性质，强制执行股东股权具有特殊性，人民法院在冻结被执行人的股权后，应向公司及其他股东通知，同时也应告知其他股东享有优先购买权，公司股东主张优先购买权的依法应当予以保护。对于通过强制执行程序获得股权的新股东，公司和其他股东不得否认其效力，公司应当注销原股东的出资证明书，向新股东签发出资证明书，并相应修改公司章程和股东名册中有关股东及其出资额的记载，将受让方的姓名或者名称以及住所记载于股东名册。公司应持拍卖成交证明、法院的协助执行通知书及修改后的公司章程到工商行政管理机关依法办理有关变更手续。因此，对某小额贷款公司关于拍卖债务人金某的甲公司股权的请求法院应当予以支持。

【风险防范建议】

有限责任公司是人合性较强的组织，股东因个人债务被法院强制执行其公司股权时，为维护公司的人合性，保护公司其他股东的优先购买权，实务操作中应注意以下几点：

（1）由于存在对债权人利益的优先保护，以及对股权转让价值最大化并清偿股东债务目的的追求，法院在执行有限公司股权程序中无须履行《公司法》第七十一条规定的征询公司其他股东是否同意对外转让的程序，也无须依照公司章程规定进行变价，可以直接进入公开拍卖的变价程序。

（2）法院冻结被执行人在有限责任公司中的股权或投资权益，除向被执行人送达查封、扣押清单外，应同时向公司及其他股东发出协助执行通知书，协助执行通知书中不仅应载明不得办理被冻结的股权或投资权益的转移手续的协助执行事项，告知违背协助义务应承担的法律责任，更应载明冻结的效力不但应当包括股权自有的、现有的权益，还应包括因股权派生出来的红利、股息等权益及其他的预期利益；同时还应向工商部门送达协助执行通知书。

(3)其他股东可行使优先购买权。法院在冻结被执行人的股权后，应通知公司其他股东，告知公司其他股东享有在同等条件下的优先购买权，参与竞拍，对主张优先购买权的股东的权益应当予以保护。

【法条链接】

《公司法》第七十一条 有限责任公司的股东之间可以相互转让其全部或者部分股权。

股东向股东以外的人转让股权，应当经其他股东过半数同意。股东应就其股权转让事项书面通知其他股东征求同意，其他股东自接到书面通知之日起满三十日未答复的，视为同意转让。其他股东半数以上不同意转让的，不同意的股东应当购买该转让的股权；不购买的，视为同意转让。

经股东同意转让的股权，在同等条件下，其他股东有优先购买权。两个以上股东主张行使优先购买权的，协商确定各自的购买比例；协商不成的，按照转让时各自的出资比例行使优先购买权。

公司章程对股权转让另有规定的，从其规定。

第七十二条 人民法院依照法律规定的强制执行程序转让股东的股权时，应当通知公司及全体股东，其他股东在同等条件下有优先购买权。其他股东自人民法院通知之日起满二十日不行使优先购买权的，视为放弃优先购买权。

第七十三条 依照本法第七十一条、第七十二条转让股权后，公司应当注销原股东的出资证明书，向新股东签发出资证明书，并相应修改公司章程和股东名册中有关股东及其出资额的记载。对公司章程的该项修改不需再由股东表决。

《民事诉讼法》第二百二十四条 发生法律效力的民事判决、裁定，以及刑事判决、裁定中的财产部分，由第一审人民法院或者与第一审人民法院同级的被执行的财产所在地人民法院执行。

法律规定由人民法院执行的其他法律文书，由被执行人住所地或者被执行的财产所在地人民法院执行。

第二百四十二条 被执行人未按执行通知履行法律文书确定的义务，人民法院有权向有关单位查询被执行人的存款、债券、股票、基金份额等财产情况。人民法院有权根据不同情形扣押、冻结、划拨、变价被执行人的财产。人民法院查询、扣押、冻结、划拨、变价的财产不得超出被执行人应当履行义务的范围。

人民法院决定扣押、冻结、划拨、变价财产，应当作出裁定，并发出协助执行通知书，有关单位必须办理。

74. 申请强制执行显名股东的股权，实际出资人的执行异议能否得到支持？

【情景案例】

2016年8月，甲公司工商登记成立，登记股东为魏某、陶某，分别持股60%、40%。陶某与李某在甲公司成立前签订了一份《股权代持协议》，约定：陶某代李某持有股权，陶某系显名股东，李某为隐名股东。姜某系陶某的债权人，因陶某未偿还100万元到期债务，姜某向法院提起诉讼。判决生效后，陶某仍不还钱，姜某向法院申请强制执行登记在陶某名下的甲公司股权。为防止股权被法院执行，李某以其为实际出资人、陶某仅为名义股东为由，提起执行异议之诉。

请问：李某提出的提起执行异议之诉能得到法院支持吗？

【案例分析】

本案涉及的是隐名股东能否以股权代持主张法院终止执行显名股东股权的法律问题。

我国《公司法》第三十二条第三款规定，公司应当将股东的姓名或者名称向公司登记机关登记；登记事项发生变更的，应当办理变更登记。未经登记或者变更登记的，不得对抗第三人。

依法登记的股东对外具有公示效力，实际出资人在公司对外关系上，不具有股东的法律地位和对外公示效力。即使隐名股东可以依据股权代持关系享有股东的权利，但并不因此享有股东的地位，其要取得股东地位仍需符合一定的条件。股权代持关系本质上仍为债权债务关系，实际出资人基于股权代持协议获得实际权益，即基于合同关系取得的。在执行活动中，隐名股东的债权并不优先于其他债权人的债权，故隐名股东不能以股权代持关系来排除其他债权人的执行。从信赖利益角度分析，隐名股东既然选择股权代持，该代持风险不应由债权人承担。债权人对名义股东的财产判断只能通过外部信息，股权信息是可获得的，但债权人对股东代持关系却无从得知，属于债权人无法预见的风险，不能苛求债权人尽此查询义务，风险分担上应倾斜于保护债权人。本案中，陶某代李某持有甲公司股权，陶某系显名股东，李某系隐名股东。姜某系陶某的债权人，依据生效判决向法院申请强制执行陶某名下的甲公司股权，李某基于股权代持协议享有的财产权益本质上与姜某的债权一样，不存在李某的债权优先于姜某的债权的情况；且姜某基于商事外观主义原则，属于不知道股权代持事实的善意第三人，在第三人善意无过失的情况下，应保护其信赖利益及交易安全。因此，李某提起执行异议之诉的请求法院将不予以支持。

【风险防范建议】

根据商事外观主义的原则,股权代持的持股方式存在诸多法律风险。关于实际投资人如何防止因名义股东的债务问题导致股权被其他债权人查封,建议如下:

(1)选择可以信赖的人士代持股权。在选择名义股东时均需要认真考察对方的资质、信誉与处事方式。比如,对名义股东的选择其实不太需要其具有良好的资金实力,但是诚信度应是首要考虑因素,其次是会不会发生负债的情况。慎重地选择名义股东应当是规避该法律风险的基本前提,而不是合同条款的设置或者纠纷发生之后的救济。

(2)及时变更股权登记或提起股权确认之诉。实际出资人在股权因名义股东债务纠纷被执行法院冻结前要及时将股权变更登记于自身名下,或者向法院及时提起股权确认之诉。

(3)可以对代持股权办理质押登记。隐名股东签署股权代持协议时可以约定显名股东将代持股权质押给自己或者指定的第三方,并办理股权质押工商登记,在一定程度上限制隐名股东对外行使股东权利,特别是转让代持的股权。名义股东虽然在法律上持有代持股权,但该股权质押给实际出资人后,实际出资人在法律上可占有并锁定代持股权。人民法院对已经设定质押的股权查封、拍卖后,隐名股东(质权人)股权代持形成的债务可以获得优先受偿。

【法条链接】

《公司法》第三十二条第三款　公司应当将股东的姓名或者名称向公司登记机关登记;登记事项发生变更的,应当办理变更登记。未经登记或者变更登记的,不得对抗第三人。

《最高人民法院关于适用〈中华人民共和国公司法〉若干问题的规定(三)》第二十六条　公司债权人以登记于公司登记机关的股东未履行出资义务为由,请求其对公司债务不能清偿的部分在未出资本息范围内承担补充赔偿责任,股东以其仅为名义股东而非实际出资人为由进行抗辩的,人民法院不予支持。

名义股东根据前款规定承担赔偿责任后,向实际出资人追偿的,人民法院应予支持。

《最高人民法院关于人民法院民事执行中查封、扣押、冻结财产的规定》第二十四条第一款　被执行人就已经查封、扣押、冻结的财产所作的移转、设定权利负担或者其他有碍执行的行为,不得对抗申请执行人。

75. 公司董事、监事、高级管理人员滥用职权给公司造成损失，股东可以代表公司提起诉讼吗？

【情景案例】

甲公司成立于2018年6月，由戚某和李某共同创办。戚某担任公司董事长。公司成立后，甲公司聘请邹某担任总经理，全面负责公司的运营。甲公司章程规定：公司为他人提供担保，应当由公司股东会决议作出决定。2019年6月，邹某在未经公司股东会决议的情况下，擅自以甲公司名义为苏某的100万元债务提供连带责任担保。之后，100万元债务到期后，苏某无力偿还，债权人诉至法院要求甲公司承担连带赔偿责任。经法院判决，甲公司向债权人支付100万元清偿债务及相关利息，甲公司实际上也承担了付款的义务。2019年12月20日，李某以甲公司股东名义诉至法院，要求邹某向甲公司承担赔偿责任。

请问：李某可以代表公司提起诉讼吗？

【案例分析】

本案涉及的是公司股东提起股东代表诉讼的资格问题。

股东直接诉讼适用于公司及其内部人员侵害公司股东个人利益的情况；股东代表诉讼适用的范围是公司的合法权益被侵害，公司机关不能或者怠于履行职权的，股东可以自己的名义为公司利益提起代表诉讼。

根据我国《公司法》第一百四十九条、第一百五十一条的规定，董事、监事、高级管理人员执行公司职务时违反法律、行政法规或者公司章程的规定，给公司造成损失的，应当承担赔偿责任。有限责任公司的股东、股份有限公司连续180日以上单独或者合计持有公司1%以上股份的股东，可以书面请求监事会或者不设监事会的有限责任公司的监事向人民法院提起诉讼；监事有该法第一百四十九条规定的情形的，前述股东可以书面请求董事会或者不设董事会的有限责任公司的执行董事向人民法院提起诉讼。监事会、不设监事会的有限责任公司的监事，或者董事会、执行董事收到前款规定的股东书面请求后拒绝提起诉讼，或者自收到请求之日起30日内未提起诉讼，或者情况紧急、不立即提起诉讼将会使公司利益受到难以弥补的损害的，前款规定的股东有权为了公司的利益以自己的名义直接向人民法院提起诉讼。

本案中，李某作为甲公司股东，因为公司总经理邹某违反公司章程，擅自以公司名义对外提供担保，侵犯了公司和公司股东的合法利益，李某可以根据《公司法》第一百四十九条、第一百五十一条的规定要求董事会或执行董事、监事会或监事以公司名义起诉邹某至法院予以维权。如果公司的上述机关不能或者怠于履行职权，李某可以股东名义为了公司的利益起诉邹某至法院，要求邹某赔偿公司支付的借款本金 100 万元、相应的利息及其他损失。《公司法》就股东代表诉讼制度设置了前置程序，只有在公司、董事会（或执行董事）、监事会（或监事）拒绝或者怠于提起诉讼的情况下，股东才可以提起股东代表诉讼。也就是说，李某作为股东，代表公司提起诉讼的，应当先竭尽公司内部救济途径。由于股东李某并未按照规定履行股东代表诉讼前置程序，其不能直接代表公司对邹某提起股东代表诉讼。

【风险防范建议】

当公司的合法权益受到不法侵害，股东提起股东代表诉讼时，应当注意以下事项：

（1）发生股东代表诉讼的诉因主要有以下几种类型：董事、高级管理人员违反忠实义务，利用职务之便，侵夺公司商业机会或侵占公司财产；公司其他股东出资不到位或抽逃出资；控股股东利用关联交易，与第三方签订明显对公司不利的合同、协议等；公司怠于向第三人主张债权。

（2）对于有限责任公司，只要是股东，在满足起诉条件时即可提起股东代表诉讼；但对于股份有限公司，有资格提起代表诉讼的股东必须满足连续 180 日以上单独或者合计持有公司 1% 以上的股份的条件。需要说明的是，对于股权代表诉讼，原告是股东，公司为第三人；一审法庭辩论终结前，符合条件的其他股东，以相同的诉讼请求申请参加诉讼的，列为共同原告。对公司实施不当行为而致公司利益受损的人都可能成为被告，包括公司的董事、监事、高级管理人员或其他侵害公司合法权益的人。

（3）胜诉利益归属于公司，股东请求被告直接向其承担民事责任的，人民法院不予支持。

（4）股东提起的诉讼请求部分或者全部得到人民法院支持的，公司应当承担股东因参加诉讼支付的合理费用。司法实践中，合理费用包括但不限于调查费、评估费、公证费、律师费、差旅费、误工费、预交的案件受理费、保全费等。

【法条链接】

《公司法》第一百四十九条 董事、监事、高级管理人员执行公司职务时违反法律、行政法规或者公司章程的规定，给公司造成损失的，应当承担赔偿责任。

第一百五十一条　董事、高级管理人员有本法第一百四十九条规定的情形的，有限责任公司的股东、股份有限公司连续一百八十日以上单独或者合计持有公司百分之一以上股份的股东，可以书面请求监事会或者不设监事会的有限责任公司的监事向人民法院提起诉讼；监事有本法第一百四十九条规定的情形的，前述股东可以书面请求董事会或者不设董事会的有限责任公司的执行董事向人民法院提起诉讼。

监事会、不设监事会的有限责任公司的监事，或者董事会、执行董事收到前款规定的股东书面请求后拒绝提起诉讼，或者自收到请求之日起三十日内未提起诉讼，或者情况紧急、不立即提起诉讼将会使公司利益受到难以弥补的损害的，前款规定的股东有权为了公司的利益以自己的名义直接向人民法院提起诉讼。

他人侵犯公司合法权益，给公司造成损失的，本条第一款规定的股东可以依照前两款的规定向人民法院提起诉讼。

76. 大股东私自转移公司财产，小股东该怎么办？

【情景案例】

A 公司是一家皮鞋生产企业，由甲、乙、丙共同创办，注册资本 300 万元，甲出资 210 万元持股 70%，乙、丙各出资 45 万元，各持股 15%，其中甲是执行董事兼任公司总经理，乙担任公司监事，丙不参与公司经营。公司主要由甲负责运营，乙、丙平时很少回公司。2018 年 10 月，甲由于购房急需用钱，私自将公司的 1000 件库存皮鞋产品出售，共得货款 60 万元。2018 年 12 月底，乙对仓库物资进行盘点时，发现仓库产品少了 1000 件，于是质问仓管丁。丁告知乙，这 1000 件产品系库存产品，已被甲销售。随后，乙通过财务查账得知这笔货款没有入账。对此，乙十分生气，不知如何是好。

请问：乙可以如何维权？

【案例分析】

本案涉及的是公司大股东利用职务损害公司利益的法律责任问题。

根据我国《公司法》第一百四十九条、第一百五十一条的规定，董事、监事、高级管理人员执行公司职务时违反法律、行政法规或者公司章程的规定，给公司造成损失的，应当承担赔偿责任。有限责任公司的股东、股份有限公司连续 180 日以上单独或者合计持有公司 1% 以上股份的股东，可以书面请求监事会或者不设监事会的有限责任公司的监事向人民法院提起诉讼；监事有该法第一百四十九条规定的情形的，前述股东可以书面请求董事会或者不设董事会的有限责任公司的执行董事向人民法院提起诉讼。监事会、不设监事会的有限责任公司的监事，或者董事会、执行董事收到前款规定的股东书面请求后拒绝提起诉讼，或者自收到请求之日起 30 日内未提起诉讼，或者情况紧急、不立即提起诉讼将会使公司利益受到难以弥补的损害的，前款规定的股东有权为了公司的利益以自己的名义直接向人民法院提起诉讼。

本案中，甲作为皮鞋公司的大股东，私自将公司的库存产品出售，并将所获收益占为己有，甲的行为严重侵犯了公司的合法权益。乙作为皮鞋公司的股东及监事，可以以监事身份代表公司向法院提起诉讼，要求甲向公司赔偿损失。此外，公司股东可以自行或者要求监事会让甲限期归还占有公司的资金，股东甲逾期不归还，可以向公安机关举报控告，要求追究甲涉嫌职务侵占罪、挪用资金罪的刑事法律责任。

【风险防范建议】

为防范公司高管、大股东、实际控制人违法侵占公司财物、挪用公司资金，损害公司和其他股东的合法权益，建议如下：

（1）规范、修改公司章程，在公司章程中对“占用即冻结”机制作出详细规定，包括第一责任人、执行程序、发现报告审议机制、披露程序等。即发现大股东或实际控制人侵占公司资产时应立即申请司法冻结，凡不能以现金清偿的，通过变现股权偿还侵占资产。公司董事、监事和高级管理人员负有维护公司资金安全的法定义务。公司董事长为“占用即冻结”机制的第一责任人，董事会秘书协助其做好“占用即冻结”工作。

（2）公司应当做好定期进行销存货盘点和财务内部查账审计工作，及时发现财产损失和可能存在的财务漏洞。

（3）中小股东应当积极行使股东知情权和质询权等股东权利，以掌握公司运营实情。当发现公司利益受到高管、大股东、实际控制人侵害时，要及时向董事会或监事会反映情况。如果董事会或监事会不能妥善处理的，应当及时向法院提起诉讼，或者向公安机关举报控告。

【法条链接】

《公司法》第一百四十九条　董事、监事、高级管理人员执行公司职务时违反法律、行政法规或者公司章程的规定，给公司造成损失的，应当承担赔偿责任。

第一百五十一条　董事、高级管理人员有本法第一百四十九条规定的情形的，有限责任公司的股东、股份有限公司连续一百八十日以上单独或者合计持有公司百分之一以上股份的股东，可以书面请求监事会或者不设监事会的有限责任公司的监事向人民法院提起诉讼；监事有本法第一百四十九条规定的情形的，前述股东可以书面请求董事会或者不设董事会的有限责任公司的执行董事向人民法院提起诉讼。

监事会、不设监事会的有限责任公司的监事，或者董事会、执行董事收到前款规定的股东书面请求后拒绝提起诉讼，或者自收到请求之日起三十日内未提起诉讼，或者情况紧急、不立即提起诉讼将会使公司利益受到难以弥补的损害的，前款规定的股东有权为了公司的利益以自己的名义直接向人民法院提起诉讼。

他人侵犯公司合法权益，给公司造成损失的，本条第一款规定的股东可以依照前两款的规定向人民法院提起诉讼。

第一百五十二条 董事、高级管理人员违反法律、行政法规或者公司章程的规定，损害股东利益的，股东可以向人民法院提起诉讼。

《刑法》第二百七十一条 公司、企业或者其他单位的工作人员，利用职务上的便利，将本单位财物非法占为己有，数额较大的，处三年以下有期徒刑或者拘役，并处罚金；数额巨大的，处三年以上十年以下有期徒刑，并处罚金；数额特别巨大的，处十年以上有期徒刑或者无期徒刑，并处罚金。

国有公司、企业或者其他国有单位中从事公务的人员和国有公司、企业或者其他国有单位委派到非国有公司、企业以及其他单位从事公务的人员有前款行为的，依照本法第三百八十二条、第三百八十三条的规定定罪处罚。

77. 公司陷入僵局后股东是否有权起诉要求解散公司？

【情景案例】

A 公司成立于2016 年7 月，由范某、彭某、鲁某、韦某四人共同创办，分别持股50%、20%、20%、10%。范某为公司董事长，彭某为公司总经理，鲁某、韦某为公司监事。2017 年5 月起，范某、彭某因公司经营管理开始出现分歧，无法达成一致意见。2018 年1 月，彭某提议并通知召开股东会，由于范某认为彭某没有召集会议的权利，会议未能召开。后彭某多次提议召开股东会，范某均以各种理由拒绝参加而导致无法召集。之后，A 公司自 2018 年1 月起连续2 年未召开股东会。由于无法决策，A 公司最终陷入无法正常运转甚至瘫痪的状况。为此，韦某诉至法院，要求法院司法强制解散 A 公司。

请问：韦某的请求能得到法院支持吗？

【案例分析】

本案涉及的是公司在陷入僵局的情况下股东解散请求权的法律问题。

《公司法》第一百八十二条规定，公司经营管理发生严重困难，继续存续会使股东利益受到重大损失，通过其他途径不能解决的，持有公司全部股东表决权10%以上的股东，可以请求人民法院解散公司。又根据《最高人民法院关于适用〈中华人民共和国公司法〉若干问题的规定（二）》第一条的规定，“单独或者合计持有公司全部股东表决权百分之十以上的股东，以下列事由之一提起解散公司诉讼，并符合公司法第一百八十二条规定的，人民法院应予受理：（一）公司持续两年以上无法召开股东会或者股东大会，公司经营管理发生严重困难的；（二）股东表决时无法达到法定或者公司章程规定的比例，持续两年以上不能做出有效的股东会或者股东大会决议，公司经营管理发生严重困难的；（三）公司董事长期冲突，且无法通过股东会或者股东大会解决，公司经营管理发生严重困难的；（四）经营管理发生其他严重困难，公司继续存续会使股东利益受到重大损失的情形”。

本案中，A公司股东、董事之间长期冲突对立，公司连续2年无法召开股东会并作出有效决策，导致公司经营已经出现严重困难，公司陷入僵局，公司继续存续可能使股东利益受到重大损失，符合法律规定解散公司的条件，且韦某持股比例达到法律规定的最低比例10%，满足提起公司解散纠纷诉讼的主体资格，可以向公司所在地有管辖权的人民法院提起解散公司的诉讼，韦某的诉求人民法院应当予以支持。

【风险防范建议】

公司一旦出现僵局的情况，将会给公司的运营带来不可估量的损害，因此最好的方法是事先杜绝公司僵局的出现。公司章程是公司成立之初股东之间的“契约”，我国《公司法》给予股东在制定公司章程时较大的自治空间，因此，制定公司章程时，股东应当根据自身的情况充分利用，科学合理地设计表决权制度和公司的治理机制，这是对公司僵局最好的预防。关于如何通过公司章程预防公司僵局的情况发生，建议如下：

（1）在公司章程中规定特定事项表决权制度。即交付股东会表决的特定事项必须经特定类别的股东同意方可通过。

（2）在公司章程中规定表决权回避制度，包括股东表决权归属与董事表决权回避。股东表决权回避制度指股东会表决时，与决议事项有特别利害关系的股东应当回避，不得就该决议事项行使表决权。董事表决权回避制度指董事会通过某项决议时，与该项决议有特别利害关系的董事应当回避，不得行使表决权的制度。如关联交易，为股东、董事提供担保等都应当在章程中加以明确、具体规定。

(3)在公司章程中规定股东之间分享公司的控制权。如规定一方担任董事长的，另一方委派的董事可以占多数；双方的董事人数相等时可以以公司的名义聘请中介机构出面委派独立董事；一方担任执行董事的，另一方担任总经理，并明确执行董事无权聘任或解聘总经理；等等。

(4)在公司章程中规定最终决定权制度。如规定董事长在出现表决僵局时可以行使最终的决定权；也可以规定在董事会出现表决僵局时，将此事项交由股东大会表决。

(5)在公司章程中规定强制股权转让的事由。如当公司陷入僵局时，小股东有权要求控股股东以约定的或以合理的价格收购股权。该约定是小股东和控股股东意思自治范畴，一经载入公司章程即对股东各方产生约束力。该约定是股东之间形成的股权预期转让法律关系，一旦条件成就，小股东就有权要求控股股东按照约定条件收购小股东的股权。

【法条链接】

《公司法》第一百八十二条　公司经营管理发生严重困难，继续存续会使股东利益受到重大损失，通过其他途径不能解决的，持有公司全部股东表决权百分之十以上的股东，可以请求人民法院解散公司。

《最高人民法院关于适用〈中华人民共和国公司法〉若干问题的规定(二)》第一条　单独或者合计持有公司全部股东表决权百分之十以上的股东，以下列事由之一提起解散公司诉讼，并符合公司法第一百八十二条规定的，人民法院应予受理：

(一)公司持续两年以上无法召开股东会或者股东大会，公司经营管理发生严重困难的；

(二)股东表决时无法达到法定或者公司章程规定的比例，持续两年以上不能做出有效的股东会或者股东大会决议，公司经营管理发生严重困难的；

(三)公司董事长期冲突，且无法通过股东会或者股东大会解决，公司经营管理发生严重困难的；

(四)经营管理发生其他严重困难，公司继续存续会使股东利益受到重大损失的情形。

股东以知情权、利润分配请求权等权益受到损害，或者公司亏损、财产不足以偿还全部债务，以及公司被吊销企业法人营业执照未进行清算等为由，提起解散公司诉讼的，人民法院不予受理。

第二条 股东提起解散公司诉讼,同时又申请人民法院对公司进行清算的,人民法院对其提出的清算申请不予受理。人民法院可以告知原告,在人民法院判决解散公司后,依据民法典第七十条、公司法第一百八十三条和本规定第七条的规定,自行组织清算或者另行申请人民法院对公司进行清算。

78. 公司章程可否授权董事会决定公司的利润分配方案和弥补亏损方案?

【情景案例】

甲公司成立于2017年3月,由鲁某、韦某、张某等8人共同创办,注册资本500万元,其中鲁某持股51%。自公司成立以来,甲公司设立董事会,鲁某一直担任公司董事长职务。甲公司章程第五条规定:董事会对股东会负责,决定公司的利润分配方案和弥补亏损方案。2019年4月,甲公司召开董事会并作出决议,决议第二条载明:因扩大公司生产规模,董事会决定对甲公司2018年度的利润不进行分红。对此,韦某表示强烈反对。韦某认为,股东会有权行使审议批准公司的利润分配方案和弥补亏损方案的职权,董事会没有这个职权,因此甲公司的章程第五条规定是无效的。2019年5月10日,韦某遂将甲公司诉至法院,请求确认上述董事会决议第二条无效。

请问:韦某的说法符合我国法律规定吗?

【案例分析】

本案涉及的是公司章程能否将分红方案的审批权赋予董事会的问题。

根据我国《公司法》第三十七条的规定,股东会行使审议批准公司的利润分配方案和弥补亏损方案的职权。该法第四十三条规定,股东会的议事方式和表决程序,除该法有规定的外,由公司章程规定。股东会会议作出修改公司章程、增加或者减少注册资本的决议,以及公司合并、分立、解散或者变更公司形式的决议,必须经代表2/3以上表决权的股东通过。根据该法第四十六条的规定,董事会对股东会负责,行使下列职权:公司章程规定的其他职权。

公司章程是由公司发起人或全体股东共同制定的公司基本文件,也是公司成立的必备性法律文件,主要体现股东意志。《公司法》第十一条规定:"设立公司必须依法制定公司章程",表明公司章程具有法定性,即它不仅是体现股东的自由意志,也必须遵守国家的法律规定。公司章程规定"由董事会制定并决定公司利润分配方案"的内容并不违反法律、行政法规的强制性规定,该规定有效并具有法律约束力。且《公司法》第四十六条中也规定了董事会还享有公司章程规定的其他职权，如前所述在不违反法律禁止性规定之前提下，公司章程可以规定董事会享有包括决定公司利润分配方案等职权。

本案中，甲公司章程第五条规定：董事会对股东会负责，决定公司的利润分配方案和弥补亏损方案。2019 年 4 月，甲公司召开董事会并作出对 2018 年度的利润不进行分红的决议，该决议合法有效。因此，韦某请求确认董事会决议中不分配利润无效的请求将不能得到法院的支持。

【风险防范建议】

《公司法》对于公司章程的制定有强制性和任意性规定，一旦通过股东签字同意即可产生有约束力的文件。对于公司章程条款，为避免股东、高管、监管部门、外部第三人对公司章程条款产生异议，必须注意以下几点：

（1）制定公司章程时，务必清楚公司章程条款哪些是任意性规定、哪些是强制性规定。股东在制定章程条款时，对强制性条款不得以"意思自治"为由进行改变、变通。

（2）对于任意性规定，所有股东务必知晓任意性规定的法定边界，以免过于任意而超越法律规定的公平范畴；即使是强行性规定，也要清楚知道强制性规定的范畴、适用条件和程序。若发现公司章程条款违反了强行性法律法规，公司股东要及时清理和修正，避免各方因为执行不当的公司章程而陷入不必要的纠纷。

（3）赋予董事会行使公司利润分配决定权并非适应于所有的公司。对于存在控股股东的公司，由于控股股东往往掌控着董事会，若将利润分配的决定权授予董事会将使其成为控股股东追求个人利益的工具，极有可能损害中小股东的利润分配权。对于股东人数较少，由股东组成董事会的有限责任公司，若在公司章程中规定上述条款应认定为有效。

（4）公司的利润分配方案未经董事会制定，直接由股东会制定并批准审议的，应当认定该程序存在瑕疵。另股东以临时提案方式涉及利润分配方案的，不能对董事会制定的利润分配方案内容进行实质性变更。

【法条链接】

《公司法》第三十七条　股东会行使下列职权：

（一）决定公司的经营方针和投资计划；

（二）选举和更换非由职工代表担任的董事、监事，决定有关董事、监事的报酬事项；

（三）审议批准董事会的报告；

（四）审议批准监事会或者监事的报告；

（五）审议批准公司的年度财务预算方案、决算方案；

（六）审议批准公司的利润分配方案和弥补亏损方案；

（七）对公司增加或者减少注册资本作出决议；

（八）对发行公司债券作出决议；

（九）对公司合并、分立、解散、清算或者变更公司形式作出决议；

（十）修改公司章程；

（十一）公司章程规定的其他职权。

对前款所列事项股东以书面形式一致表示同意的，可以不召开股东会会议，直接作出决定，并由全体股东在决定文件上签名、盖章。

第四十三条 股东会的议事方式和表决程序，除本法有规定的外，由公司章程规定。

股东会会议作出修改公司章程、增加或者减少注册资本的决议，以及公司合并、分立、解散或者变更公司形式的决议，必须经代表三分之二以上表决权的股东通过。

第四十六条 董事会对股东会负责，行使下列职权：

（一）召集股东会会议，并向股东会报告工作；

（二）执行股东会的决议；

（三）决定公司的经营计划和投资方案；

（四）制订公司的年度财务预算方案、决算方案；

（五）制订公司的利润分配方案和弥补亏损方案；

（六）制订公司增加或者减少注册资本以及发行公司债券的方案；

（七）制订公司合并、分立、解散或者变更公司形式的方案；

（八）决定公司内部管理机构的设置；

（九）决定聘任或者解聘公司经理及其报酬事项，并根据经理的提名决定聘任或者解聘公司副经理、财务负责人及其报酬事项；

（十）制定公司的基本管理制度；

（十一）公司章程规定的其他职权。

79. 大股东进行关联交易损害公司利益的，小股东如何维权？

【情景案例】

A 酒店公司成立于 2019 年 3 月，注册资本 1000 万元，由甲、乙、丙共同创办，三人分别持股为60%、30%、10%。甲为A酒店公司法定代表人兼总经理，乙为监事。2021年4月，A酒店公司与B公司签订一份《管理咨询合同》，约定：B公司根据A酒店公司2019年度工作意见开展工作，提出咨询管理建议，以提升酒店档次，合同期限为1年，顾问费用为50万元。股东乙认为50万元顾问费用太高，没有必要花这笔钱聘请B公司担任顾问。后乙经调查，得知甲也是B公司的股东，十分生气，但不知如何是好。

请问：乙可以如何维权？

【案例分析】

本案涉及的是公司大股东与公司关联交易的管理问题。

关联关系，是指公司控股股东、实际控制人、董事、监事、高级管理人员与其直接或者间接控制的企业之间的关系，以及可能导致公司利益转移的其他关系。根据公司资产独立性原则，《公司法》对与公司存在关联关系当事人之间的交易是审慎立场。

我国《民法典》第八十四条规定，营利法人的控股出资人、实际控制人、董事、监事、高级管理人员不得利用其关联关系损害法人的利益；利用关联关系造成法人损失的，应当承担赔偿责任。《公司法》第二十一条规定，公司的控股股东、实际控制人、董事、监事、高级管理人员不得利用其关联关系损害公司利益。违反前款规定，给公司造成损失的，应当承担赔偿责任。根据该法第五十三条规定，监事对董事、高级管理人员执行公司职务的行为进行监督，对违反法律、行政法规、公司章程或者股东会决议的董事、高级管理人员提出罢免的建议；当董事、高级管理人员的行为损害公司的利益时，要求董事、高级管理人员予以纠正；以及依照该法第一百五十一条的规定，对董事、高级管理人员提起诉讼。根据该法第一百五十一条规定，董事、高级管理人员有该法第一百四十九条规定的情形的，有限责任公司的股东、股份有限公司连续180日以上单独或者合计持有公司1%以上股份的股东，可以书面请求监事会或者不设监事会的有限责任公司的监事向人民法院提起诉讼。公司应当对关联交易制定限制性规范，如制定公司关联交易管理规定，避免公司董事、经理、高管及实际控制人利用关联交易损害公司利益。

本案中，股东甲既是A酒店公司的大股东，又是公司的法定代表人及总经理，A酒店公司实际由其控制，股东甲利用其作为A酒店公司实际控制人和总经理的地位，使A酒店公司与甲同样身为股东的B公司进行交易，A酒店公司和B公司之间的交易属于关联交易。乙认为该交易损害了酒店公司的利益，可以依据《公司法》、公司章程及公司关联交易管理规定予以维权。股东乙作为A酒店公司监事，可以行使监督权，要求股东甲纠正行为，将获取的利益上交公司；乙还可以监事身份，代表A酒店公司提起诉讼，要求股东甲赔偿酒店公司的损失。

【风险防范建议】

实践中，公司关联交易是普遍存在的现象，公平合理的关联交易可以分散公司的风险、降低公司的经营成本。但是关联交易也存在被滥用的现象，大股东、实际控制人或者董监高等人员可能通过手中持有的多数表决权实现对公司的实际控制，利用关联交易转移公司利润、损害公司利益。关于如何防范公司大股东、实际控制人利用关联交易损害公司利益，建议如下：

(1)依法行使知情权及积极行使股东监管权。中小股东要想维护自己的合法权益，首先应当对公司情况有充分的了解。根据《公司法》第三十三条的规定，公司股东享有查阅、复制公司章程、股东会会议记录、董事会会议决议、监事会会议决议和财务会计报告的权利。这是股东全面了解公司情况的法律依据，股东行使上述权利，公司不能拒绝。当股东发现公司股东会(股东大会)、董事会的决议内容违反法律、行政法规的，可请求法院确认决议无效或撤销决议，并要求与会的股东、高管承担赔偿责任。

(2)充分掌握公司章程的规则，积极行使股东表决权。防止大股东利用优势地位任意修订有利于大股东的公司章程内容；积极参与公司股东会各项事项的表决，对大股东可能损害公司利益的提议提出异议，增加大股东关联交易的难度；同时为日后可能的维权诉讼做好充足的证据准备。

(3)制定并完善公司关联交易管理规定，明确关联关系当事人范围、关联交易范围、关联交易公允、回避等原则，关联交易决议及审批流程，予以规范公司的关联交易，避免公司利益受损。

(4)股东发现大股东、实际控制人或者董、监、高利用关联交易损害公司利益时，可先在公司内部寻求救济，情况紧急、不立即提起诉讼将会使公司利益受到难以弥补的损害的，也可以股东的名义向法院提起诉讼。

【法条链接】

《公司法》第二十一条 公司的控股股东、实际控制人、董事、监事、高级管理人员不得利用其关联关系损害公司利益。

违反前款规定，给公司造成损失的，应当承担赔偿责任。

第五十三条 监事会、不设监事会的公司的监事行使下列职权：

(一)检查公司财务；

（二）对董事、高级管理人员执行公司职务的行为进行监督，对违反法律、行政法规、公司章程或者股东会决议的董事、高级管理人员提出罢免的建议；

（三）当董事、高级管理人员的行为损害公司的利益时，要求董事、高级管理人员予以纠正；

（四）提议召开临时股东会会议，在董事会不履行本法规定的召集和主持股东会会议职责时召集和主持股东会会议；

（五）向股东会会议提出提案；

（六）依照本法第一百五十一条的规定，对董事、高级管理人员提起诉讼；

（七）公司章程规定的其他职权。

第一百四十九条 董事、监事、高级管理人员执行公司职务时违反法律、行政法规或者公司章程的规定，给公司造成损失的，应当承担赔偿责任。

第一百五十一条 董事、高级管理人员有本法第一百四十九条规定的情形的，有限责任公司的股东、股份有限公司连续一百八十日以上单独或者合计持有公司百分之一以上股份的股东，可以书面请求监事会或者不设监事会的有限责任公司的监事向人民法院提起诉讼；监事有本法第一百四十九条规定的情形的，前述股东可以书面请求董事会或者不设董事会的有限责任公司的执行董事向人民法院提起诉讼。

监事会、不设监事会的有限责任公司的监事，或者董事会、执行董事收到前款规定的股东书面请求后拒绝提起诉讼，或者自收到请求之日起三十日内未提起诉讼，或者情况紧急、不立即提起诉讼将会使公司利益受到难以弥补的损害的，前款规定的股东有权为了公司的利益以自己的名义直接向人民法院提起诉讼。

他人侵犯公司合法权益，给公司造成损失的，本条第一款规定的股东可以依照前两款的规定向人民法院提起诉讼。

《民法典》第八十四条 营利法人的控股出资人、实际控制人、董事、监事、高级管理人员不得利用其关联关系损害法人的利益；利用关联关系造成法人损失的，应当承担赔偿责任。

80. 执行中能否追加一人公司股东为公司债务的被执行人？

【情景案例】

甲公司是生产手表的厂家，常年向乙公司供应手表。乙公司由刘某创办，是一人有限责任公司，主要从事手表进出口贸易业务。从 2018 年 5 月起，乙公司开始拖欠货款，直至 2019 年 5 月共拖欠甲公司货款 200 万元。甲公司多次催要无果，遂向法院提起诉讼，法院判决乙公司偿还甲公司货款200万元及利息。由于乙公司并无财产可供执行，因此甲公司的债权无法实现。之后，经甲公司调查得知，刘某的个人银行账户与公司银行账户混同使用，存在公司财产与个人财产混同的情况。为此，甲公司向法院申请追加刘某为被执行人。

请问：甲公司的申请能得到法院支持吗？

【案例分析】

本案涉及的是一人有限公司股东对公司债务责任的承担问题。

一人有限责任公司，是指只有一个自然人股东或者法人股东的有限责任公司，其性质仍属于有限责任公司，具有独立的法人资格，以公司的全部财产对外承担责任，股东以其认缴的出资额为限对公司承担责任。但《公司法》第六十三条规定，一人有限责任公司的股东不能证明公司财产独立于股东自己的财产的，应当对公司债务承担连带责任。又根据《最高人民法院关于民事执行中变更、追加当事人若干问题的规定》第二十条的规定，作为被执行人的一人有限责任公司，财产不足以清偿生效法律文书确定的债务，股东不能证明公司财产独立于自己的财产，申请执行人申请变更、追加该股东为被执行人，对公司债务承担连带责任的，人民法院应予支持。

本案中，乙公司系由刘某设立的一人有限责任公司，乙公司长期拖欠甲公司货款200万元拒不清偿。甲公司在起诉乙公司支付货款200万元时，可以一并将乙公司股东刘某一起列为被告，主张乙公司股东对该债务承担连带清偿责任。本案中甲公司未在诉讼中提出乙公司股东对公司债务承担连带清偿责任。甲公司在依据法院的生效判决申请执行后，发现乙公司财产不足以清偿甲公司债务，且存在乙方公司股东刘某个人账户与乙公司账户混同的情况的，根据上述法律及司法解释规定，乙公司作为被执行人的一人有限责任公司，财产不足以清偿生效法律文书确定的债务，公司股东刘某不能证明公司财产独立于自己的财产，申请执行人甲公司申请追加刘某为被执行人，对公司债务承担连带责任的，人民法院应予支持。

【风险防范建议】

在诉讼实践中，当一人公司债权人提出一人公司财产与股东个人财产混同的主张时，由一人公司股东承担证明其个人财产与公司财产相互独立的责任，拒绝举证或者举证不能的，为保护公司债权人合法权益，一人公司股东不再仅承担有限责任，而是与公司一起承担连带责任。关于一人公司股东如何证明公司财产独立于股东自己的财产，建议如下：

（1）公司有独立的银行账户。股东不用个人银行账户收取公司业务款项，不与公司银行账户混同使用。

（2）设立完整、独立并发挥职能作用的财务会计部门。

（3）规范、完善会计账簿、财务会计报表，会计报表真实、连续、备案，而不为应对诉讼临时赶制会计报表。

（4）在每一会计年度终了时编制财务会计报告，并提交具备审计资质的会计师事务所审计。

（5）公司在经营过程中，股东以自己的名义对外发生关系时将自己与公司区分对待，公私分明，不滥用公司的独立法人地位为股东自己获取利益。

【法条链接】

《公司法》第五十七条　一人有限责任公司的设立和组织机构，适用本节规定；本节没有规定的，适用本章第一节、第二节的规定。

本法所称一人有限责任公司，是指只有一个自然人股东或者一个法人股东的有限责任公司。

第六十三条　一人有限责任公司的股东不能证明公司财产独立于股东自己的财产的，应当对公司债务承担连带责任。

《最高人民法院关于民事执行中变更、追加当事人若干问题的规定》第二十条　作为被执行人的一人有限责任公司，财产不足以清偿生效法律文书确定的债务，股东不能证明公司财产独立于自己的财产，申请执行人申请变更、追加该股东为被执行人，对公司债务承担连带责任的，人民法院应予支持。

第五章

公司决议纠纷

一、公司决议撤销纠纷

81. 股东会召集程序、表决方式违反法律或章程规定，股东有权要求撤销股东会决议吗？

【情景案例】

A公司由甲、乙、丙等8人共同创办，注册资本3000万元，甲担任公司董事长，乙担任公司总经理，丙等人没有在公司任职。A公司的《公司章程》第十二条规定：股东会会议分为定期会议和临时会议，应当于会议召开15日以前通知全体股东。A公司于2018年4月1日通过电话及邮件通知丙于2018年4月10日下午2时召开年度股东会。丙回复称："请将相关会议资料提供给我，否则在对公司经营情况不了解的情形下，我无法就股东会的议题进行判断。"由于没有收到A公司的回复，丙没有参加去股东会。2018年4月10日，A公司在丙未到场的情况下通过股东会决议一份，内容包括增加公司注册资本、变更股东持股比例等重大内容。对股东会决议内容，丙表示强烈反对，遂诉至法院，以A公司未按《公司法》及公司章程规定提前15日通知股东为由，要求撤销A公司于2018年4月10日作出的股东会决议。

请问：股东丙的请求能得到法院支持吗？

【案例分析】

本案涉及的是公司决议成立及撤销的法律问题。

我国《公司法》第二十二条第二款规定，股东会或者股东大会、董事会的会议召集程序、表决方式违反法律、行政法规或者公司章程，或者决议内容违反公司章程的，股东可以自决议作出之日起60日内，请求人民法院撤销。该法第四十三条第二款规定，股东会会议作出修改公司章程、增加或者减少注册资本的决议，以及公司合并、分立、解散或者变更公司形式的决议，必须经代表2/3以上表决权的股东通过。《最高人民法院关于适用〈中华人民共和国公司法〉若干问题的规定（四）》第四条规定，股东请求撤销股东会或者股东大会、董事会决议，符合《民法典》第八十五条、《公司法》第二十二条第二款规定的，人民法院应当予以支持，但会议召集程序或者表决方式仅有轻微瑕疵，且对决议未产生实质影响的，人民法院不予支持。

本案中，A公司的《公司章程》第十二条规定：股东会会议分为定期会议和临时会议，应当于会议召开15日以前通知全体股东。A公司在4月1日通知股东丙于4月10日参加股东会，未按照章程规定的"于会议召开十五日以前通知全体股东"，该股东会召集程序存在瑕疵，丙可以请求法院撤销该决议。且根据《公司法》第四十三条的规定，对增加注册资本的决议，必须经代表2/3以上表决权的股东通过。A公司股东会在丙未到出席股东会的条件下，决议通过了增加注册资本的股东会决议，实质的结果就是剥夺了丙就公司重大事项表达意见、参与决策等重大的股东权利，若A公司该股东会股东所持表决权不符合公司法规定，或者会议的表决结果未达到2/3的法定通过比例，那么丙可依据《最高人民法院关于适用〈中华人民共和国公司法〉若干问题的规定（四）》第五条，主张该股东会决议不成立。

【风险防范建议】

关于如何防止出现可撤销的股东会或董事会决议，建议如下：

（1）根据《公司法》及公司章程的规定，提前15日或其他有效时间，向全体股东有效接收地址发送会议通知，注明会议议题、会议时间、会议地点等，如通过EMS发送，须在快递上注明"股东会通知及会议主要议题"，并确认股东签署状况。

（2）作出股东会或董事会决议时，要确保决议内容不违反法律及公司章程的规定。否则，如果决议内容违反章程的规定，股东可提出可撤销决议之诉。

（3）制定并规范股东会议事规则，以保证股东会或董事会严格按照《公司法》和公司章程的规定召开。如对于会议的召集程序、时间、议案内容及其说明、数据支持等会议事项进行落实和细化，充分保障股东依法出席股东会参与表决的权益，以避免决议程序违反法律法规和公司章程。

【法条链接】

《公司法》第二十二条　公司股东会或者股东大会、董事会的决议内容违反法律、行政法规的无效。

股东会或者股东大会、董事会的会议召集程序、表决方式违反法律、行政法规或者公司章程，或者决议内容违反公司章程的，股东可以自决议作出之日起六十日内，请求人民法院撤销。

股东依照前款规定提起诉讼的，人民法院可以应公司的请求，要求股东提供相应担保。

公司根据股东会或者股东大会、董事会决议已办理变更登记的，人民法院宣告该决议无效或者撤销该决议后，公司应当向公司登记机关申请撤销变更登记。

第四十三条 股东会的议事方式和表决程序，除本法有规定的外，由公司章程规定。

股东会会议作出修改公司章程、增加或者减少注册资本的决议，以及公司合并、分立、解散或者变更公司形式的决议，必须经代表三分之二以上表决权的股东通过。

《最高人民法院关于适用〈中华人民共和国公司法〉若干问题的规定（四）》第四条 股东请求撤销股东会或者股东大会、董事会决议，符合民法典第八十五条、公司法第二十二条第二款规定的，人民法院应当予以支持，但会议召集程序或者表决方式仅有轻微瑕疵，且对决议未产生实质影响的，人民法院不予支持。

第五条 股东会或者股东大会、董事会决议存在下列情形之一，当事人主张决议不成立的，人民法院应当予以支持：

（一）公司未召开会议的，但依据公司法第三十七条第二款或者公司章程规定可以不召开股东会或者股东大会而直接作出决定，并由全体股东在决定文件上签名、盖章的除外；

（二）会议未对决议事项进行表决的；

（三）出席会议的人数或者股东所持表决权不符合公司法或者公司章程规定的；

（四）会议的表决结果未达到公司法或者公司章程规定的通过比例的；

（五）导致决议不成立的其他情形。

82. 对股东会决议行使撤销权的期间是多久？

【情景案例】

甲房地产公司成立于2017年9月，注册资本1亿元，由方某、任某、袁某等6人共同创办，方某担任公司董事长。2018年6月10日，由于袁某出差在外，甲房地产公司没有通知袁某就召开股东会并作出决议一份，主要内容为：甲公司决定在乙公司获得甲方指示认可的地块后与乙公司合作开发某楼盘，投资额为2亿元。事后，袁某知道股东会决议内容后，表示有些担心，但没有反对。2018年8月30日，袁某从朋友口中得知，乙公司是一家信誉较差的房地产公司，合作可能会损害甲房地产公司的权益；当时该地块尚在准备招拍挂阶段。为此，袁某想诉至法院，以A公司未按《公司法》及公司章程规定提前通知其参加股东会为由，要求撤销甲公司所作出的股东会决议。方某认为，股东行使撤销权的时效为"决议作出之日起的60日内"，这是一个特殊时效规定，过了这个期限法院将不受理提起的公司决议撤销诉讼。

请问：方某的说法符合我国法律规定吗？

【案例分析】

本案涉及的是撤销公司股东会决议的时限问题。

我国《公司法》第二十二条第二款规定，股东会或者股东大会、董事会的会议召集程序、表决方式违反法律、行政法规或者公司章程，或者决议内容违反公司章程的，股东可以自决议作出之日起60日内，请求人民法院撤销。根据《最高人民法院关于适用〈中华人民共和国公司法〉若干问题的规定（四）》第四条的规定，股东请求撤销股东会或者股东大会、董事会决议，符合《民法典》第八十五条、《公司法》第二十二条第二款规定的，人民法院应当予以支持，但会议召集程序或者表决方式仅有轻微瑕疵，且对决议未产生实质影响的，人民法院不予支持。

本案中，2018年6月10日，甲房地产公司没有通知股东袁某就召开股东会并作出决议一份，决议内容为在乙公司获得甲公司指示认可的地块后与乙公司合作开发某楼盘，投资额为2亿元。甲公司违反了法律法规或章程的规定，未通知股东袁某参加股东会，袁某可在决议作出之日起60日内申请撤销股东会决议，否则撤销权消灭。如果袁某在股东会决议作出后得知了决议内容，但未在决议作出之日60日内的法定期间行使提出撤销权，将不能得到法院的支持。这"60日"是一个除斥期间，不能适应中断或延长。股东要注意及时行使权利，维护自己的利益。因此股东袁某的观点是正确的。另根据相关法律规定，就公司对外投资事项的表决，公司章程没有特殊规定的，需代表1/2表决权股东通过。在甲公司章程没有特别规定的情况下，若甲公司该股东会股东所持表决权不符合《公司法》规定，或者会议的表决结果未达到1/2的通过比例，那么袁某可依据《最高人民法院关于适用〈中华人民共和国公司法〉若干问题的规定（四）》第五条，主张该股东会决议不成立。

【风险防范建议】

鉴于公司股东会决议对公司和股东都具有重大意义，为了保护公司决策的稳定性和公司的正常经营，以及股东就公司重大事项表达意见、参与决策的股东权利，建议如下：

（1）对于公司、召集人和参会股东而言，为保障股东的权益及公司决议的合法、有效性，需要严格遵守法律规定或公司章程规定的通知期限，提前通知每一位股东，并保留通知的证据。为避免被通知股东拒绝接收文件等，可要求股东提前签署地址确认书，明确该地址为送达地址；如有变更，需提前书面通知公司，否则向股东确认的地址邮寄通知文件视为已经送达。

（2）如会议召集程序或者表决方式仅有轻微瑕疵，且对决议未产生实质影响，公司可主张依据《最高人民法院关于适用〈中华人民共和国公司法〉若干问题的规定（四）》第四条，股东会决议仍为有效。

（3）股东请求撤销股东会决议、董事会决议有一个 60 日的期限限制，《公司法》为了促使利害关系方尽早地行使权利，使法律关系恢复稳定的状态，特别限制了股东撤销权的行使期限，股东请求撤销股东会决议、董事会决议的限制期间为 60 日，起算时间为决议作出之日。但有时操作上确实存在一定难度，如果股东会会议没有通知某些股东，该股东可能无从知道股东会召开和通过决议的事情；如果是董事会决议，更有可能出现股东并不知情的情形，然而《公司法》并没有对以上情形作出特别规定（如规定自知道或应当知道决议之日起计算期限），而是刚性地规定了一个“决议作出之日起六十日内”，这确实可能影响股东行使权利，给损害股东利益行为以可乘之机。对于未被通知参与股东会议的股东而言，如确实有开股东会并作出股东会决议，未被通知的股东应当尽量证明其实体权利受到了重大影响，因此应主张决议无效，也可以避免受 60 日除斥期间的规定限制。

【法条链接】

《公司法》第二十二条 公司股东会或者股东大会、董事会的决议内容违反法律、行政法规的无效。

股东会或者股东大会、董事会的会议召集程序、表决方式违反法律、行政法规或者公司章程，或者决议内容违反公司章程的，股东可以自决议作出之日起六十日内，请求人民法院撤销。

股东依照前款规定提起诉讼的，人民法院可以应公司的请求，要求股东提供相应担保。

公司根据股东会或者股东大会、董事会决议已办理变更登记的,人民法院宣告该决议无效或者撤销该决议后,公司应当向公司登记机关申请撤销变更登记。

第四十一条 召开股东会会议,应当于会议召开十五日前通知全体股东;但是,公司章程另有规定或者全体股东另有约定的除外。

股东会应当对所议事项的决定作成会议记录,出席会议的股东应当在会议记录上签名。

《最高人民法院关于适用〈中华人民共和国公司法〉若干问题的规定(四)》第四条 股东请求撤销股东会或者股东大会、董事会决议,符合民法典第八十五条、公司法第二十二条第二款规定的,人民法院应当予以支持,但会议召集程序或者表决方式仅有轻微瑕疵,且对决议未产生实质影响的,人民法院不予支持。

第五条 股东会或者股东大会、董事会决议存在下列情形之一,当事人主张决议不成立的,人民法院应当予以支持:

(一)公司未召开会议的,但依据公司法第三十七条第二款或者公司章程规定可以不召开股东会或者股东大会而直接作出决定,并由全体股东在决定文件上签名、盖章的除外;

(二)会议未对决议事项进行表决的;

(三)出席会议的人数或者股东所持表决权不符合公司法或者公司章程规定的;

(四)会议的表决结果未达到公司法或者公司章程规定的通过比例的;

(五)导致决议不成立的其他情形。

二、公司决议效力确认纠纷

83. 股东会在没有明确标准、幅度的情况下处罚股东的决议,有效吗?

【情景案例】

A公司成立于2015年3月,由甲、乙、丙、丁四人共同创办,四人分别持股60%、20%、10%、10%。甲为公司董事长,乙为公司总经理,丙为公司财务总监,丁为公司技术总监。公司章程规定:任何股东存在主观故意侵占或损害公司利益,或者利用在公司的职权与资源为自己谋私利的,必须将所持全部股权转让给公司,转让价格按当时公司账面净值折算后扣除给公司造成的损失及股东会决议的罚款后的余额计算。该章程没有明确记载罚款的标准及幅度。2019年3月1日,A公司召开临时股东会,并形成关于对丁违反公司章程处理决定的股东会决议。决议载明:“丁在职期间利用公司资源、职务便利为与公司没有任何服务协议的戊公司多次提供技术服务，获取私利 20 万元，根据公司章程规定，作出决议如下：(1) 由公司强行收购丁在公司的全部股权；(2) 对丁处 50 万元的罚款。”对于该决议第一项内容，丁没有异议，但对于第二项内容，丁表示不服，遂诉至法院，请求确认 A 公司于 2019 年 3 月 1 日所作股东会决议的第二项关于罚款的内容无效。

请问：丁的请求能得到法院支持吗？

【案例分析】

本案涉及的是公司股东会对违反章程的股东，作出处罚决议的效力认定问题。

我国《公司法》第十一条规定，设立公司必须依法制定公司章程。公司章程对公司、股东、董事、监事、高级管理人员具有约束力。根据该法第二十条第一款的规定，公司股东应当遵守法律、行政法规和公司章程，依法行使股东权利。第三十六条规定，有限责任公司股东会由全体股东组成。股东会是公司的权力机构，依照该法行使职权。根据其第三十七条第一款的规定，股东会有权行使公司章程规定的其他职权。另外，《行政处罚法》第五条第一款规定，对违法行为给予行政处罚的规定必须公布；未经公布的，不得作为行政处罚的依据。

公司章程是公司自治的载体，既赋予股东权利，亦使股东承担义务，是股东在公司的行为准则，股东必须遵守公司章程的规定。本案中，A 公司章程明确规定，股东在出现规定情形时，股东会可以对当事股东进行罚款。鉴于该规定是 A 公司的全体股东所预设的对违反公司章程股东的一种制裁措施，符合公司的整体利益，体现了有限公司的人合性特征，不违反《公司法》的禁止性规定，故包括股东丁在内的所有股东都应当遵守。因此，A 公司的股东会依照《公司法》第三十七条第（十一）项之规定，享有对违反公司章程的股东处以罚款的职权。

虽然 A 公司章程规定了股东在出现相关情形时，股东会有权对股东处以罚款，但却未在公司章程中明确记载罚款的标准及幅度。本案中，A 公司股东会对股东丁处以罚款，使股东丁对违反公司章程行为的后果无法做出事先预料。结合本案实际情况，丁在职期间利用公司资源、职务便利为与公司没有任何服务协议的戊公司多次提供技术服务，牟取私利 20 万元。A 公司股东会对股东丁处以罚款应在合理的幅度或范围内。结合本案实际，50 万元的罚款缺乏合理性，亦明显超出了股东丁的可预见范围。如 A 公司不能提供有效证据证明罚款 50 万元的合理性，或股东丁的行为给 A 公司造成了相应损失的证据，则 A 公司临时股东会所作的对丁罚款的决议明显属依据不足，存在被人民法院认定无效或撤销的可能，即丁的请求能得到法院支持。

【风险防范建议】

在公司章程中对股东的违约行为及处罚进行规定时,应当注意以下事项:

(1)公司章程赋予股东会对股东违约行为进行处罚的职权时,应对相关行为尽可能进行细化和列举,并对处罚的种类、程序及规则等进行明确,尽可能对处罚、罚款的标准、幅度等进行细化和量化。以避免股东会在没有明确标准、幅度的情况下处罚股东,引发纠纷,甚至导致处罚决议依据不足,决议被认定无效、撤销等。

(2)尽管公司章程可以制定对股东的惩罚性规定,但是股东意思自治亦应遵守法律规定,这些规定不得违反法律法规的强制性规定,相关处罚规则应做到内容合法、程序合法,处罚标准合理,否则可能会导致处罚决议等因违法而无效。例如,公司章程规定,股东不得转让股权,实际上会因违反《公司法》第七十二条的规定而无效。

【法条链接】

《公司法》第十一条　设立公司必须依法制定公司章程。公司章程对公司、股东、董事、监事、高级管理人员具有约束力。

第二十条第一款　公司股东应当遵守法律、行政法规和公司章程,依法行使股东权利,不得滥用股东权利损害公司或者其他股东的利益;不得滥用公司法人独立地位和股东有限责任损害公司债权人的利益。

第三十六条　有限责任公司股东会由全体股东组成。股东会是公司的权力机构,依照本法行使职权。

第三十七条第一款　股东会行使下列职权:

……

(十一)公司章程规定的其他职权。

《行政处罚法》第五条第三款　对违法行为给予行政处罚的规定必须公布;未经公布的,不得作为行政处罚的依据。

84. 执行董事拒绝召集股东会,监事召集和主持股东会作出的股东会决议有效吗?

【情景案例】

甲公司由柳某、鲍某、史某共同创办,三人分别持股30%、10%、60%。柳某担任公司的执行董事、鲍某担任公司的监事,史某作为投资人,不参与公司经营。由于甲公司在2018年第三季度经营亏损,于是史某在2018年10月9日给柳某致函提出召开临时股东会,但柳某复函称:"公司现有几个潜在大客户正在开发,暂没有时间召开临时股东会,建议改期,具体时间请等我另行通知。"此后,鲍某按公司章程规定履行了股东会召开的通知程序,并如期主持召开了临时股东会,并作出将甲公司执行董事由柳某更换为史某的股东会决议。柳某认为,鲍某作为公司监事,不具有直接召集并主持临时股东会的权利,上述股东会决议内容是无效的,遂起诉到人民法院,要求确认临时股东会决议无效。

请问:柳某的说法符合我国法律规定吗?

【案例分析】

本案涉及的是执行董事拒绝召集股东会时,监事召集和主持股东会作出的股东会决议的效力认定问题。

根据我国《公司法》第三十九条的规定,股东会会议分为定期会议和临时会议。定期会议应当依照公司章程的规定按时召开。代表1/10以上表决权的股东提议召开临时会议的,应当召开临时会议。该法第四十条第二款、第三款规定,有限责任公司不设董事会的,股东会会议由执行董事召集和主持。董事会或者执行董事不能履行或者不履行召集股东会会议职责的,由监事会或者不设监事会的公司的监事召集和主持;监事会或者监事不召集和主持的,代表1/10以上表决权的股东可以自行召集和主持。

本案中,史某持有甲公司60%的股权,其代表的表决权达到了1/10以上,依法有权提议召开临时股东会会议。根据前述《公司法》的规定,只有在执行董事不能履行或者不履行召集股东会会议职责时,监事会或监事才能召集和主持召开会议。本案中,股东史某并非绕开执行董事柳某,直接申请由监事召集和主持股东会会议。而是在申请执行董事柳某履行召集股东会会议职责未果后,才申请由监事鲍某召集和主持股东会会议,案涉会议相关组织召开程序符合《公司法》的相关规定。如案涉临时股东会决议的表决通过比例也符合《公司法》及公司章程的规定,则该决议应当有效。因此,柳某的说法不符合我国法律规定。

【风险防范建议】

股东会分为定期股东会会议与临时股东会会议,一般情况下由董事会召集,董事长主持。但有时由于董事长一股独大,把持董事会,因种种原因致使股东会无法及时召集,此时就会造成股东会无法召开,其他股东的权益有可能受到侵害而很难补救的情况发生。关于如何防范公司陷入股东会不能召开的僵局和风险，建议如下：

（1）鉴于公司股东会召集的具体程序和表决程序由公司章程规定，必要时可拟定股东会议事规则、董事会议事规则等，对股东会、董事会的召集的条件、召集人、程序和时间等相关细节予以明确，对不履行相关职责的董事、监事等作出必要的处罚约定，并对相关的救济程序予以约定，以便公司遇到重大事项要做决策时能够根据公司章程及时召集股东会、董事会等。

（2）依据公司规模，合理设置公司治理机构和职权，如果公司规模较小，建议可不设置董事会、监事会此类规模庞大的机构，可设立执行董事、执行监事等，以便公司管理半径集中和高效。

【法条链接】

《公司法》第三十九条　股东会会议分为定期会议和临时会议。

定期会议应当依照公司章程的规定按时召开。代表十分之一以上表决权的股东，三分之一以上的董事，监事会或者不设监事会的公司的监事提议召开临时会议的，应当召开临时会议。

第四十条　有限责任公司设立董事会的，股东会会议由董事会召集，董事长主持；董事长不能履行职务或者不履行职务的，由副董事长主持；副董事长不能履行职务或者不履行职务的，由半数以上董事共同推举一名董事主持。

有限责任公司不设董事会的，股东会会议由执行董事召集和主持。

董事会或者执行董事不能履行或者不履行召集股东会会议职责的，由监事会或者不设监事会的公司的监事召集和主持；监事会或者监事不召集和主持的，代表十分之一以上表决权的股东可以自行召集和主持。

85. 股东会议将尚未办理变更登记的股东继承人排除在召集范围之外，形成的股东会决议有效吗？

【情景案例】

A公司成立于2016年5月，由甲、乙、丙共同创办，注册资本1000万元；其中，甲持股51%，乙持股39%，丙持股10%。甲系公司执行董事。丁系丙的独生子，也是丙的唯一亲人。2021年1月，丙不幸去世，由于A公司不同意丁继承丙的股权，丁遂诉至法院，要求继承丙所持A公司10%的股权。2021年4月20日，法院判决支持了丁的诉讼请求,要求A公司将股东名册记载于丙名下的股权变更记载于丁名下,甲、乙方应予配合。该判决内容于2021年5月30日履行完毕,已将丁记载于A公司股东名册并办理了工商变更登记。2021年5月10日,A公司在没有通知丁的情况下召开临时股东会,形成决议如下:为扩大公司生产规模,公司决定向某银行贷款1200万元用于购买生产设备。2021年6月3日,丁以上述股东会会议未按《公司法》的规定通知自己参加会议为由诉至法院,请求判令撤销A公司于2021年5月10日作出的股东会决议。

请问:丁的请求能得到法院支持吗?

【案例分析】

本案涉及的是公司股东会决议的效力认定问题。

根据我国《公司法》第二十二条第二款的规定,股东会会议的召集程序、表决方式违反法律、行政法规或者公司章程,或者决议内容违反公司章程的,股东可以自决议作出之日起60日内,请求人民法院撤销。第四十一条第一款规定,召开股东会会议,应当于会议召开15日前通知全体股东;但是,公司章程另有规定或者全体股东另有约定的除外。第七十五条规定,自然人股东死亡后,其合法继承人可以继承股东资格,但公司章程另有规定的除外。同时,我国《民法典》第一千一百二十一条规定,继承从被继承人死亡时开始。

本案中,丁系丙的唯一继承人且未表示放弃继承丙的遗产,同时,如果A公司章程中不存在关于股东资格继承的禁止性规定,丁也不存在《民法典》第一千一百二十五条规定的丧失继承权的情形的,则丁依法有权继承丙的A公司股东资格,取得10%的A公司股权。同时,由于《公司法》并未将办理工商变更登记手续规定为继承人继承取得公司股权的前提条件,因此无论是否已经办理工商变更登记,均不影响丁继承丙的股东资格。况且,在A公司召开临时股东会之前,人民法院已判决支持了丁的诉讼请求,要求A公司将股东名册记载于丙名下的股权变更记载于丁名下。对此,A公司是明知的,则A公司召开临时股东会,就应当依法提前通知丁参加会议,且丁有权就审议事项参与审议表决。由于A公司召开临时股东会未按《公司法》的规定通知丁参加会议,该股东会会议的召集程序显然违法,丁有权根据《公司法》的规定,请求人民法院撤销案涉股东会决议。因此,丁的请求能得到法院支持。

【风险防范建议】

公司章程对股东资格继承没有特别规定的,公司在股东死亡后召开股东会的，即使未为继承人办理股权变更手续，也应当通知继承人参加股东会。如果继承人有多人的，应当如何处理呢？建议如下：

（1）通知全体继承人参加股东会，或要求全体继承人共同委托一人作为代表参加股东会，同时要求全体继承人就股东会相关审议事项充分协商或提前进行沟通达成一致。

（2）如果继承人因特殊原因不能参加股东会，应当要求不能参会的继承人书面委托授权能够参会的其他继承人代为行使股东权利；全体继承人均不能参会的，应当要求继承人共同或分别委托其他人员参加股东会，并代为行使股东权利。

（3）如果部分或全部继承人不具备完全民事行为能力，则应当要求其监护人陪同或代为参加股东会，并代为行使股东权利。

【法条链接】

《公司法》第二十二条第二款　股东会或者股东大会、董事会的会议召集程序、表决方式违反法律、行政法规或者公司章程，或者决议内容违反公司章程的，股东可以自决议作出之日起六十日内，请求人民法院撤销。

第四十一条第一款　召开股东会会议，应当于会议召开十五日前通知全体股东；但是，公司章程另有规定或者全体股东另有约定的除外。

第七十五条　自然人股东死亡后，其合法继承人可以继承股东资格；但是，公司章程另有规定的除外。

《民法典》第一千一百二十一条第一款　继承从被继承人死亡时开始。

第一千一百二十四条第一款　继承开始后，继承人放弃继承的，应当在遗产处理前，以书面形式作出放弃继承的表示；没有表示的，视为接受继承。

第一千一百二十五条　继承人有下列行为之一的，丧失继承权：

（一）故意杀害被继承人；

（二）为争夺遗产而杀害其他继承人；

（三）遗弃被继承人，或者虐待被继承人情节严重；

（四）伪造、篡改、隐匿或者销毁遗嘱，情节严重；

（五）以欺诈、胁迫手段迫使或者妨碍被继承人设立、变更或者撤回遗嘱，情节严重。

继承人有前款第三项至第五项行为，确有悔改表现，被继承人表示宽恕或者事后在遗嘱中将其列为继承人的，该继承人不丧失继承权。

受遗赠人有本条第一款规定行为的，丧失受遗赠权。

86. 伪造股东签名的股东会决议，必然无效吗？

【情景案例】

2016年5月7日，甲、乙、丙、丁共同设立A公司（注册资本500万元），每人分别持股50%、20%、20%、10%，甲为公司执行董事兼总经理，乙、丙为公司监事，丁为投资人，不实际担任公司职务和参与公司具体经营。

A公司章程规定：股东会决议须经代表2/3以上表决权股东通过方可作出。由于公司经营不善，A公司于2018年9月2日作出《关于同意注销公司的股东会决议》，该决议上具有四股东的签名，但是丁的签名系伪造，由甲模仿丁的笔迹代签。2018年9月5日，A公司在报刊上发布《清算公告》，公告公司决定解散、成立清算组事宜，通知债权人申报债权。2018年11月20日，A公司作出《清算报告》。2018年12月20日，A公司注销。2019年7月，丁以其对A公司被注销一事并不知情，《股东会决议》及《清算报告》上签名系伪造为由诉至法院，要求确认A公司于2018年9月2日所作股东会决议无效，并对公司进行重新清算。

请问：丁的请求能得到法院支持吗？

【案例分析】

本案涉及的是伪造股东签名的股东会决议的效力认定问题。

根据我国《公司法》第二十二条的规定，公司股东会决议内容违反法律、行政法规的无效；股东会的会议召集程序、表决方式违反法律、行政法规或者公司章程，或者决议内容违反公司章程的，股东可以自决议作出之日起60日内，请求人民法院撤销。根据该法第四十三条的规定，股东会会议作出解散或者变更公司形式的决议，必须经代表2/3以上表决权的股东通过。另外，《最高人民法院关于适用〈中华人民共和国公司法〉若干问题的规定（四）》第四条规定，股东请求撤销股东会或者股东大会、董事会决议，符合《民法典》第八十五条、《公司法》第二十二条第二款规定的，人民法院应当予以支持，但会议召集程序或者表决方式仅有轻微瑕疵，且对决议未产生实质影响的，人民法院不予支持。

司法实践中，公司股东会决议的效力，通常分为不成立、有效、无效、可撤销四种情形。股东会决议只有在其内容违反强制性法律法规的情况下，才会被认定为无效。而对于股东会会议召集程序、表决方式违反法律、行政法规或公司章程的情形，《公司法》仅赋予股东可在法定期限内（自决议作出之日起60日内）行使撤销权。本案中，丁的股权比例仅占10%，在其他三位股东均同意公司清算的情形下，案涉股东会决议的表决通过比例（90%）已超过2/3，符合《公司法》及公司章程的规定。A公司的股东会会议召集程序或者表决方式仅有轻微瑕疵，且对决议未产生实质影响。况且，A公司已依据该股东会决议，对公司进行清算并完成了注销。综合上述，案涉股东会决议不应认定无效，丁的请求难以得到法院的支持。

【风险防范建议】

在有限责任公司中，股东会是公司的最高权力机构，也是公司所有重大事项的决策机构。股东会通过开会表决形成股东会决议的方式将公司的重大事项明确后实施。另外，工商部门在办理相关登记时，对公司提交的股东会决议等材料只作形式审查，不作实质审查，并不审查签名是不是本人所签。因此，在实践中，股东会决议上的股东签名代签、伪造签名等情形经常会出现。如果股东发现签名被伪造，应当如何维权呢？建议如下：

(1)可以直接向当地工商部门申请撤销变更登记。若当地工商部门不予撤销，可以通过诉讼的方式维护自身合法权益，以自己为原告、以公司为被告、以决议涉及的其他利害关系人为第三人起诉，要求法院判决股东会决议不成立或撤销，判令公司撤销根据股东会决议办理的相关工商变更登记。

(2)如果伪造签名的股东通过伪造签名的方式侵占公司资产、严重损害公司利益等，被伪造签名的股东可以通过向公安机关报案的方式维护自身的合法权益。伪造签名的股东即使承担了刑事责任，被伪造签名的股东也还可以主张其承担相应民事赔偿责任。

【法条链接】

《公司法》第二十二条　公司股东会或者股东大会、董事会的决议内容违反法律、行政法规的无效。

股东会或者股东大会、董事会的会议召集程序、表决方式违反法律、行政法规或者公司章程，或者决议内容违反公司章程的，股东可以自决议作出之日起六十日内，请求人民法院撤销。

……

第四十三条第二款　股东会会议作出修改公司章程、增加或者减少注册资本的决议，以及公司合并、分立、解散或者变更公司形式的决议，必须经代表三分之二以上表决权的股东通过。

《最高人民法院关于适用〈中华人民共和国公司法〉若干问题的规定(四)》第四条　股东请求撤销股东会或者股东大会、董事会决议，符合民法典第八十五条、公司法第二十二条第二款规定的，人民法院应当予以支持，但会议召集程序或者表决方式仅有轻微瑕疵，且对决议未产生实质影响的，人民法院不予支持。

第五条 股东会或者股东大会、董事会决议存在下列情形之一，当事人主张决议不成立的，人民法院应当予以支持：

（一）公司未召开会议的，但依据公司法第三十七条第二款或者公司章程规定可以不召开股东会或者股东大会而直接作出决定，并由全体股东在决定文件上签名、盖章的除外；

（二）会议未对决议事项进行表决的；

（三）出席会议的人数或者股东所持表决权不符合公司法或者公司章程规定的；

（四）会议的表决结果未达到公司法或者公司章程规定的通过比例的；

（五）导致决议不成立的其他情形。

87. 滥用股东权利损害公司利益的股东会决议，有效吗？

【情景案例】

甲公司于2017年1月20日成立，法定代表人为唐某，注册资本为1000万元，股东为唐某、薛某与雷某。根据甲公司章程记载：唐某出资700万元持股70%，薛某出资200万元持股20%，雷某出资100万元持股10%。2019年5月25日，在唐某的主持下，甲公司召开股东会作出如下决议（唐某投赞成票，薛某、雷某投反对票）：甲公司免费出借300万元给唐某，借款期限1年。由于公司将钱借给大股东唐某后，公司基本没有流动资金用于公司经营。为此，薛某、雷某诉至法院，要求确认上述股东会决议无效。

请问：薛某、雷某的请求能得到法院支持吗？

【案例分析】

本案涉及的是股东尤其是大股东滥用权利侵犯公司、股东利益的股东会决议的效力认定问题。

根据我国《公司法》第二十条第一款的规定，公司股东应当遵守法律、行政法规和公司章程，依法行使股东权利，不得滥用股东权利损害公司或者其他股东的利益。该法第二十二条第一款规定，公司股东会或者股东大会、董事会的决议内容违反法律、行政法规的无效。

本案中，唐某系甲公司的大股东，持股比例达70%，已然超过了2/3，实际上控制了甲公司，具备实际控制人地位，且存在滥用大股东优势地位的可能性。唐某面对自身经营资金周转的需求，不顾甲公司的实际经营需要，滥用其公司实际控制人地位，通过股东会决议的方式，将公司经营同样急需的资金无偿出借给自己，并导致公司流动资金枯竭，经营陷入困顿，最终造成公司本身和其他股东权益受损，明显属于关联交易，是典型的滥用股东权利的行为。因此，薛某、雷某确认上述股东会决议无效的请求能够得到法院支持。

【风险防范建议】

资本多数决是公司进行决策的重要议事规则，对保证投资的积极性和提高决策效率有重要意义，但资本多数决的缺陷也使其易得到控制股东的滥用，损害公司和少数股东的利益。关于如何防止大股东利用“资本多数决”原则滥用股东权利损害公司或其他股东利益，建议如下：

（1）小股东需要时刻关注公司的经营，这是防止大股东滥用权利的前提，一旦发现大股东滥用股东权利，除在股东会或者公司经营场所提出质询之外，还需要收集证据证明滥用权力所造成的不利后果。否则仅以大股东利用表决权优势作出了某种对公司或股东不利的决议即要求法院确认股东会决议无效，实践中获得法院支持的难度极大。

（2）充分利用公司章程的自治范围，就公司关联交易及关联股东回避、公司借款及担保等事项进行详细约定，防止大股东滥用权利损害公司利益或其他股东的利益，以保证争议发生时有章可循。

【法条链接】

《公司法》第二十条第一款　公司股东应当遵守法律、行政法规和公司章程，依法行使股东权利，不得滥用股东权利损害公司或者其他股东的利益；不得滥用公司法人独立地位和股东有限责任损害公司债权人的利益。

第二十二条第一款　公司股东会或者股东大会、董事会的决议内容违反法律、行政法规的无效。

88. 超越股东会职权作出的股东会决议，有效吗？

【情景案例】

A公司成立于2015年5月，注册资本100万元，甲出资40万元持股40%，乙出资30万元持股30%，丙出资20万元持股20%，丁出资10万元持股10%。甲为公司法定代表人兼董事长，乙、丙、丁为公司董事。戊是A公司通过猎头公司高薪聘请的职业经理人,担任公司总经理。2019年3月,甲主持召开股东会,作出如下决议:解聘戊的总经理职务,新的总经理职位由甲担任。对于该决议,甲、乙投赞成票,丙、丁投反对票。丙认为,戊作为公司总经理,应由公司董事会决定其的聘任或者解聘,股东会所作出解聘丁的决议超越了股东会职权,是无效的。

请问:丙的说法符合我国法律规定吗?

【案例分析】

本案涉及的是超越股东会职权作出的股东会决议的效力认定问题。

我国《公司法》第二十二条第一款规定,公司股东会或者股东大会、董事会的决议内容违反法律、行政法规的无效。根据其第四十六条的规定,公司董事会对股东会负责,并决定聘任或者解聘公司经理及其报酬事项,并根据经理的提名决定聘任或者解聘公司副经理、财务负责人及其报酬事项。

股东会作为公司的最高权力机构,对公司的重要事项享有决定权。股东会有法定职权和章程职权两类,除法定职权外,公司可以对股东会的职权予以适当的限制或扩张,在章程中规定除法定职权以外的其他职权。当然,此种限制与扩张,必须在法律规定的范围内,且以不对他人的合法权益造成损害为前提,并应在公司的章程中予以明确。

本案中,A公司章程并未规定股东会除法定职权外还享有聘任或将解聘公司经理等其他职权。因此,A公司股东会对公司总经理进行任免的相关决议既不属于《公司法》第三十七条规定的第(一)至(十)项关于股东会的法定职权范围,也不属于第(十一)项的章程职权范围,案涉股东会决议明显超越了《公司法》和公司章程的授权范围,系越权决议。而越权的股东会决议违反的是强制性法律规定,应当被认定无效。因此,丙的说法符合我国法律规定。

【风险防范建议】

股东会作为公司的最高权力机构,对公司的重要事项享有决定权。股东会有法定职权和章程职权两类,公司可以在章程中规定除法定职权以外的其他职权。实务中,关于如何防止股东会决议超越股东会职权,建议如下:

(1)公司章程是公司治理的基本法,公司股东会享有法定的职权,公司股东也可以就股东会享有的其他职权及其他应由股东会审议的事项在公司章程中进行详细列举,以做到有章可循。必要时建议聘请专业的公司法律师,协助制定公司章程。

(2)公司股东、董事、监事、经理及其他高级管理人员等应认真学习《公司法》与公司章程,熟悉公司股东会、董事会、监事会及经理的职责与权限及相关议事规则、会议流程等，做到规范治理，合规管理，建立和完善现代企业治理体系。

(3)对于违反《公司法》、公司章程的股东会决议，股东等应当及时提出反对意见，必要时可向法院提起诉讼，提请司法裁决公司决议无效或者可撤销。

【法条链接】

《公司法》第二十二条第一款　公司股东会或者股东大会、董事会的决议内容违反法律、行政法规的无效。

第三十七条第一款　股东会行使下列职权：

(一)决定公司的经营方针和投资计划；

(二)选举和更换非由职工代表担任的董事、监事，决定有关董事、监事的报酬事项；

(三)审议批准董事会的报告；

(四)审议批准监事会或者监事的报告；

(五)审议批准公司的年度财务预算方案、决算方案；

(六)审议批准公司的利润分配方案和弥补亏损方案；

(七)对公司增加或者减少注册资本作出决议；

(八)对发行公司债券作出决议；

(九)对公司合并、分立、解散、清算或者变更公司形式作出决议；

(十)修改公司章程；

(十一)公司章程规定的其他职权。

第四十六条　董事会对股东会负责，行使下列职权：

(一)召集股东会会议，并向股东会报告工作；

(二)执行股东会的决议；

(三)决定公司的经营计划和投资方案；

(四)制订公司的年度财务预算方案、决算方案；

(五)制订公司的利润分配方案和弥补亏损方案；

(六)制订公司增加或者减少注册资本以及发行公司债券的方案；

(七)制订公司合并、分立、解散或者变更公司形式的方案；

(八)决定公司内部管理机构的设置；

(九)决定聘任或者解聘公司经理及其报酬事项，并根据经理的提名决定聘任或者解聘公司副经理、财务负责人及其报酬事项；

(十)制定公司的基本管理制度；

(十一)公司章程规定的其他职权。

第六章

股权转让纠纷

一、股权转让合同订立纠纷

89. 股权转让后发现目标公司与之前认识有很大差异，可以撤销吗？

【情景案例】

A公司成立于2018年6月，由孙某与李某共同创办，专注于防脱发洗发水的研发、生产。孙某持股80%，系公司法定代表人兼总经理；李某持股20%，系公司技术总监。周某与孙某系高中同学，两人关系甚好。孙某常对周某说明自己公司业务范围，并说公司研发技术强，产品多样，销售势头很好，希望同学之间能够多多合作云云。2021年1月，在孙某的邀请下，周某与孙某签订了一份《股权转让合同》，约定周某花200万元受让孙某所持A公司20%的股权。股东会决议通过、办理股权变更手续后，周某发现A公司的实际情况与自己想象的不一样。入股之前，周某以为A公司的产品已研发完成，马上可进行大规模量产，但事实并非如此，现产品还处于研发阶段，何时量产还不能确定，与自己的预期严重不符。为此，周某要求退股，但遭到孙某的拒绝。孙某认为，合同是双方自愿签订的且履行完毕，并不存在任何欺诈行为，因此合同是有效的。

请问：周某请求撤销双方所签订的股权转让协议会得到法院支持吗？

【案例分析】

本案涉及的是股权转让协议的撤销问题。

我国《民法典》第一百四十七条规定，基于重大误解实施的民事法律行为，行为人有权请求人民法院或者仲裁机构予以撤销。第一百四十八条规定，一方以欺诈手段，使对方在违背真实意思的情况下实施的民事法律行为，受欺诈方有权请求人民法院或者仲裁机构予以撤销。

关于股权转让是否构成重大误解或者欺诈,要依照重大误解或欺诈行为认定的共性标准,也要结合股权转让的特性进行判断。公司生产经营活动由于受市场因素影响较大,股权受让人所接受的股权价格,实际上包含股份转让协议签订时公司投入状况、经营状况、财务状况、市场前景、技术水平等一系列复杂因素,故股份转让协议中公司股权的价格不能简单地通过各项资产值相加或依据审计报告确定,更不等同于公司的注册资本金和股东的出资额。同时,股权转让要贯彻意思自治和诚实信用原则。转让方应告知受让方公司在经营中存在的影响股份转让价格的情况,受让方作为与转让方平等的商事主体,在商事活动中应尽谨慎、注意义务,通过合理途径对转让方就公司经营状况的陈述及公司其他情况进行审慎调查后,再作出是否受让股权的意思表示。

本案中,《股权转让协议》系双方真实意思的表示,且不存在欺诈情形,周某基于对同学的信任,虽完全有能力对目标公司的资产投入、经营状况等开展调查了解,但未尽到谨慎、注意义务,应承担由此产生的交易风险。基于上述理由,受让方要求撤销合同的理由不充分,周某关于撤销双方所签订的股权转让协议的请求难以得到法院支持。

【风险防范建议】

股权转让前,转让方通常对目标公司的存续与经营风险有很清晰的了解,而受让方由于信息不对称,容易作出错误判断。关于如何防范相关风险,建议如下:

(1)在签订股权转让协议前,受让方应当进行充分全面的尽职调查,尤其是对目标公司的历史沿革、董高监及公司经营情况进行深入调查,以避免陷入信息不对称的陷阱或者不利局面。对于标的较大股权的收购,建议聘请专业律师进行尽职调查。

(2)对拟受让的股权的权属及有无纠纷与瑕疵等进行调查,并要求转让方及目标公司作出相关保证与承诺。

(3)股权转让协议中,对目标公司资产负债、知识产权、专有技术、产品研发、对外担保等进行详细列表,并附相关材料。对或有负债及转让方不实承诺、提供虚假信息及材料等情形下的估值及转让价款调整、责任承担、违约责任等进行明确约定,以防范相关风险。

【法条链接】

《民法典》第一百四十七条 基于重大误解实施的民事法律行为,行为人有权请求人民法院或者仲裁机构予以撤销。

第一百四十八条 一方以欺诈手段，使对方在违背真实意思的情况下实施的民事法律行为，受欺诈方有权请求人民法院或者仲裁机构予以撤销。

90. 转让人低估股权转让价格，可以反悔吗？

【情景案例】

2021 年 3 月 23 日，甲与乙公司签订一份《股权转让协议》，约定：甲方同意将其持有的 A 公司 10% 的股权全部转让给乙公司，股权转让总价为 800 万元。之后，乙公司向甲支付了股权转让款。2021 年 4 月 3 日，甲发现 A 公司所做的财务报表存在错误，于是委托专业评估公司对 A 公司的净资产进行评估，以确定 A 公司的实际估值。2021 年 4 月 10 日，某评估公司作出的《资产评估报告书》，确认 A 公司净资产评估价值为 1.6 亿元（10% 的股权价值对应为 1600 万元）。甲认为，协议约定的股权转让价款明显低于股权对应的实际价值，应当构成重大误解、显失公平，遂诉至法院，请求法院撤销双方所签订的《股权转让协议》。

请问：甲的请求能得到法院支持吗？

【案例分析】

本案涉及的是股权转让协议的撤销问题。

我国《民法典》第一百四十七条规定，基于重大误解实施的民事法律行为，行为人有权请求人民法院或者仲裁机构予以撤销。第一百五十一条规定，一方利用对方处于危困状态、缺乏判断能力等情形，致使民事法律行为成立时显失公平的，受损害方有权请求人民法院或者仲裁机构予以撤销。

本案中，甲与乙经充分协商，自愿签订《股权转让协议》，将所持有的 A 公司股权全部转让给乙公司，乙公司向甲支付了股权转让款。后甲认为 A 公司所做的财务报表存在错误，导致其对 A 公司的股权价值作出了错误的认知和判断，构成重大误解。但甲作为 A 公司的股东和转让方，对公司经营状况、净资产等享有知情权，对公司股权价值应有充分的了解和认知。况且，有限公司的股权价格不仅包括公司净资产，也包括当事人对其投资价值的主观评判，且股价是会随经营情况动态变化的，股权转让主要取决于双方协商一致。甲乙双方经过协商签署《股权转让协议》并不违反双方真实意思。虽然甲委托的评估机构作出的资产评估报告中，资产评估价值与双方协议约定的股权价值存在较大差距，但无法据此得出甲方对双方协议的主要内容存在重大误解。

本案中，双方签订的涉案股权转让协议是否存在显失公平的问题呢？甲在 A

公司设立时,就一直是A公司的股东并实际经营A公司,其应当对A公司有充分了解。因此在本案股权转让交易中不存在甲方利用优势或者对方没有经验,与乙公司签订权利义务明显违反公平、等价有偿原则的股权转让协议的情形。甲仅以涉案股权的交易价格与评估价格存在较大差异即认定本案存在显失公平的情形,并不符合显失公平的认定条件。

综上所述,有限公司股权转让的交易价格,并不以评估作为参考依据,通常由双方当事人自由协商确定。一方当事人仅以股权转让协议约定的价格显著低于经评估确定的股权价值,请求人民法院确认股权转让协议构成重大误解或显失公平的,人民法院较多采取严格审查,审慎处理的原则。故甲的诉讼请求得到法院支持的概率并不大。

【风险防范建议】

实务中,有的股东不参与公司经营管理,对公司的经营状况、资产负债等不甚了解,导致股权转让过程中,对公司的估值及股权价值的确定缺乏有效的参考依据。为防止低价转让股权,建议在转让股权前,首先对公司的经营情况及估值等进行全面的了解,必要时聘请专业机构进行专业评估和调查,以准确定价和厘清责任。

【法条链接】

《民法典》第一百四十三条　具备下列条件的民事法律行为有效:

(一)行为人具有相应的民事行为能力;

(二)意思表示真实;

(三)不违反法律、行政法规的强制性规定,不违背公序良俗。

第一百四十七条　基于重大误解实施的民事法律行为,行为人有权请求人民法院或者仲裁机构予以撤销。

第一百五十一条　一方利用对方处于危困状态、缺乏判断能力等情形,致使民事法律行为成立时显失公平的,受损害方有权请求人民法院或者仲裁机构予以撤销。

91. 转让人先后签订两份股权转让协议,以哪一份为准?

【情景案例】

2021年2月,吴某与郑某共同成立A公司,注册资本100万元,吴某出资60万元持股60%,郑某出资40万元持股40%。2021年6月1日,郑某由于身体不适不能参与公司经营，在吴某的同意下，郑某决定将股权转让给好友王某。2021年6月5日上午，郑某与王某签订一份《股权转让协议》，约定：郑某以40万元的价格将其全部股权转让给王某，转让款于合同签订后7日内支付。当天下午，郑某与冯某又签订一份《股权转让协议》，约定：郑某以50万元的价格将其全部股权转让给冯某。合同签订后，冯某当天给郑某支付了50万元股权转让款并于当天完成股权过户手续。2021年6月6日，王某得知郑某将股权转让给冯某后，十分生气，以其与郑某先签订股权转让合同为由遂至法院，请求确认郑某与冯某签署的股权转让合同无效，并要求法院判决冯某返还股权。

请问：王某的请求能得到法院支持吗？

【案例分析】

本案涉及的是“一股二卖”的股权转让协议效力问题及股权归属问题。

根据《公司法》第三十二条的规定，公司登记事项发生变更的，应当办理变更登记。未经登记或者变更登记的，不得对抗第三人。根据《最高人民法院关于适用〈中华人民共和国公司法〉若干问题的规定（三）》第二十七条的规定，股权转让后尚未向公司登记机关办理变更登记，原股东将仍登记于其名下的股权转让，受让股东以其对于股权享有实际权利为由，请求认定处分股权行为无效的，人民法院可以参照物权善意取得的相关规定处理。根据《民法典》第三百一十一条的规定，无处分权人将不动产或者动产转让给受让人的，所有权人有权追回；除法律另有规定外，符合善意取得情形的，受让人取得该不动产或者动产的所有权。

本案中，郑某将所持有的A公司股权转让给好友王某，但未办理变更登记。后郑某又将该股权转让给了冯某，且办理了变更登记。本案中先后存在两份《股权转让协议》，一是郑某与王某签订的《股权转让协议》，二是郑某与冯某签订的《股权转让协议》，两个协议均系合同双方真实意思的表示，且不存在违反法律、行政法规的强制性规定，或违背公序良俗的情形。因此，两份《股权转让协议》均为有效。

本案中，郑某将所持有的A公司股权转让给好友王某，但未向公司登记机关办理变更登记。冯某对此并不知情，其与郑某签订《股权转让协议》当日支付了股权转让款，并办理了变更登记手续，冯某系善意取得案涉股权。王某请求确认郑某与冯某签署的股权转让合同无效，并要求法院判决冯某返还股权，无法得到法院的支持。鉴于郑某“一股二卖”的违约行为，导致郑某与王某签订的《股权转让协议》无法实际履行，王某可向郑某主张违约责任，请求郑某承担违约及损失赔偿责任。

【风险防范建议】

"一股二卖",是指转让方将所持有的公司股权转让给他人后,在办理变更登记之前,又将已经转让的股权再转让给他人的违约行为。关于股权受让方如何防范"一股二卖"的法律风险,建议如下:

(1)股权转让方与受让方签订《股权转让协议》时,建议将目标公司作为合同主体之一,共同在协议上签章。因目标公司负有办理股权变更登记相关义务,可防止转让方隐瞒真实情况"一股二卖"。

(2)可以采用股权转让预登记方式,即受让方在签订《股权转让协议》后,要求转让方将股权转让的信息在目标公司先进行备案或登记,有条件的可在市场监管部门进行预登记,以对抗第三人。

(3)《股权转让协议》签订后,应尽快办理股权变更登记相关手续,以防"夜长梦多"。同时《公司登记管理条例》第三十四条规定,有限责任公司变更股东的,应当自变更之日起 30 日内申请变更登记。逾期办理,可能需要变更或重新签订《股权转让协议》等文件,将会增大股权转让的不确定性和法律风险。

(4)建议在《股权转让协议》中就转让方违约、配合办理股权变更,以及工商变更完成之前因转让方再次转让或质押股权,或因转让方原因导致股权被查封、冻结、拍卖等情形下的违约责任、损害赔偿责任作出明确约定。

(5)一旦发现转让方"一股二卖",应当尽快向法院申请财产保全,冻结标的股权,并尽快提起诉讼或者仲裁。

【法条链接】

《公司法》第三十二条第三款　公司应当将股东的姓名或者名称向公司登记机关登记;登记事项发生变更的,应当办理变更登记。未经登记或者变更登记的,不得对抗第三人。

《民法典》第一百四十三条　具备下列条件的民事法律行为有效:

(一)行为人具有相应的民事行为能力;

(二)意思表示真实;

(三)不违反法律、行政法规的强制性规定,不违背公序良俗。

第三百一十一条　无处分权人将不动产或者动产转让给受让人的,所有权人有权追回;除法律另有规定外,符合下列情形的,受让人取得该不动产或者动产的所有权:

(一)受让人受让该不动产或者动产时是善意;

（二）以合理的价格转让；

（三）转让的不动产或者动产依照法律规定应当登记的已经登记，不需要登记的已经交付给受让人。

受让人依据前款规定取得不动产或者动产的所有权的，原所有权人有权向无处分权人请求损害赔偿。

当事人善意取得其他物权的，参照适用前两款规定。

《最高人民法院关于适用〈中华人民共和国公司法〉若干问题的规定（三）》第二十七条 股权转让后尚未向公司登记机关办理变更登记，原股东将仍登记于其名下的股权转让、质押或者以其他方式处分，受让股东以其对于股权享有实际权利为由，请求认定处分股权行为无效的，人民法院可以参照民法典第三百一十一条的规定处理。

原股东处分股权造成受让股东损失，受让股东请求原股东承担赔偿责任、对于未及时办理变更登记有过错的董事、高级管理人员或者实际控制人承担相应责任的，人民法院应予支持；受让股东对于未及时办理变更登记也有过错的，可以适当减轻上述董事、高级管理人员或者实际控制人的责任。

《公司登记管理条例》第三十四条第一款 有限责任公司变更股东的，应当自变更之日起30日内申请变更登记，并应当提交新股东的主体资格证明或者自然人身份证明。

92.“零作价”转让股权，合法吗？

【情景案例】

2016年3月，甲、乙、丙三人共同成立A公司，注册资金100万元。甲实缴出资51万元持股51%，乙实缴出资39万元持股39%，丙实缴出资10万元持股10%。甲为公司总经理，乙为公司营销总监，丙不参与公司经营。2021年5月，由于丙要移民到加拿大，在甲、乙同意并放弃优先购买权的情况下，丙将自己所拥有的A公司的股权，以“零作价”的方式转让给其表弟丁。

请问：丙和丁之间的“零作价”转让股权行为，合法吗？

【案例分析】

本案涉及的是无偿转让公司股权的效力问题。

根据《公司法》第七十一条的规定，股东向股东以外的人转让股权，应当经其他股东过半数同意。经股东同意转让的股权，在同等条件下，其他股东有优先购买权。

本案中，丙因移民国外，在A公司股东甲、乙同意并放弃优先购买权的情况下，以零元的价格将所持有的A公司股权转让给其表弟丁，符合《公司法》和A公司章程的规定，且程序合法，不存在违反法律、行政法规的强制性规定或违背公序良俗的情形。丙、丁之间签订的以"零元"价格转让公司股权的协议应为合法有效。

实践中，以"零元"价格受让标的股权的收益未必为正，也可能是负收益。因股权的权利与义务的集合性、风险的不确定性等因素，受让股权并非意味着受让方资产的必然增加；相反，股权相关的企业经营还可能存在未来的风险，受让方因此需承担相应的责任，这也是受让方受让股权的对价。如果没有较为特殊的原因，以"零元"价格对外转移股权，很容易受到内部股东的干预，并引发内部股东行使优先购买权。

【风险防范建议】

实践中，"零元转让"股权，存在较大的不确定性和较高的法律风险，同时可能涉及税收等一系列风险。关于如何防范相关风险，建议如下：

(1)以"零元"转让股权，容易引发转让股权的性质究竟属于转让还是赠与的争议，并可能存在被撤销或被认定为协议成立但未生效等风险，并可能引发公司内部股东的优先购买权纠纷。因此，转让方、受让方应审慎区别股权的"转让"与"赠与"性质，审慎签订《股权转让协议》或《赠与协议》。

(2)就出让方而言，如果同意以"零元"赠与标的股权，应当明确处分标的股权的性质为赠与，双方签订的协议应当明确为《股权赠与协议》，股权处分的价格明确为"无偿"，协议文意应当明确表现为"赠与/受赠"。

(3)就受让方而言，如果同意以"零元"受让标的股权，应当明确受让标的股权的性质为转让；双方签订的协议应当明确为《股权转让协议》；股权受让的价格建议尽量不要表现为"零元"，可约定一个较低的价格。同时，应在协议中明确约定受让方以"零元"或低价受让股权应承担的义务、其他对价或所附条件等。

(4)以"零元"或低价转让股权的，应严格按照公司章程及《公司法》关于股权转让的特别限制和要求，履行通知等义务，首先应当经其他股东过半数同意，并确保其他股东的优先购买权。否则，签订的股权转让协议可能存在被其他股东撤销或被人民法院认定为协议成立但未生效等风险。

(5)对于无偿转让的行为，可能存在一定的税务风险。如转让方借无偿转让之名行逃避税收之实，则可能存在被税务机关征税及处罚的风险。同时，受让方如无偿受让股权，后续再转让股权时，将可能支付高额的所得税等税款。故以“零元”转让股权时，应充分考量税负，三思而后行。

【法条链接】

《公司法》第七十一条 有限责任公司的股东之间可以相互转让其全部或者部分股权。

股东向股东以外的人转让股权，应当经其他股东过半数同意。股东应就其股权转让事项书面通知其他股东征求同意，其他股东自接到书面通知之日起满三十日未答复的，视为同意转让。其他股东半数以上不同意转让的，不同意的股东应当购买该转让的股权；不购买的，视为同意转让。

经股东同意转让的股权，在同等条件下，其他股东有优先购买权。两个以上股东主张行使优先购买权的，协商确定各自的购买比例；协商不成的，按照转让时各自的出资比例行使优先购买权。

公司章程对股权转让另有规定的，从其规定。

第七十二条 人民法院依照法律规定的强制执行程序转让股东的股权时，应当通知公司及全体股东，其他股东在同等条件下有优先购买权。其他股东自人民法院通知之日起满二十日不行使优先购买权的，视为放弃优先购买权。

《民法典》第一百五十三条 违反法律、行政法规的强制性规定的民事法律行为无效。但是，该强制性规定不导致该民事法律行为无效的除外。

违背公序良俗的民事法律行为无效。

《个人所得税法》第二条第一款 下列各项个人所得，应当缴纳个人所得税：

……

（六）利息、股息、红利所得；

（七）财产租赁所得；

（八）财产转让所得；

（九）偶然所得。

二、股权转让合同的效力纠纷

93. 股东未足额出资即转让股权，有效吗？

【情景案例】

甲公司成立于2016年3月，由陈某和褚某共同创办，注册资本500万元，两人各认缴出资250万元，各占50%的股权。根据甲公司章程的规定：陈某与褚某于

2016年4月30日前出资100万元，余款2019年12月31日前缴清。2021年6月1日，褚某与卫某签订一份《股权转让协议》，将甲公司50%股权以200万元的价格转让给卫某。

请问：褚某没有足额出资，可以将股权转让给卫某吗？

【案例分析】

本案涉及的是未足额出资的股权转让协议的效力认定问题。

根据《公司法》第七十一条的规定，有限责任公司的股东向股东经其他股东过半数同意可以对外转让股权。根据《最高人民法院关于适用〈中华人民共和国公司法〉若干问题的规定（三）》第十八条的规定，有限责任公司的股东未履行或者未全面履行出资义务即转让股权，受让人对此知道或者应当知道，公司请求该股东履行出资义务、受让人对此承担连带责任的，人民法院应予支持。另外，根据《民法典》第一百五十三条的规定，违反法律、行政法规的强制性规定的民事法律行为无效。

本案中，褚某在出资缴纳义务尚未到期前，与卫某签订《股权转让协议》，将所持有的甲公司股权转让给卫某，符合《公司法》及公司章程的规定，且不违反法律、行政法规的强制性规定，应为合法有效。即使褚某未实际出资或出资不到位亦不影响其作为股东行使股权转让的权利。

《公司法》规定未履行出资义务或未足额出资的股东对公司负有补缴出资或补足出资额、对其他股东负有违约等责任，但并未规定未履行出资义务的股东不得对外转让股权，实践中也存在大量的未出资股权进行转让的案例。因此，褚某没有足额出资，但可以将股权转让给卫某。

【风险防范建议】

对于股权受让人而言，关于如何防范转让方因未足额缴纳引起的法律风险，建议如下：

（1）在签订《股权转让协议》前，要对转让方是否已缴纳出资进行尽职调查，如调查转让方在公司登记机关登记的材料、查阅公司章程、查看股东名册、查看公司营业执照、查看公司相应会计账簿等，若发现转让方没有缴纳或没有足额缴纳出资，应当要求转让方先按章程约定缴纳出资再受让股权。以免受让人受让股权后，对转让方的出资义务承担连带责任。

（2）如转让的股权出资期限尚未届满，双方应明确约定股东出资责任及风险承担规则。受让方亦可要求转让方降低股权转让价款，并明确约定由受让方完成实缴出资的义务，并承担相关法律风险与责任。

（3）受让方要注意受让的未足额出资的股权出资期限是否已经届满，如果受让出资期限未届满的股权，受让以后原股东（出让人）无须再承担出资责任。

【法条链接】

《公司法》第七十一条 有限责任公司的股东之间可以相互转让其全部或者部分股权。

股东向股东以外的人转让股权，应当经其他股东过半数同意。股东应就其股权转让事项书面通知其他股东征求同意，其他股东自接到书面通知之日起满三十日未答复的，视为同意转让。其他股东半数以上不同意转让的，不同意的股东应当购买该转让的股权；不购买的，视为同意转让。

……

《民法典》第一百五十三条 违反法律、行政法规的强制性规定的民事法律行为无效。但是，该强制性规定不导致该民事法律行为无效的除外。

违背公序良俗的民事法律行为无效。

《最高人民法院关于适用〈中华人民共和国公司法〉若干问题的规定（三）》第十三条第一款 股东未履行或者未全面履行出资义务，公司或者其他股东请求其向公司依法全面履行出资义务的，人民法院应予支持。

第十八条 有限责任公司的股东未履行或者未全面履行出资义务即转让股权，受让人对此知道或者应当知道，公司请求该股东履行出资义务、受让人对此承担连带责任的，人民法院应予支持；公司债权人依照本规定第十三条第二款向该股东提起诉讼，同时请求前述受让人对此承担连带责任的，人民法院应予支持。

受让人根据前款规定承担责任后，向该未履行或者未全面履行出资义务的股东追偿的，人民法院应予支持。但是，当事人另有约定的除外。

94. 转让认缴出资的股权，受让人可否以其未出资为由主张合同无效？

【情景案例】

A公司成立于2018年3月，甲、乙两人共同创办，注册资本100万元，甲认缴出资70万元持股70%，乙认缴出资30万元持股30%。根据公司章程的规定，甲应当在2018年4月30日前缴纳出资，乙应当在2019年12月31日前缴纳出资。之后，甲按约定履行出资义务。2021年5月1日，乙与丙签订一份《股权转让协议》，约定乙以30万元转让所持A公司30%的股权。在给乙支付股权转让款后，丙才得知乙的认缴出资还未缴纳。丙声称，自己是第一次进行股权投资，不懂什么是认缴出资，误认为所有公司都是实缴出资。与乙协商无果后，丙遂诉至法院，请求确认其与乙所签订的股权转让协议无效，并要求乙返还其股权转让款30万元。

请问：丙的请求能得到法院支持吗？

【案例分析】

本案涉及的是转让未出资的股权的合同效力问题。

根据我国《公司法》第七十一条的规定，有限责任公司的股东之间可以相互转让其全部或者部分股权。股东向股东以外的人转让股权，应当经其他股东过半数同意。根据《最高人民法院关于适用〈中华人民共和国公司法〉若干问题的规定（三）》第十八条的规定，未足额出资的股东可以对外转让其股权，受让人知道或者应当知道存在出资瑕疵情形的，应当对未足额出资的部分承担连带责任。根据《民法典》第一百五十三条的规定，违反法律、行政法规的强制性规定的民事法律行为无效。

本案中，乙股东认缴的出资并未实缴，但实践中股权的取得并不以出资到位为绝对要件，乙有权对认缴的未出资股权对外转让。股东未足额出资与股权转让并非同一法律关系，股东未出资或出资不实等瑕疵并不影响股权的设立与享有，瑕疵股权仍具有可转让性，瑕疵股权转让并不当然无效。本案中乙与丙签订的《股权转让协议》内容不违反法律法规的强制性规定，应为合法有效。丙请求确认其与乙所签订的《股权转让协议》无效，并不符合法律规定。

本案中，如在股权转让的过程中，乙隐瞒该股权未实缴出资或丙误认为乙实缴了全部出资而签署了《股权转让协议》，丙可要求乙补足出资，亦可请求人民法院（或仲裁机构）撤销《股权转让协议》，并要求乙返还其股权转让款。

【风险防范建议】

实践中，经常出现股权转受让双方因出资不实引发纠纷，关于如何防范相关风险，建议如下：

（1）签订股权转让协议前，应首先核查转让方是否足额出资，是否存在出资不实、抽逃出资等情形；如股权转让后发现转让方出资不实，可要求其补足出资，或受让方承担出资责任后，向该未履行或者未全面履行出资义务的股东追偿。

（2）股权转让中对未足额出资、抽逃出资、瑕疵出资等情形，应约定由原股东补足出资。或在股权转让时，约定受让方支付的部分股权转让款直接用于补足转让方的出资。实践中，双方亦可充分考虑未出资的股权价值，协商调整股权转让价款，并在股权转让协议中明确约定由受让方按照公司章程的规定或限期完成实缴出资的义务。

(3)股权转让过程中,如转让方采取欺诈、隐瞒重要事实或以胁迫等手段,使受让方在违背真实意思的情况下签订股权转让协议,受让方应及时行使撤销权。

(4)股权转让涉及专业的法律、财税等复杂事项,建议在股权转让或并购的过程中,委托专业的律师、会计师等对目标公司进行尽职调查,以防范出资不实等法律风险。

【法条链接】

《公司法》第七十一条 有限责任公司的股东之间可以相互转让其全部或者部分股权。

股东向股东以外的人转让股权,应当经其他股东过半数同意。股东应就其股权转让事项书面通知其他股东征求同意,其他股东自接到书面通知之日起满三十日未答复的,视为同意转让。其他股东半数以上不同意转让的,不同意的股东应当购买该转让的股权;不购买的,视为同意转让。

……

《民法典》第一百四十三条 具备下列条件的民事法律行为有效:

(一)行为人具有相应的民事行为能力;

(二)意思表示真实;

(三)不违反法律、行政法规的强制性规定,不违背公序良俗。

第一百四十七条 基于重大误解实施的民事法律行为,行为人有权请求人民法院或者仲裁机构予以撤销。

第一百四十八条 一方以欺诈手段,使对方在违背真实意思的情况下实施的民事法律行为,受欺诈方有权请求人民法院或者仲裁机构予以撤销。

第一百五十三条 违反法律、行政法规的强制性规定的民事法律行为无效。但是,该强制性规定不导致该民事法律行为无效的除外。

违背公序良俗的民事法律行为无效。

《最高人民法院关于适用〈中华人民共和国公司法〉若干问题的规定(三)》第十八条 有限责任公司的股东未履行或者未全面履行出资义务即转让股权,受让人对此知道或者应当知道,公司请求该股东履行出资义务、受让人对此承担连带责任的,人民法院应予支持;公司债权人依照本规定第十三条第二款向该股东提起诉讼,同时请求前述受让人对此承担连带责任的,人民法院应予支持。

受让人根据前款规定承担责任后,向该未履行或者未全面履行出资义务的股东追偿的,人民法院应予支持。但是,当事人另有约定的除外。

95. 法定代表人在股权转让协议上签字，但公司没有加盖公章确认的，有效吗？

【情景案例】

甲公司成立于2018年9月，由蒋某与乙公司共同创办，注册资本100万元，蒋某与乙公司各出资50万元，各持股50%。乙公司由沈某、韩某等8人共同创办，沈某系乙公司法定代表人兼董事长，持股30%。蒋某为取得甲公司的控制权，在与沈某商量后，于2021年6月1日与乙公司签订一份《股权转让协议》，约定：乙公司将其所持甲公司17%的股权作价34万元转让给蒋某，转让款于2021年6月30日前支付。《股权转让协议》落款处有蒋某与沈某签字，但没有乙公司的盖章。之后，乙公司其他股东以自始至终都不知晓股权转让事宜为由，要求确认《股权转让协议》无效。

请问：蒋某与乙公司签订的股权转让协议有效吗？

【案例分析】

本案涉及的是股权转让协议是签字或盖章生效还是签字加盖章生效的问题。

根据我国《民法典》第四百九十条的规定，当事人采用合同书形式订立合同的，自当事人均签名、盖章或者按指印时合同成立。该法第五百零四条规定，法人的法定代表人或者非法人组织的负责人超越权限订立的合同，除相对人知道或者应当知道其超越权限外，该代表行为有效，订立的合同对法人或者非法人组织发生效力。仅有法定代表人签名没有加盖公司印章，只要符合合同的生效要件，合同就有效。根据《民法典》的规定，合同的生效要件有：(1)合同系双方当事人的真实意思表示；(2)合同双方当事人具有相应的缔约能力；(3)不违反法律规定和社会公共利益。

本案中，《股权转让协议》系乙公司与蒋某的真实意思表示，乙公司的法定代表人沈某代表公司签订合同的行为有效，甲公司其他股东不知情的抗辩无效。综上所述，蒋某与乙公司签订的股权转让协议真实有效。

【风险防范建议】

关于签订书面合同时，如何防范签字或盖章不规范引起的法律风险，建议如下：

(1)在合同中要明确合同成立方式的有关约定，具体注意以下两方面：

①"合同自双方签字盖章起生效"及"合同自双方签字、盖章起生效",表明"签字"及"盖章"为并列关系,作为法人的一方或双方必须同时签字、盖章。

②"合同自双方签字或者盖章起生效",表明"签字"及"盖章"为选择关系,作为法人的一方或双方可以选择"签字"或"盖章"其中一种使合同成立。

(2)在书面合同中没有明确约定的情况下,根据《民法典》四百九十条的规定,作为法人的一方或双方可以选择"签字"或"盖章"其中一种使合同成立。

需要提醒的是,在签名、盖章或者按指印之前,当事人一方已经履行主要义务,对方接受时,该合同成立。因此在签字和盖章不全的情况下,当事人也可以通过履行合同主要义务的方式使合同得以成立。

【法条链接】

《民法典》第四百九十条 当事人采用合同书形式订立合同的,自当事人均签名、盖章或者按指印时合同成立。在签名、盖章或者按指印之前,当事人一方已经履行主要义务,对方接受时,该合同成立。

法律、行政法规规定或者当事人约定合同应当采用书面形式订立,当事人未采用书面形式但是一方已经履行主要义务,对方接受时,该合同成立。

第五百零四条 法人的法定代表人或者非法人组织的负责人超越权限订立的合同,除相对人知道或者应当知道其超越权限外,该代表行为有效,订立的合同对法人或者非法人组织发生效力。

96. 以公司资产支付股权转让款的约定,有效吗?

【情景案例】

A公司由尤某创办,是一家一人有限公司。2021年1月,尤某与许某签订一份《股权转让协议》,约定:尤某将所持A公司所有股权转让给许某,许某向尤某支付股权转让款200万元,支付方式为A公司申请的银行贷款通过后,于1个月内由A公司支付。协议签订后,双方办理了股东变更手续,许某成为A公司的唯一股东。之后,许某一直未支付股权转让款,尤某遂提起诉讼,要求判令许某向其支付股权转让款200万元。许某辩称,股权转让协议约定的付款主体是A公司,且付款前提是A公司申请的贷款获得审批,现A公司未从银行借到相应款项,因此暂时无须支付。

请问:尤某的请求能得到法院支持吗?

【案例分析】

本案涉及的是《股权转让协议》中约定以公司资产给付股权转让款的效力问题。

我国《公司法》第二十条第一款、第二款规定，公司股东应当遵守法律、行政法规和公司章程，依法行使股东权利，不得滥用股东权利损害公司或者其他股东的利益；不得滥用公司法人独立地位和股东有限责任损害公司债权人的利益。公司股东滥用股东权利给公司或者其他股东造成损失的，应当依法承担赔偿责任。根据该法第一百四十八条的规定，董事、高级管理人员不得挪用公司资金。

本案中，A 公司是一人有限公司，尤某是唯一的股东，同时也是公司的高管，极易发生个人财产与公司财产混同的情况。尤某与许某签订《股权转让协议》后，许某成为唯一的股东，情况亦然。双方在《股权转让协议》中约定“支付方式为 A 公司申请的银行贷款通过后，于 1 个月内由 A 公司支付”，这句话实际上是许某挪用公司资产给付股权转让价款，违反了法律强制性规定，此条款无效。但是，《股权转让协议》中的其他款项有效，尤某以此为依据向法院请求许某支付股权转让款的请求能得到法院支持。

【风险防范建议】

股权转让时约定以公司部分财产作为股权转让对价，实践中并不少见。这种做法错误的根源在于，缺乏公司财产独立、依法治理公司的意识，将公司财产视同股东财产。这种现象在微小型公司，尤其是家族制公司、一人公司中，较为普遍。为规避相关风险，提出以下建议：

（1）股权转让方应当要求股权受让方以其个人财产支付股权转让款，拒绝其以公司资产支付股权转让款。

（2）为避免股权转让款不到账的风险，应当约定支付方式为在固定期限内一次性付清。

（3）股权转让方还可以通过把债权转让给银行的方式转移风险，具体方式是通过银行贷款让转让方一次性获得股权转让款，由股权受让方分期还贷款。

【法条链接】

《公司法》第二十条　公司股东应当遵守法律、行政法规和公司章程，依法行使股东权利，不得滥用股东权利损害公司或者其他股东的利益；不得滥用公司法人独立地位和股东有限责任损害公司债权人的利益。

公司股东滥用股东权利给公司或者其他股东造成损失的，应当依法承担赔偿责任。

……

第一百四十八条　董事、高级管理人员不得有下列行为：

（一）挪用公司资金；

……

《民法典》第一百四十三条　具备下列条件的民事法律行为有效：

（一）行为人具有相应的民事行为能力；

（二）意思表示真实；

（三）不违反法律、行政法规的强制性规定，不违背公序良俗。

97. 未经其他股东同意的对外转让股权，有效吗？

【情景案例】

某公司成立于2018年3月，由甲、乙、丙、丁四人共同创办，分别持股为50%、20%、20%、10%。甲担任公司董事长，乙、丙担任公司监事，丁不参与公司经营。之后，丁由于急需用钱，遂将其持有某公司10%的股权转让给股东以外的自然人戊，双方签订了《股权转让协议》。后甲、乙、丙得知此事后，表示不同意丁的股权转让。协商无果后，甲、乙、丙诉至法院，要求确认丁与戊签订的《股权转让协议》为无效合同并主张按同等条件优先购买其股权。

请问：甲、乙、丙的请求能得到法院支持吗？

【案例分析】

本案涉及的是未通知其他股东也未经其他股东同意，将股权对外转让是否有效的问题。

根据我国《公司法》第七十一条的规定，股东向股东以外的人转让股权，应当经其他股东过半数同意。根据该法第七十二条的规定，人民法院依照法律规定的强制执行程序转让股东的股权时，应当通知公司及全体股东，其他股东在同等条件下有优先购买权。《最高人民法院关于适用〈中华人民共和国公司法〉若干问题的规定（四）》第二十一条规定，该条第一款规定的其他股东仅提出确认股权转让合同及股权变动效力等请求，未同时主张按照同等条件购买转让股权的，人民法院不予支持，但其他股东非因自身原因导致无法行使优先购买权，请求损害赔偿的除外。

本案中，丁未通知其他股东就擅自将股份对外转让，侵犯了甲、乙、丙的优先购买权。甲、乙、丙起诉要求法院确认合同无效并主张按照同等条件下购买转让股权，其请求能得到法院的支持。

【风险防范建议】

关于如何防范股权优先购买权被侵犯的相关风险，建议如下：

（1）对股权转让双方当事人而言，签订《股权转让协议》时要注意其他股东是否已知情，不能侵犯其他股东的优先购买权，否则其他股东可向法院起诉主张同等条件下购买转让股权，其请求将会得到法院的支持，受让人与股东签订的协议归于无效。

（2）就被侵犯优先购买权的股东而言，当优先购买权得到侵犯时，应该在知道或者应当知道优先购买权被侵犯之日起 30 日内以同等条件向法院主张优先购买权。否则，超过此期限将不能得到法院支持。

需要说明的是，仅主张股权转让无效，但不主张优先购买权，或没有以同等条件主张优先购买权，均得不到法院的支持。

【法条链接】

《公司法》第七十一条　有限责任公司的股东之间可以相互转让其全部或者部分股权。

股东向股东以外的人转让股权，应当经其他股东过半数同意。股东应就其股权转让事项书面通知其他股东征求同意，其他股东自接到书面通知之日起满三十日未答复的，视为同意转让。其他股东半数以上不同意转让的，不同意的股东应当购买该转让的股权；不购买的，视为同意转让。

经股东同意转让的股权，在同等条件下，其他股东有优先购买权。两个以上股东主张行使优先购买权的，协商确定各自的购买比例；协商不成的，按照转让时各自的出资比例行使优先购买权。

公司章程对股权转让另有规定的，从其规定。

第七十二条　人民法院依照法律规定的强制执行程序转让股东的股权时，应当通知公司及全体股东，其他股东在同等条件下有优先购买权。其他股东自人民法院通知之日起满二十日不行使优先购买权的，视为放弃优先购买权。

《最高人民法院关于适用〈中华人民共和国公司法〉若干问题的规定（四）》第二十一条　有限责任公司的股东向股东以外的人转让股权，未就其股权转让事项征求其他股东意见，或者以欺诈、恶意串通等手段，损害其他股东优先购买权，其他股东主张按照同等条件购买该转让股权的，人民法院应当予以支持，但其他股东自知道或者应当知道行使优先购买权的同等条件之日起三十日内没有主张，或者自股权变更登记之日起超过一年的除外。

前款规定的其他股东仅提出确认股权转让合同及股权变动效力等请求，未同时主张按照同等条件购买转让股权的，人民法院不予支持，但其他股东非因自身原因导致无法行使优先购买权，请求损害赔偿的除外。

……

98. 恶意串通损害第三人利益的股权转让合同，有效吗？

【情景案例】

甲公司由吕某与张某共同创办，注册资本100万元，张某实缴出资40万元持股40%。2020年5月20日，张某向何某借款20万元，借款期限为1年，年利率12%。借款到期后，张某没有按期还款，何某遂于2021年6月1日委托律师给张某发了一份《律师函》，要求其返还20万元本金及借息，否则诉至法院。

由于张某赌博输掉所有家产，剩下唯一财产是所持甲公司的股权。为此，张某于2021年6月5日与好友刘某恶意串通签订一份"虚假"的《股权转让协议》，约定张某将持有甲公司40%的股权转让给刘某。之后，双方办理了股权变更登记。后张某想要回股权，但遭到刘某拒绝。张某遂以《股权转让协议》是恶意串通签订为由诉至法院，请求判令张某与刘某签订的《股权转让协议》无效。

请问：张某的请求能得到法院支持吗？

【案例分析】

本案涉及的是恶意串通损害第三人利益的股权转让合同的效力问题。

我国《民法典》第一百五十四条规定，行为人与相对人恶意串通，损害他人合法权益的民事法律行为无效。该法第一百四十六条第一款规定，行为人与相对人以虚假的意思表示实施的民事法律行为无效。

本案中，张某没有与刘某签订转让股权的真实意思表示，其目的是转移财产，以损害债权人何某的利益。故其与刘某签订的《股权转让协议》无效。但是，依据民法诚实信用原则，实施违法行为的人不能利用合同无效制度获得利益。因此，张某以自己的名义起诉要求确认合同无效不能得到法院支持，但何某在获取张某与刘某恶意串通的证据后，可以起诉要求确认合同无效，维护自身合法债权。

【风险防范建议】

对于债权人而言，关于得知债务人与他人恶意串通无偿或低价转让股权逃避债务时，应当如何维权，建议如下：

（1）我国《民事诉讼法》第六十四条规定，当事人对自己提出的主张，有责任提供证据。因此，为保证其主张能得到法院支持，债权人应当主动收集证据，证据应当能够在主观方面证明当事人有恶意，客观方面证明损害其合法利益。具体证据包括但不限于：借款凭证以及借款到期凭证；债务人转让财产的相对人明知或应知债务人身负债务，仍以明显不合理低价或无偿受让财产的证据，如银行流水等。

（2）证据收集完成后，债权人可向法院起诉请求确认合同无效。需要说明的是，认定恶意串通损害债权人利益的合同，法院会从主客观两方面因素综合考量。客观方面表现为债权人利益因该合同的履行而遭受损害，主观方面从订立合同内容的合理性、钱款交付情况、合同签订时间等因素综合分析。

对于财产受让方而言，为避免转让行为无效，建议如下：

（1）签订合同前应查清财产出让方的债务情况，如果财产出让方身负债务，应当查清出让方除出让的财产外是否还有其他财产，如果没有，则不能无偿受让或者以明显不合理低价受让财产；否则，债权人会以侵犯其债权为由请求确认转让行为无效。

（2）如受让方无法查清出让方的财务状况，则应以合理市价受让财产。为保护交易秩序的安全，我国《民法典》规定了善意相对人制度，受让人对出让人财务状况不知情且支付了合理对价，则受到此制度的保护，转让行为合法有效。

【法条链接】

《民法典》第一百四十六条第一款 行为人与相对人以虚假的意思表示实施的民事法律行为无效。

第一百五十四条 行为人与相对人恶意串通，损害他人合法权益的民事法律行为无效。

《民事诉讼法》第六十四条 当事人对自己提出的主张，有责任提供证据。

当事人及其诉讼代理人因客观原因不能自行收集的证据，或者人民法院认为审理案件需要的证据，人民法院应当调查收集。

人民法院应当按照法定程序，全面地、客观地审查核实证据。

99. 请求确认股权转让协议无效，适用诉讼时效制度吗？

【情景案例】

2017 年 5 月 1 日，孔某为逃避债务，与曹某串通签订了一份虚假的《股权转让协议》，将其持有甲公司20%的股权转让至曹某名下，并办理了股权变更登记。之后，由于孔某与曹某两人发生矛盾，曹某于2021年6月1日将此事告知孔某的债权人严某。严某得知此事后，遂诉至法院，请求确认孔某与曹某签订的《股权转让协议》无效。孔某辩称，股权转让协议虽然不是真实的，但严某起诉已超过3年的诉讼时效，其请求应当被驳回。

请问：孔某的说法符合我国法律规定吗？

【案例分析】

本案涉及的是股权转让协议效力及确认之诉是否受诉讼时效限制的问题。

我国《民法典》第一百五十四条规定，行为人与相对人恶意串通，损害他人合法权益的民事法律行为无效。另外，关于诉讼时效，《民法典》第一百八十八条规定，向人民法院请求保护民事权利的诉讼时效期间为3年；法律另有规定的，依照其规定。但是自权利受到损害之日起超过20年的，人民法院不予保护。

本案中，孔某为逃避债务与曹某恶意串通签订虚假的《股权转让协议》，试图达到逃废债务的非法目的，孔某的行为严重损害了债权人严某的合法权益，故其与曹某签订的《股权转让协议》应为无效。严某请求法院确认孔某与曹某签订的《股权转让协议》无效的诉讼为确认之诉，不受诉讼时效的限制。故孔某的说法不符合我国法律规定。

【风险防范建议】

实践中，关于如何防范因超过诉讼时效，导致合法权益不受法律保护的风险，建议如下：

（1）及时行使权利，不要让权利沉睡或让合法权利长期“休眠”，在知道或应当知道合法权益受到侵害时，及时主张权利。一般诉讼时效为3年，最长自权利受到损害之日起不得超过20年。

（2）通过权利人提出要求或者以法律形式让对方同意履行义务等方式，实现诉讼时效中断，从而达到重新计算诉讼时效的法律效果。具体可以通过发送催告函或邮件、协商、债务人出具函件、分期履行、公告、起诉等方式中断诉讼时效。

（3）对已超过3年诉讼时效的相关债权，可采取积极的补救措施，如要求债务人在催告通知书上签字或盖章、签订补充协议或更新合同、行使抵销权、债务人放弃超过诉讼时效期间的抗辩等方法进行补救，降低风险。

【法条链接】

《民法典》第一百五十四条 行为人与相对人恶意串通,损害他人合法权益的民事法律行为无效。

第一百八十八条 向人民法院请求保护民事权利的诉讼时效期间为三年。法律另有规定的,依照其规定。

诉讼时效期间自权利人知道或者应当知道权利受到损害以及义务人之日起计算。法律另有规定的,依照其规定。但是,自权利受到损害之日起超过二十年的,人民法院不予保护,有特殊情况的,人民法院可以根据权利人的申请决定延长。

第一百九十二条第一款 诉讼时效期间届满的,义务人可以提出不履行义务的抗辩。

100. 中外合资经营企业的股权转让,未经政府部门批准生效吗?

【情景案例】

A公司系一家中外合资企业,由美国的甲公司、乙公司与中国的丙公司共同出资设立。A公司注册资本为1000万美元,其中甲公司、乙公司各出资200万美元并分别持股20%,丙公司出资600万美元并持股60%。2020年3月1日,乙公司与丙公司签订一份《股权转让协议》,约定:乙公司将其所持A公司20%的股权转让给丙公司,转让价款为300万美元,股权转让款应于2020年3月31日前支付完成。合同签订后,丙公司由于资金周转困难,未按约定给乙公司支付股权转让款。为此,乙公司遂诉至法院,要求判令丙公司支付300万美元股权转让款。丙公司辩称,A公司系中外合资企业,股东内部转让股权必须要经相关政府部门批准才生效,由于双方所签订协议未经政府部门批准,因此该协议未生效。

请问:丙公司的说法符合我国法律规定吗?

【案例分析】

本案涉及的是未经政府部门批准的中外合资经营企业股权转让协议的效力认定问题。

根据我国《外商投资法》第二十八条的规定,外商投资准入负面清单规定限制投资的领域,外国投资者进行投资应当符合负面清单规定的条件。外商投资准入负面清单以外的领域,按照内外资一致的原则实施管理。根据该法第二十九条的规定,外商投资需要办理投资项目核准、备案,按照《外商投资企业设立及变更备案管理暂行办法》的有关规定执行。另外,根据《最高人民法院关于审理外商投资企业纠纷案件若干问题的规定(一)》第一条的规定,当事人在外商投资企业设立、变更等过程中订立的合同,依法律、行政法规的规定应当经外商投资企业审批机关批准后才生效的,自批准之日起生效;未经批准的,人民法院应当认定该合同未生效。

本案中,A 公司系中外合资企业,如 A 公司经营的项目不属于外商投资准入负面清单禁止投资或限制投资的领域,或 A 公司的经营项目根据外商投资的相关规定,不需要办理投资项目核准、备案,则乙公司与丙公司所签订的《股权转让协议》合法有效,无须经外商投资企业审批机关批准,仅履行备案手续即可。如 A 公司经营的项目属于外商投资准入负面清单禁止投资或限制投资的领域,或 A 公司的经营项目根据外商投资的相关规定,需要办理投资项目核准、备案,则乙公司与丙公司所签订的《股权转让协议》因未经外商投资企业审批机关批准,尚未生效。

综上所述,A 公司股东内部转让股权的协议是否生效,取决于 A 公司的经营项目是否属于外商投资准入负面清单所列范围,如未被列入负面清单则协议生效,但股权转让应履行备案手续。如 A 公司的经营项目属于外商投资准入负面清单范畴,则案涉股权转让协议未经批准,尚未生效。

【风险防范建议】

外商投资企业股东进行股权交易时,为防范相关法律风险,建议如下:

(1)在拟定外商投资企业股权转让相关合同条款时,首先需要核查或明确外资企业经营项目是否属于外商投资准入负面清单禁止投资或限制投资的领域,外资企业的经营项目是否需要办理投资项目核准、备案等手续。如属于前述情形,则应履行报批、核准或备案手续。故应在合同中约定报批、备案的相关事项、违约责任等,以防范相关法律风险。

(2)在外商投资企业有关合同签订后,需要履行核准、审批的,则应当依法及时将所签合同报送外商投资企业审批机关审核批准,以避免因未报批导致相关合同未生效的情况出现。如在外商投资企业有关合同签订后,无须报批或核准,则应及时履行备案手续。

(3)在拟定相关合同时,建议设置对方当事人履行报批义务的相关条款,明确不报批、报批不及时、报批不力等情形的相关违约责任,以防范因未报批导致的相关法律风险。

【法条链接】

《外商投资法》第二十八条　外商投资准入负面清单规定禁止投资的领域，外国投资者不得投资。

外商投资准入负面清单规定限制投资的领域，外国投资者进行投资应当符合负面清单规定的条件。

外商投资准入负面清单以外的领域，按照内外资一致的原则实施管理。

第二十九条　外商投资需要办理投资项目核准、备案的，按照国家有关规定执行。

第三十条　外国投资者在依法需要取得许可的行业、领域进行投资的，应当依法办理相关许可手续。

有关主管部门应当按照与内资一致的条件和程序，审核外国投资者的许可申请，法律、行政法规另有规定的除外。

第三十一条　外商投资企业的组织形式、组织机构及其活动准则，适用《中华人民共和国公司法》、《中华人民共和国合伙企业法》等法律的规定。

《最高人民法院关于审理外商投资企业纠纷案件若干问题的规定(一)》第一条　当事人在外商投资企业设立、变更等过程中订立的合同，依法律、行政法规的规定应当经外商投资企业审批机关批准后才生效的，自批准之日起生效；未经批准的，人民法院应当认定该合同未生效。当事人请求确认该合同无效的，人民法院不予支持。

前款所述合同因未经批准而被认定未生效的，不影响合同中当事人履行报批义务条款及因该报批义务而设定的相关条款的效力。

第九条　外商投资企业股权转让合同成立后，受让方未支付股权转让款，转让方和外商投资企业亦未履行报批义务，转让方请求受让方支付股权转让款的，人民法院应当中止审理，指令转让方在一定期限内办理报批手续。该股权转让合同获得外商投资企业审批机关批准的，对转让方关于支付转让款的诉讼请求，人民法院应予支持。

101. 中外合资经营企业股权转让协议已获批准，但相关补充协议未经批准，该补充协议生效吗？

【情景案例】

甲公司系一家中外合资企业，乙公司(中方股东)与丙公司(外方股东)分别持股 80%、20% 股权。2021 年 1 月 8 日，乙公司与丁公司（境外企业）签订一份《股权转让协议》，约定：乙公司将其持有的甲公司 20% 的股权转让给丁公司，转让价格为 1000 万美元，股权转让款应于相关工商变更登记手续办理完成后 1 个月内付清。2021 年 1 月 10 日，乙公司与丁公司签订股权转让《补充协议》，将股权转让价格由 1000 万美元变更为 1200 万美元。之后，商务部作出批复，同意乙、丁公司签订的《股权转让协议》和新的公司章程。2021 年 8 月 1 日，丁公司由于资金出现缺口，以补充协议未经商务部批准属于无效协议为由，向法院提起诉讼，要求判令解除其与乙公司签订的股权转让协议及相关补充协议。

请问：丁公司的请求能得到法院支持吗？

【案例分析】

本案涉及的是中外合资经营企业股权转让协议已获批准，未获批准的相关补充协议的效力认定问题。

《最高人民法院关于审理外商投资企业纠纷案件若干问题的规定（一）》第二条规定，当事人就外商投资企业相关事项达成的补充协议对已获批准的合同不构成重大或实质性变更的，人民法院不应以未经外商投资企业审批机关批准为由认定该补充协议未生效。前款规定的重大或实质性变更包括注册资本、公司类型、经营范围、营业期限、股东认缴的出资额、出资方式的变更以及公司合并、公司分立、股权转让等。

本案中，案涉《股权转让协议》已获得商务部批准同意，相关《补充协议》虽然未经商务部批准，但其仅对相关股权转让价格进行了变更约定，根据上述司法解释之规定，《补充协议》对已获批准的《股权转让协议》并不构成重大或实质性变更。如果《补充协议》不具有《民法典》第一百四十四条、第一百四十六条、第一百五十三条、第一百五十四条规定的合同无效情形，则应当认定《补充协议》有效，即丁公司的诉讼请求不能得到法院支持。

【风险防范建议】

已获批准的中外合资经营企业签订补充协议的情况，在实践中并不罕见，如果操作不当，易产生法律风险。为规避相关法律风险，建议如下：

（1）签订补充协议时，应当对协议内容进行全面审查，以明确补充协议对已获批准的原协议是否构成重大或实质性变更；如果构成，则应当及时报送相关部门批准，以免因此导致补充协议不生效。

（2）在拟定补充协议条款时，建议设置对方当事人履行报批义务的相关条款，明确不报批、报批不及时、报批不力等情形的相关违约责任，以防范因未报批导致的相关法律风险。

【法条链接】

《民法典》第一百四十四条　无民事行为能力人实施的民事法律行为无效。

第一百四十六条第一款　行为人与相对人以虚假的意思表示实施的民事法律行为无效。

第一百五十三条　违反法律、行政法规的强制性规定的民事法律行为无效。但是，该强制性规定不导致该民事法律行为无效的除外。

违背公序良俗的民事法律行为无效。

第一百五十四条　行为人与相对人恶意串通，损害他人合法权益的民事法律行为无效。

《最高人民法院关于审理外商投资企业纠纷案件若干问题的规定(一)》第一条　当事人在外商投资企业设立、变更等过程中订立的合同，依法律、行政法规的规定应当经外商投资企业审批机关批准后才生效的，自批准之日起生效；未经批准的，人民法院应当认定该合同未生效。当事人请求确认该合同无效的，人民法院不予支持。

前款所述合同因未经批准而被认定未生效的，不影响合同中当事人履行报批义务条款及因该报批义务而设定的相关条款的效力。

第二条　当事人就外商投资企业相关事项达成的补充协议对已获批准的合同不构成重大或实质性变更的，人民法院不应以未经外商投资企业审批机关批准为由认定该补充协议未生效。

前款规定的重大或实质性变更包括注册资本、公司类型、经营范围、营业期限、股东认缴的出资额、出资方式的变更以及公司合并、公司分立、股权转让等。

102. 伪造当事人签名的股权转让协议，有效吗？

【情景案例】

甲公司成立于2021年1月10日，由华某与金某共同创办，注册资本100万元。华某认缴出资60万元，占股60%；金某认缴出资40万元，占股40%。华某担任公司执行董事，负责公司日常运营，金某担任公司监事，平时很少回公司。根据甲公司章程的规定：华某与金某应当在2021年3月31日前缴纳出资。之后，华某按章程规定如期缴纳出资，但金某以资金周转困难为由没有出资。2021年6月15

日，华某未经金某同意，伪造金某的签名，制作虚假的《股东会决议》和《股权转让协议》，将金某持有甲公司40%的股权以40万元的价格转让给魏某，并办理了工商变更登记。华某收到该40万元后，将这笔转让款转入甲公司的银行账户。此后，金某发现其股权已被华某通过伪造签名的方式转走，遂向法院提起诉讼，要求确认其在甲公司的股东资格，享有40%的股权。华某辩称，金某不按公司章程的规定出资，其不属于甲公司的真正股东。

请问：金某的请求能得到法院支持吗？

【案例分析】

本案涉及的是伪造公司股权转让相关文件的效力认定及公司股东出资问题。

根据我国《民法典》第一百四十三条的规定，有行为能力的当事人，只有真实表达意思，且不违反法律法规的强制性规定、不违背公序良俗，所做的民事法律行为方为有效。根据该法第一百七十一条的规定，行为人没有代理权、超越代理权或者代理权终止后，仍然实施代理行为，未经被代理人追认的，对被代理人不发生效力。关于股权转让所涉股东会决议的效力问题，根据《最高人民法院关于适用〈中华人民共和国公司法〉若干问题的规定（四）》第五条的规定，公司未召开股东会议，或未对决议事项进行表决，当事人主张股东会决议不成立的，人民法院应当予以支持。

本案中，甲公司办理股权变更登记，应当提交变更登记申请、股东会议决议、股权转让协议等相关文件。甲公司的股东会议，应当由符合法律规定的召集人依照法律或公司章程的程序，召集全体股东出席，依法作出决议。需要变更登记的股权转让协议应经转、受让双方本人或合法授权的受托人签字。本案华某未经金某同意，伪造金某的签名，单方制作和伪造的《股东会决议》和《股权转让协议》，并不具备法定的成立要件。华某依据未成立的《股东会决议》和《股权转让协议》，擅自转让他人股权的行为属于无权处分。况且，金某并无向他人转让股权的真实意愿，对华某的转让行为也不予认可，因此该股权转让行为无效。金某起诉要求确认其在甲公司的股东资格，应当得到法院的支持。

需要说明的是，金某未按公司章程规定履行出资义务已经构成违约，应当根据股东会协议的约定或公司章程的规定，承担相应的违约责任。甲公司可采取合理的措施限制金某的股东权利，但金某未实际出资并不必然导致其股东资格的丧失。甲公司催告金某履行出资义务后，如果金某在合理期间内仍未缴纳出资，甲公司可通过股东会决议解除金某的股东资格。

【风险防范建议】

本案的起因系公司个别股东未按公司章程规定履行出资义务,其他股东遂伪造股东会决议、股权转让协议等文件,擅自转让未出资股东的股权。如此操作,显然违法,甲公司及相关股东也面临较大的法律风险,具体如下:

(1)行政法律风险:公司可能面临罚款、撤销公司登记甚至吊销营业执照等行政法律风险。我国《公司登记管理条例》第二条规定,申请办理公司登记,申请人应当对申请文件、材料的真实性负责。第六十四条规定,提交虚假材料或者采取其他欺诈手段隐瞒重要事实,取得公司登记的,由公司登记机关责令改正,处以5万元以上50万元以下的罚款;情节严重的,撤销公司登记或者吊销营业执照。

(2)民事法律风险:公司需要根据股东要求或人民法院的裁判文书恢复股权登记,并可能赔偿因此给股权转让方及受让方造成的相关损失,还需要承担诉讼过程中产生的诉讼费等相关费用。

(3)刑事法律风险:公司及相关股东存在被追究伪造公司印章相关刑事责任,股东还存在被追究职务侵占甚至诈骗相关刑事责任等风险。

实务中,股东合法持有的公司股权如被伪造的文件非法转让或侵占,权利受侵害的股东可向公司所在地的市场监管部门举报,要求撤销股权变更登记。亦可向人民法院起诉,要求确认股东资格,恢复股权比例。情节严重的,可向公安机关报案,要求追究相关人员的刑事法律责任。

关于如何规避上述法律风险,建议如下:

(1)关于股东出资,建议股东在出资协议或公司章程中明确约定股东的出资期限、逾期出资的违约责任等。最好对股东拒不履行出资义务或出资不实、抽逃出资的股东相关权利限制、股东资格解除规则及程序等进行约定。

(2)出现股东违反股东协议或公司章程的相关行为,公司及相关股东应依法合规行使权利,绝不能采取违法甚至伪造或变造相关文件、印章等行为。

【法条链接】

《公司法》第二十八条　股东应当按期足额缴纳公司章程中规定的各自所认缴的出资额。股东以货币出资的,应当将货币出资足额存入有限责任公司在银行开设的账户;以非货币财产出资的,应当依法办理其财产权的转移手续。

股东不按照前款规定缴纳出资的,除应当向公司足额缴纳外,还应当向已按期足额缴纳出资的股东承担违约责任。

第七十一条　有限责任公司的股东之间可以相互转让其全部或者部分股权。

股东向股东以外的人转让股权，应当经其他股东过半数同意。股东应就其股权转让事项书面通知其他股东征求同意，其他股东自接到书面通知之日起满三十日未答复的，视为同意转让。其他股东半数以上不同意转让的，不同意的股东应当购买该转让的股权；不购买的，视为同意转让。

经股东同意转让的股权，在同等条件下，其他股东有优先购买权。两个以上股东主张行使优先购买权的，协商确定各自的购买比例；协商不成的，按照转让时各自的出资比例行使优先购买权。

公司章程对股权转让另有规定的，从其规定。

《民法典》第一百四十三条　具备下列条件的民事法律行为有效：

（一）行为人具有相应的民事行为能力；

（二）意思表示真实；

（三）不违反法律、行政法规的强制性规定，不违背公序良俗。

第一百七十一条　行为人没有代理权、超越代理权或者代理权终止后，仍然实施代理行为，未经被代理人追认的，对被代理人不发生效力。

……

《公司登记管理条例》第二条第二款　申请办理公司登记，申请人应当对申请文件、材料的真实性负责。

第六十四条　提交虚假材料或者采取其他欺诈手段隐瞒重要事实，取得公司登记的，由公司登记机关责令改正，处以5万元以上50万元以下的罚款；情节严重的，撤销公司登记或者吊销营业执照。

《最高人民法院关于适用〈中华人民共和国公司法〉若干问题的规定（三）》第十三条第一款　股东未履行或者未全面履行出资义务，公司或者其他股东请求其向公司依法全面履行出资义务的，人民法院应予支持。

第十六条　股东未履行或者未全面履行出资义务或者抽逃出资，公司根据公司章程或者股东会决议对其利润分配请求权、新股优先认购权、剩余财产分配请求权等股东权利作出相应的合理限制，该股东请求认定该限制无效的，人民法院不予支持。

第十七条第一款　有限责任公司的股东未履行出资义务或者抽逃全部出资，经公司催告缴纳或者返还，其在合理期间内仍未缴纳或者返还出资，公司以股东会决议解除该股东的股东资格，该股东请求确认该解除行为无效的，人民法院不予支持。

《最高人民法院关于适用〈中华人民共和国公司法〉若干问题的规定（四）》第五条　股东会或者股东大会、董事会决议存在下列情形之一，当事人主张决议不成立的，人民法院应当予以支持：

（一）公司未召开会议的，但依据公司法第三十七条第二款或者公司章程规定可以不召开股东会或者股东大会而直接作出决定，并由全体股东在决定文件上签名、盖章的除外；

（二）会议未对决议事项进行表决的；

……

103. 行为人与股权转让方系夫妻关系，其代为签字的行为有效吗？

【情景案例】

谢某与邹某系夫妻关系，婚后两人共同出资设立甲公司，注册资本500万元。谢某出资300万元持股60%，邹某出资200万元持股40%。章某是谢某的好友，其想入股甲公司。在与谢某商量时，谢某表示为保证自己的控股权，只能转让妻子的股权，章某对此没有异议。2021年3月10日，谢某与章某双方签订一份《股权转让协议》，约定：邹某将所持甲公司20%的股权转让给章某，转让价款为280万元。该协议由谢某代邹某签名。次日，邹某知道此事后立即联系章某，称其不愿将股权转让出去，谢某隐瞒事实，伪造其签字，希望章某能将已签协议还给她，但遭到章某拒绝。无奈之下，邹某诉至法院，请求确认谢某与章某签订的股权转让协议无效。

请问：邹某主张其丈夫谢某代签的股权转让协议无效的请求，能得到法院支持吗？

【案例分析】

本案涉及的是未经配偶同意代为签署的股权转让协议的效力认定问题。

我国《民法典》第一百七十一条第一款规定，行为人没有代理权、超越代理权或者代理权终止后，仍然实施代理行为，未经被代理人追认的，对被代理人不发生效力。

本案中，谢某虽与邹某系夫妻关系，但并不能因此认定谢某有权代邹某处分其名下财产。谢某代邹某签订《股权转让协议》时，并未事先得到邹某的授权。《股权转让协议》签订的次日，邹某知道此事后立即联系章某，明确表示不同意将所持股权转让出去，且事后邹某对其配偶谢某的代签行为也不予追认，因此《股权转让协议》应当被认定无效，即邹某的诉讼请求应当得到法院支持。

【风险防范与建议】

关于类似情况下如何防范相关风险，建议如下：

(1)签订合同时,是自然人的应由其本人当面签订股权转让协议等文件;是企业或其他单位的,应由法定代表人或负责人、合法的授权代表签名,并加盖单位公章,以防范相关法律风险。

(2)股权转让过程中,建议股权受让方在签署股权转让协议前,要求实际签字的夫妻一方提供其配偶同意其代为签约的书面文件或者授权委托书,从而避免实际签字的夫妻一方的配偶在协议签订后主张合同效力瑕疵的情况出现。

【法条链接】

《公司法》第七十一条第二款 股东向股东以外的人转让股权,应当经其他股东过半数同意。股东应就其股权转让事项书面通知其他股东征求同意,其他股东自接到书面通知之日起满三十日未答复的,视为同意转让。其他股东半数以上不同意转让的,不同意的股东应当购买该转让的股权;不购买的,视为同意转让。

《民法典》第一百七十一条 行为人没有代理权、超越代理权或者代理权终止后,仍然实施代理行为,未经被代理人追认的,对被代理人不发生效力。

……

104. 转让股权时为偷逃税款签订"阴阳合同",有效吗?

【情景案例】

甲公司由潘某与葛某创办,注册资本 1000 万元,潘某出资 670 万元,持股 67%;2021 年 3 月 1 日,潘某与乙公司签订一份《股权转让协议》("阴合同"),约定:潘某将所持甲公司 67% 的股权转让给乙公司,转让费用为 2000 万元。次日,潘某得知转让股权需要缴纳高额的所得税等税款,为了规避纳税义务,潘某于是又与乙公司签订了一份《股权转让协议》("阳合同"),约定:潘某将所持甲公司 67% 的股权转让给乙公司,股权转让款为 670 万元。协议签订后,乙公司向潘某支付了 2000 万元转让款。之后,双方办理了股权变更登记手续。2021 年 5 月,由于甲公司经营状态不佳,乙公司向法院提起诉讼,主张其与潘某所签订的两份股权转让协议存在违反国家法律规定的条款,其内容损害了国家利益,请求确认两份协议无效;要求潘某返还乙公司 2000 万元股权转让款。

请问:乙公司的请求能得到法院支持吗?

【案例分析】

本案涉及的是当事人为逃避税款签订的"阴阳合同"的效力认定问题。

根据我国《民法典》第一百五十三条第一款的规定，原则上，违反法律、行政法规的强制性规定的民事法律行为无效。该法第一百五十四条规定，行为人与相对人恶意串通，损害他人合法权益的民事法律行为无效。该法第一百五十六条规定，民事法律行为部分无效，不影响其他部分效力的，其他部分仍然有效。

本案中，潘某为了逃避税款，先后与乙公司就股权转让事宜签订了两份价款不同的《股权转让协议》，即"阴阳合同"。其中"阳合同"是为办理工商变更登记、逃避股权转让纳税义务而订立的，不是合同当事人的真实意思表示，符合《民法典》第一百五十三条及第一百五十四条规定的法律行为无效的情形。故协议中关于股权转让价款的相关条款应为无效，但该条款无效不影响合同其他条款的效力。而潘某与乙公司签订的"阴合同"是双方真实意思表示，且未违反《民法典》或其他法律、行政法规的强制性规定，应认定为有效，双方应当按照约定履行。乙公司主张其与潘某签订的两份股权转让协议无效，要求潘某返还股权转让款的请求不应得到法院的支持。

潘某为了不缴或少缴股权转让应当缴纳的税款，签订"阴阳合同"，税务机关有权按照"阴合同"约定的股权转让款或依法核定征收相关税款、罚款及滞纳金。

【风险防范建议】

实践中，股权转让的当事人为了规避纳税义务，经常会采用签订"阴阳合同"的做法，存在诸多法律风险，具体如下：

（1）股权转让双方盲目签订"阴阳合同"，存在股权转让协议部分条款无效，甚至整个合同被认定为无效的风险，且容易引发矛盾和纠纷，打乱整个股权交易计划与进度，造成被动并可能给一方或双方造成损失。

（2）签订"阴阳合同"逃避税收，存在被税务机关追缴相关税款及滞纳金，并处少缴的税款50%以上5倍以下的罚款等行政处罚的风险，情节严重的甚至可能会承担相关刑事法律责任，实在得不偿失。

（3）在进行股权交易过程中，可聘请专业的股权律师，甚至委托税务专家、财务人员，共同把关，精心设计交易结构和股权转让条款，合理避税而非违法逃税，避免造成不必要的损失。

【法条链接】

《民法典》第一百五十三条第一款　违反法律、行政法规的强制性规定的民事法律行为无效。但是，该强制性规定不导致该民事法律行为无效的除外。

第一百五十四条　行为人与相对人恶意串通，损害他人合法权益的民事法律行为无效。

第一百五十六条　民事法律行为部分无效，不影响其他部分效力的，其他部分仍然有效。

《税收征收管理法》第六十三条第一款　纳税人伪造、变造、隐匿、擅自销毁帐簿、记帐凭证，或者在帐簿上多列支出或者不列、少列收入，或者经税务机关通知申报而拒不申报或者进行虚假的纳税申报，不缴或者少缴应纳税款的，是偷税。对纳税人偷税的，由税务机关追缴其不缴或者少缴的税款、滞纳金，并处不缴或者少缴的税款百分之五十以上五倍以下的罚款；构成犯罪的，依法追究刑事责任。

《股权转让所得个人所得税管理办法（试行）》第十一条　符合下列情形之一的，主管税务机关可以核定股权转让收入：

（一）申报的股权转让收入明显偏低且无正当理由的；

……

第十二条　符合下列情形之一，视为股权转让收入明显偏低：

（一）申报的股权转让收入低于股权对应的净资产份额的。其中，被投资企业拥有土地使用权、房屋、房地产企业未销售房产、知识产权、探矿权、采矿权、股权等资产的，申报的股权转让收入低于股权对应的净资产公允价值份额的；

（二）申报的股权转让收入低于初始投资成本或低于取得该股权所支付的价款及相关税费的；

（三）申报的股权转让收入低于相同或类似条件下同一企业同一股东或其他股东股权转让收入的；

（四）申报的股权转让收入低于相同或类似条件下同类行业的企业股权转让收入的；

（五）不具合理性的无偿让渡股权或股份；

（六）主管税务机关认定的其他情形。

105. 名义股东没有经实际出资人同意转让股权，是否有效？

【情景案例】

甲公司成立于2020年8月，由彭某与范某共同创办，两人分别持股70%、30%。范某是甲公司的名义股东，其所持股权的实际出资人是鲁某。范某由于急需用钱，遂于2021年5月6日与韦某签订了一份《股权转让协议》，约定：范某将在甲公司持有的股权全部转让给韦某，股权转让款以当时股权的评估价值200万元计。后韦某向范某支付了全部股权转让款，并办理了股权变更登记。2021年5

月28日，鲁某知悉后即向法院提起诉讼，要求确认范某与韦某签订的《股权转让协议》无效。

请问：鲁某的请求能得到法院支持吗？

【案例分析】

本案涉及的是名义股东未经实际出资人同意，转让代持股权的效力认定问题。

根据我国《公司法》第三十二条的规定，股东的姓名或名称，未在公司登记机关登记的，不得对抗第三人。《最高人民法院关于适用〈中华人民共和国公司法〉若干问题的规定（三）》第二十五条第一款规定，名义股东将登记于其名下的股权转让、质押或者以其他方式处分，实际出资人以其对于股权享有实际权利为由，请求认定处分股权行为无效的，人民法院可以参照《民法典》第三百一十一条的规定处理。另外，《民法典》第三百一十一条规定，无处分权人将不动产或者动产转让给受让人的，所有权人有权追回；除法律另有规定外，符合下列情形的，受让人取得该不动产或者动产的所有权：（1）受让人受让该不动产或者动产时是善意的；（2）以合理的价格转让；（3）转让的不动产或者动产依照法律规定应当登记的已经登记，不需要登记的已经交付给受让人。

本案中，鲁某虽是甲公司的实际出资人，但其股权由范某代持。范某在公司登记机关被登记为甲公司股东，第三人韦某有理由相信范某享有处分权。司法实践中，名义股东未经实际出资人同意，擅自转让代持股权，实际股东主张处分行为无效的，通常需要举证证明第三人受让股权时明知转让人为名义股东，受让人不构成善意取得。否则，范某作为法定机关登记的股东，其与韦某签订的股权转让协议将会被人民法院认定有效。

当然，名义股东未经实际出资人同意而将股权转让的，实际出资人请求名义股东赔偿其因股权被转让而遭受的损失的，实践中通常能得到人民法院的支持。

【风险防范建议】

实务中，股权代持的常见法律风险包括以下几方面：

（1）股权代持协议存在易引发纠纷或被认定无效的风险：名义股东拒绝承认实际股东的股东地位，则会引发股权确认纠纷。如股权代持协议违反了《公务员法》《外商投资法》《证券法》及其他法律法规的强制性规定的，则股权代持协议存在被认定无效的风险。

（2）隐名股东无法显名，甚至无法向公司直接主张股东权益的风险：股权代持是一种委托法律关系，这种结构下的股权登记在名义股东名下，隐名股东未得到公司股东半数以上同意，不得登记为公司股东。另外，被代持的股权将被视为名义股东的财产，隐名股东无法直接向公司主张股东权益。

（3）名义股东滥用股东权利的风险：名义股东对外以自己的名义行使股东权利，如擅自转让股权、不予转付股权收益、违背实际出资人授意擅自作出股东决定等，都会损害实际出资人的权益。

（4）因名义股东原因，损害代持股权完整性和安全性的风险：实践中出现了大量因名义股东债务纠纷导致代持股权被冻结或执行。同时，因名义股东离异导致股权被作为共同财产予以分割，因死亡导致股权被作为继承财产被分割等纠纷也屡见不鲜。

（5）税务风险及其他或有风险。

关于如何防范上述法律风险，建议如下：

（1）尽量直接持股，能够自己直接持有公司的股权的，就不要委托他人代持股权。确需代持股权的，需要委托可信赖、征信良好的亲友等代持。

（2）请专业律师等提供法律支持，保证股权代持协议合法有效。否则，实际出资人将很可能无法依据该协议来确定自己实际出资人的地位，也很可能无法通过该协议来主张股东权利。

（3）争取实际出资人的股权取得公司其他股东的确认：实际出资人在投资时可以向其他股东进行披露，取得其他股东的签字确认，并可要求其他股东在股权代持协议上签字；确认在实际出资人需要时，其他股东配合进行股东显名登记。

（4）要求名义股东将代持股权向实际出资人质押，以防止名义股东的债务问题导致股权被其他债权人查封或执行等。

（5）实际出资人可以在代持协议中约定有权委派董、监、高参与公司经营，或约定由名义股东委托实际出资人或其指定的人员行使股东权利，委派高管人员等。

【法条链接】

《公司法》第三十二条 有限责任公司应当置备股东名册，记载下列事项：

（一）股东的姓名或者名称及住所；

（二）股东的出资额；

（三）出资证明书编号。

记载于股东名册的股东，可以依股东名册主张行使股东权利。

公司应当将股东的姓名或者名称向公司登记机关登记；登记事项发生变更的，

应当办理变更登记。未经登记或者变更登记的,不得对抗第三人。

《民法典》第三百一十一条　无处分权人将不动产或者动产转让给受让人的,所有权人有权追回;除法律另有规定外,符合下列情形的,受让人取得该不动产或者动产的所有权:

(一)受让人受让该不动产或者动产时是善意;

(二)以合理的价格转让;

(三)转让的不动产或者动产依照法律规定应当登记的已经登记,不需要登记的已经交付给受让人。

受让人依据前款规定取得不动产或者动产的所有权的,原所有权人有权向无处分权人请求损害赔偿。

当事人善意取得其他物权的,参照适用前两款规定。

《最高人民法院关于适用〈中华人民共和国公司法〉若干问题的规定(三)》第二十四条第一款　有限责任公司的实际出资人与名义出资人订立合同,约定由实际出资人出资并享有投资权益,以名义出资人为名义股东,实际出资人与名义股东对该合同效力发生争议的,如无法律规定的无效情形,人民法院应当认定该合同有效。

第二十五条　名义股东将登记于其名下的股权转让、质押或者以其他方式处分,实际出资人以其对于股权享有实际权利为由,请求认定处分股权行为无效的,人民法院可以参照民法典第三百一十一条的规定处理。

名义股东处分股权造成实际出资人损失,实际出资人请求名义股东承担赔偿责任的,人民法院应予支持。

106.股权转让协议未满足所附的生效条件,有效吗?

【情景案例】

2021年4月5日,甲公司与乙公司签订一份《股权转让协议》,约定:甲公司同意将其持有的丙公司10%的股权转让给乙公司,股权转让款为1000万元,乙公司应当于2021年4月30日前支付全部股权转让款;乙公司若未能按期支付股权转让款项,则须向甲公司支付违约金50万元;该协议在双方办理公证后生效。协议签订后,直至2021年5月3日,乙公司仍未支付股权转让款。经多次催收无果后,甲公司遂诉至法院,要求乙公司支付股权转让款1000万元及违约金50万元,合计1050万元。乙公司辩称,由于双方所签协议未办理公证,因此该协议未生效,其无须承担任何责任。

请问:乙公司的说法符合我国法律规定吗?

【案例分析】

本案涉及的是附生效条件的合同何时生效的问题。

根据我国《民法典》第四百六十五条的规定,依法成立的合同,受法律保护,对当事人具有法律约束力。根据该法第一百五十八条的规定,民事法律行为可以附条件;附生效条件的民事法律行为,自条件成就时生效。

本案中,甲公司与乙公司签订的《股权转让协议》,明确约定该协议在双方办理公证后生效。根据我国《民法典》的规定,附生效条件的合同,自条件成就时生效。因此,甲公司与乙公司签订的《股权转让协议》自双方签字盖章后依法成立,但需要按双方约定办理公证手续后方可生效。现《股权转让协议》尚未办理公证,合同尚未生效。故乙公司并无义务向甲公司支付股权转让款及违约金,乙公司的说法符合我国法律的规定。

需要强调的是,如果合同一方当事人为自己的利益,拒不办理或不配合办理《股权转让协议》的公证手续,不正当地阻止条件成就的,《股权转让协议》的生效条件可视为已成就,《股权转让协议》可依法生效。则股权转让方与受让方应当按照约定,行使权利,履行义务;违反约定的应承担违约责任。

【风险防范建议】

附生效条件的民事法律行为,在实践中并不少见,如果操作不当,容易产生法律风险。关于如何降低法律风险,建议如下:

(1)绝大部分合同成立后即生效,也有部分合同成立后需待一定条件具备后方可生效。附生效条件的合同,在所附条件未成就时,合同并未生效,此时合同的效力处于一种待定状态,增加了合同的不稳定性和风险。因此,签订合同时,除非确有必要,否则,应尽量少约定或不约定合同生效的特别条件。

(2)如合同约定了生效的条件,则合同当事人应当在合同签订后,及时关注合同生效的条件是否具备或满足,并及时按照约定履行或督促合同相对方完成合同备案、审批或公证等为合同生效所约定的义务。并防范合同当事人为自己的利益不正当地阻止条件成就或不正当地促成条件成就等违背诚信的行为。

【法条链接】

《民法典》第一百五十八条 民事法律行为可以附条件,但是根据其性质不得附条件的除外。附生效条件的民事法律行为,自条件成就时生效。附解除条件的民事法律行为，自条件成就时失效。

第一百五十九条　附条件的民事法律行为，当事人为自己的利益不正当地阻止条件成就的，视为条件已经成就；不正当地促成条件成就的，视为条件不成就。

第四百六十五条　依法成立的合同，受法律保护。

依法成立的合同，仅对当事人具有法律约束力，但是法律另有规定的除外。

107. 当事人为不承担债务而转让股权的行为有效吗？

【情景案例】

A公司成立于2019年3月，由甲与乙共同创办，注册资本1000万元，甲实缴出资800万元持股80%，乙实缴出资200万元持股20%。甲为公司执行董事，负责公司经营；乙为公司监事，不参与公司经营。乙因欠丙500万元无力偿还，被丙于2021年5月8日诉至法院。2021年8月9日，法院作出要求乙返还丙500万元及利息的判决。判决书生效后，乙与丁签订了一份《股权转让协议》，约定乙将持有A公司20%的股权转让给丁，转让价款为400万元。之后，由于乙无其他财产可供执行，导致丙的债权无法实现。

请问：乙与丁签订的《股权转让协议》有效吗？

【案例分析】

本案涉及的是债务履行期间，债务人转让股权的效力认定问题。

根据我国《民法典》第一百五十四条的规定，合同当事人恶意串通，损害他人利益订立合同的行为无效。根据该法第五百三十九条的规定，债务人以明显不合理的低价转让财产，对债权人造成损害，并且受让人知道该情形的，债权人也可以请求人民法院撤销债务人的行为。

本案中，人民法院的判决生效后，乙将所持有的公司股权转让给丁，如果有证据证明在股权转让的过程中乙与丁恶意串通，以逃避债务为目的转让股权，则丙可以请求人民法院确认《股权转让协议》无效。如果在股权转让时乙以不合理的低价将股权转让给丁，对丙的债权造成损害，并且受让人丁知道该情形的，则丙可以请求人民法院撤销乙与丁签订的《股权转让协议》。结合本案的实际情况，乙与丁并未串通转移资产，也未以明显不合理的低价转让股权，故乙与丁签订的《股权转让协议》应为有效。

【风险防范建议】

在人民法院判决裁定生效后，债务人转移财产，存在哪些法律风险呢？主要有以下几方面：

（1）债务人转让或转移财产的行为可能会被撤销：债务人放弃其到期债权或者无偿转让财产，或债务人以明显不合理的低价转让财产，对债权人造成损害的，债权人有权请求人民法院撤销债务人转让财产的行为。

（2）债务人存在被人民法院法采取民事强制措施的风险：人民法院的判决生效后，债务人未如实申报财产或转移财产的，存在被人民法院采取罚款、拘留等民事强制措施的风险。

（3）债务人被追究刑事责任的风险：债务人对人民法院的判决、裁定有能力执行而拒不执行，或恶意转移财产情节严重的，存在被追究拒不执行判决裁定罪，或非法处置查封、扣押、冻结的财产罪的刑事法律风险。

（4）人民法院的裁判生效后，负有履行义务的当事人应主动履行。在法院执行期间应如实申报财产，积极履行判决裁定规定的义务，切勿转移、隐匿或毁损财产，以防范相关法律风险。

【法条链接】

《民法典》第一百四十六条 行为人与相对人以虚假的意思表示实施的民事法律行为无效。

以虚假的意思表示隐藏的民事法律行为的效力，依照有关法律规定处理。

第一百五十四条 行为人与相对人恶意串通，损害他人合法权益的民事法律行为无效。

第五百三十九条 债务人以明显不合理的低价转让财产、以明显不合理的高价受让他人财产或者为他人的债务提供担保，影响债权人的债权实现，债务人的相对人知道或者应当知道该情形的，债权人可以请求人民法院撤销债务人的行为。

第五百四十一条 撤销权自债权人知道或者应当知道撤销事由之日起一年内行使。自债务人的行为发生之日起五年内没有行使撤销权的，该撤销权消灭。

《公司法》第七十一条 有限责任公司的股东之间可以相互转让其全部或者部分股权。

股东向股东以外的人转让股权，应当经其他股东过半数同意。股东应就其股权转让事项书面通知其他股东征求同意，其他股东自接到书面通知之日起满三十日未答复的，视为同意转让。其他股东半数以上不同意转让的，不同意的股东应当购买该转让的股权；不购买的，视为同意转让。

经股东同意转让的股权，在同等条件下，其他股东有优先购买权。两个以上股东主张行使优先购买权的，协商确定各自的购买比例；协商不成的，按照转让时各自的出资比例行使优先购买权。

公司章程对股权转让另有规定的，从其规定。

《刑法》第三百一十三条 对人民法院的判决、裁定有能力执行而拒不执行，情节严重的，处三年以下有期徒刑、拘役或者罚金；情节特别严重的，处三年以上七年以下有期徒刑，并处罚金。

单位犯前款罪的，对单位判处罚金，并对其直接负责的主管人员和其他直接责任人员，依照前款的规定处罚。

第三百一十四条 隐藏、转移、变卖、故意毁损已被司法机关查封、扣押、冻结的财产，情节严重的，处三年以下有期徒刑、拘役或者罚金。

108. 股权转让合同约定转让方无须向受让方开具发票的条款，有效吗？

【情景案例】

2021 年 5 月 15 日，甲公司与乙公司签订一份《股权转让协议》，约定甲公司将所持丙公司 20% 的股权转让给乙公司，股权转让总价款为 2000 万元；股权转让款应当在合同签订后 5 日内支付。该协议第五条第二款约定：无论在任何情况下，甲公司都无须为本协议项下的任何股权转让价款向乙公司提供任何形式的发票，但需出具收据或收条。2021 年 5 月 18 日，乙公司按约定向甲公司银行账户转入 2000 万元股权转让款，甲公司于 2021 年 5 月 20 日出具收条，注明收到甲公司股权转让款共计 2000 万元。之后，乙公司因财务做账需要发票，遂要求甲公司出具发票，但遭到拒绝。协商无果后，乙公司遂诉至法院，以双方约定不开具发票条款属于无效条款为由，要求甲公司依法开具发票。

请问：乙公司的请求能得到法院支持吗？

【案例分析】

本案涉及的是股权转让是否需要开具增值税发票的问题。

根据我国《民法典》第一百五十三条的规定，违反法律、行政法规的强制性规定的民事法律行为无效。该法第一百五十四条规定，行为人与相对人恶意串通，损害他人合法权益的民事法律行为无效。《增值税暂行条例》第一条规定，“在中华人民共和国境内销售货物或者加工、修理修配劳务（以下简称劳务），销售服务、无形资产、不动产以及进口货物的单位和个人，为增值税的纳税人，应当依照本条例缴纳增值税”。另外，根据财政部、国家税务总局《营业税改征增值税试点有关事项的规定》第一条第（三）项的规定，金融商品转让，不得开具增值税专用发票。

本案中，甲公司与乙公司签订《股权转让协议》，约定甲公司无须就股权转让价款向乙公司提供任何形式的发票。前述约定如果系甲乙双方串通，以规避相关税款为目的而作该约定的，则该条款因损害国家利益可能会被认定无效。如双方并不存在前述情况，《股权转让协议》约定甲公司无须就股权转让价款开具发票，并不违反法律法规的强制性规定。因股权转让行为，实质是一种投资行为，并不是企业的经营行为，股权转让并非《增值税暂行条例》规定的应税行为。根据《财政部、国家税务总局关于全面推开营业税改征增值税试点的通知》附件二《营业税改征增值税试点有关事项的规定》第一条第（三）项的规定，金融商品转让，不得开具增值税专用发票。因此，《股权转让协议》如不存在法定无效的情形，乙公司的请求将无法得到法院的支持。

【风险防范建议】

实践中，股权转让的当事人为了少缴或不缴纳所得税等税款，签订虚假合同，存在诸多法律风险，具体如下：

（1）股权转让双方签订虚假合同或“阴阳合同”，存在股权转让协议部分条款无效，甚至整个合同被认定为无效的风险。

（2）股权转让的当事人为了少缴或不缴纳所得税等，签订虚假合同，存在被税务机关追缴相关税款及滞纳金，并处罚款等行政处罚的风险。

（3）股权转让可在合法的范畴内，由律师、税务专家进行交易结构及框架的设计，合理合法节税，不可违法偷逃税。

【法条链接】

《民法典》第一百五十三条第一款 违反法律、行政法规的强制性规定的民事法律行为无效。但是，该强制性规定不导致该民事法律行为无效的除外。

第一百五十四条 行为人与相对人恶意串通，损害他人合法权益的民事法律行为无效。

《增值税暂行条例》第一条 在中华人民共和国境内销售货物或者加工、修理修配劳务（以下简称劳务），销售服务、无形资产、不动产以及进口货物的单位和个人，为增值税的纳税人，应当依照本条例缴纳增值税。

《财政府、国家税务总局关于全面推开营业税改征增值税试点的通知》之附件二《营业税改征增值税试点有关事项的规定》一、营改增试点期间，试点纳税人［指按照《营业税改征增值税试点实施办法》缴纳增值税的纳税人］有关政策

……

(三)销售额。

1. 贷款服务,以提供贷款服务取得的全部利息及利息性质的收入为销售额。

2. 直接收费金融服务,以提供直接收费金融服务收取的手续费、佣金、酬金、管理费、服务费、经手费、开户费、过户费、结算费、转托管费等各类费用为销售额。

3. 金融商品转让,按照卖出价扣除买入价后的余额为销售额。

转让金融商品出现的正负差,按盈亏相抵后的余额为销售额。若相抵后出现负差,可结转下一纳税期与下期转让金融商品销售额相抵,但年末时仍出现负差的,不得转入下一个会计年度。

金融商品的买入价,可以选择按照加权平均法或者移动加权平均法进行核算,选择后36个月内不得变更。

金融商品转让,不得开具增值税专用发票。

……

109. 通过股权转让方式转让土地使用权,有效吗?

【情景案例】

甲公司系乙公司的子公司,乙公司持有甲公司100%的股权。甲公司最重要的资产是拥有一宗80亩的建设用地使用权,该土地使用权系通过某市土地交易中心招拍挂取得的。2021年4月9日,丙公司为取得该土地使用权,与乙公司签订一份《股权转让协议》,约定:乙公司将所持甲公司100%的股权转让给丙公司,股权转让价款为8000万元;丙公司首付定金人民币1000万元,合同生效后3天日内付第一笔款3500万元,1个月内付第二笔款3500万元。合同签订后,丙公司按约定在1个月内支付了所有股权转让款。之后,双方到市场监督管理部门办理了股权变更登记,丙公司成为甲公司新的股东,持股100%。

请问:丙公司通过股权转让方式获取甲公司的土地使有权,有效吗?

【案例分析】

本案涉及的是当事人以股权转让形式,实现取得土地使用权的合同效力认定问题。

根据我国《公司法》第七十一条的规定,有限责任公司的股东之间可以相互转让其全部或者部分股权。股东向股东以外的人转让股权,应当经其他股东过半数同意。同时,《民法典》第一百四十六条规定,行为人与相对人以虚假的意思表示实施的民事法律行为无效。以虚假的意思表示隐藏的民事法律行为的效力,依照有关法律规定处理。

本案中，丙公司通过股权转让控制甲公司的方式开发使用涉案土地，属于商事交易中的投资行为。以股权转让方式取得土地使用权有别于直接的土地使用权转让，案涉土地使用权并未发生流转，仍处于甲公司名下，故不能当然认定该股权转让行为系土地使用权的转让，不应纳入土地管理法律法规的审查范畴，而应依据《公司法》有关股权转让的规定对该协议进行审查。本案中《股权转让协议》系双方当事人真实意思表示，在无效力性强制性规范对协议条款中的合同义务予以禁止的前提下，《股权转让协议》应为合法有效。

需要强调的是，实践中股权转让行为和房地产交易行为应分别课以不同的税收，这属于税务部门的职能范畴，对当事人需如何缴纳税款亦应由税务部门根据实际发生的行为作出相应认定和处理，并不属于司法裁判的范畴。

【风险防范建议】

在实践中，当事人通过股权转让的方式取得项目公司的控制权，从而取得相应的土地使用权，存在的法律风险主要有：

（1）关于“名为股权转让，实为资产转让”的协议效力问题，在司法实践中仍存在一定的争议和分歧，存在相关条款因涉嫌偷逃国家税收而被认定无效的风险。

（2）在实务中，有地方税务部门将特定条件下的股权转让交易视为房地产转让，并要求相关方按照房地产转让缴纳土地增值税等相关税款的风险，股权转受让双方又易因税款承担等事项产生相关纠纷。

（3）通过股权转让方式实现对土地使用权的转让，有可能触犯非法转让、倒卖土地使用权的刑事法律风险。

关于如何防范上述法律风险，建议如下：

（1）合法合规搭建交易架构，聘请专业律师、财税专家对股权转让、资产转让所涉税收及相关法律风险，结合项目特点等进行全面调查和评估，依法合规确定交易框架。

（2）通过股权转让的交易结构进行房地产转让，在确保股权转让不存在其他效力瑕疵的情况之下，还应在相关交易文件中充分凸显其股权转让的性质与特征，以防范被司法机关、税务部门认定为房地产转让合同的风险。

（3）在股权转让协议及相关文件中，建议就股权转让税费承担及交易如被税务机关认定为资产转让所涉税费的承担等事项作出明确约定，以防止双方相互推诿等导致纠纷的发生。

(4)在实践操作中,即便通过股权转让的方式实现对项目公司土地使用权的控制,亦应本着严格控制风险的原则,审慎核查土地使用权是否满足转让的基本条件,转受让双方是否满足转让条件,以防控相关法律风险。

【法条链接】

《公司法》第七十一条　有限责任公司的股东之间可以相互转让其全部或者部分股权。

股东向股东以外的人转让股权,应当经其他股东过半数同意。股东应就其股权转让事项书面通知其他股东征求同意,其他股东自接到书面通知之日起满三十日未答复的,视为同意转让。其他股东半数以上不同意转让的,不同意的股东应当购买该转让的股权;不购买的,视为同意转让。

经股东同意转让的股权,在同等条件下,其他股东有优先购买权。两个以上股东主张行使优先购买权的,协商确定各自的购买比例;协商不成的,按照转让时各自的出资比例行使优先购买权。

公司章程对股权转让另有规定的,从其规定。

《民法典》第一百四十六条　行为人与相对人以虚假的意思表示实施的民事法律行为无效。

以虚假的意思表示隐藏的民事法律行为的效力,依照有关法律规定处理。

《城市房地产管理法》第三十九条　以出让方式取得土地使用权的,转让房地产时,应当符合下列条件:

(一)按照出让合同约定已经支付全部土地使用权出让金,并取得土地使用权证书;

(二)按照出让合同约定进行投资开发,属于房屋建设工程的,完成开发投资总额的百分之二十五以上,属于成片开发土地的,形成工业用地或者其他建设用地条件。

转让房地产时房屋已经建成的,还应当持有房屋所有权证书。

《刑法》第二百二十八条　以牟利为目的,违反土地管理法规,非法转让、倒卖土地使用权,情节严重的,处三年以下有期徒刑或者拘役,并处或者单处非法转让、倒卖土地使用权价额百分之五以上百分之二十以下罚金;情节特别严重的,处三年以上七年以下有期徒刑,并处非法转让、倒卖土地使用权价额百分之五以上百分之二十以下罚金。

《土地增值税暂行条例》第二条　转让国有土地使用权、地上的建筑物及其附着物(以下简称转让房地产)并取得收入的单位和个人,为土地增值税的纳税义务人(以下简称纳税人),应当依照本条例缴纳土地增值税。

110. 转让人以股东会不同意股权转让为由反悔,股权转让协议有效吗?

【情景案例】

A公司成立于2015年7月,由苏某与潘某等5人共同创办,注册资本1000万元,潘某出资100万元持股10%;潘某系A公司投资人,不参与公司经营。2021年3月1日,潘某与葛某签订一份《股权转让合同》,约定:潘某将所持A公司10%的股权转让给葛某,转让价款为300万元。2021年3月3日,葛某通过银行转账方式给潘某支付了股权转让款,潘某出具了收据。2021年3月4日,B公司发出愿意以1亿元全面收购A公司的函,潘某得知此消息后便不想将股权转让给葛某。之后,潘某以股东会不同意股权转让为由不配合葛某办理股权变更,并称双方所签订协议未经股东会同意,系无效合同。

请问:潘某的说法符合我国法律规定吗?

【案例分析】

本案涉及的是未经其他股东过半数同意,对股东以外的人转让股权的合同是否生效的问题。

根据我国《公司法》第七十一条的规定,有限公司的股东向股东以外的人转让股权,应当经其他股东过半数同意。经股东同意转让的股权,在同等条件下,其他股东有优先购买权。《民法典》第五百零二条第一款规定,依法成立的合同,自成立时生效,但是法律另有规定或者当事人另有约定的除外。

本案中,潘某未经其他股东过半数同意或者行使优先购买权,便与葛某签订《股权转让合同》,虽然该合同为双方当事人真实意思表示,但该合同要产生当事人预期的法律效果,必须符合《公司法》和公司章程的规定。潘某与葛某签订的《股权转让合同》,未经公司其他股东过半数同意,虽然该合同自双方签字后成立,但并未生效,《股权转让合同》的效力待定。只有公司其他股东过半数同意,并放弃优先购买权,《股权转让合同》方能依法生效,并得到法律的保护。因此,潘某称《股权转让合同》系无效合同,并不符合我国法律规定。但未经公司其他股东过半数同意之前,案涉《股权转让合同》并未生效。

【风险防范建议】

关于公司股东向股东以外的人转让股权,如何防范股权转让所涉程序的法律

风险,具体建议如下:

(1)在进行股权转让前,首先应认真核查公司章程、股东协议及股东会决议等相关文件对公司股东对外转让股权是否有前置程序、限制条件等特别规定,并根据公司章程及相关约定审慎安排股权转让相关程序。

(2)在签订股权转让协议之前,转让方应向公司其他股东发出书面或者其他能够确认收悉的合理方式,征询其他股东是否同意对外转让股权的意见,并至少应给予其他股东30日的答复期。

(3)在公司过半数的股东同意对外转让股权时,转让方应将拟转让股权的数量、价款、支付方式及期限等条件告知其他股东,并给予合理、明确的优先购买权行使期限。

(4)对股东以外的人转让股权,转受让双方就股权转让达成一致后,可先签订意向合同或预约合同,或在股权转让协议中明确约定以公司其他股东过半数同意,且公司相关股东放弃优先购买权为先决条件或生效要件,使双方对合同生效等事项有明确认知和预期,以防范相关风险。

【法条链接】

《公司法》第七十一条　有限责任公司的股东之间可以相互转让其全部或者部分股权。

股东向股东以外的人转让股权,应当经其他股东过半数同意。股东应就其股权转让事项书面通知其他股东征求同意,其他股东自接到书面通知之日起满三十日未答复的,视为同意转让。其他股东半数以上不同意转让的,不同意的股东应当购买该转让的股权;不购买的,视为同意转让。

经股东同意转让的股权,在同等条件下,其他股东有优先购买权。两个以上股东主张行使优先购买权的,协商确定各自的购买比例;协商不成的,按照转让时各自的出资比例行使优先购买权。

公司章程对股权转让另有规定的,从其规定。

《民法典》第五百零二条　依法成立的合同,自成立时生效,但是法律另有规定或者当事人另有约定的除外。

依照法律、行政法规的规定,合同应当办理批准等手续的,依照其规定。未办理批准等手续影响合同生效的,不影响合同中履行报批等义务条款以及相关条款的效力。应当办理申请批准等手续的当事人未履行义务的,对方可以请求其承担违反该义务的责任。

依照法律、行政法规的规定,合同的变更、转让、解除等情形应当办理批准等手续的，适用前款规定。

《最高人民法院关于适用〈中华人民共和国公司法〉若干问题的规定（四）》第十七条 有限责任公司的股东向股东以外的人转让股权，应就其股权转让事项以书面或者其他能够确认收悉的合理方式通知其他股东征求同意。其他股东半数以上不同意转让，不同意的股东不购买的，人民法院应当认定视为同意转让。

经股东同意转让的股权，其他股东主张转让股东应当向其以书面或者其他能够确认收悉的合理方式通知转让股权的同等条件的，人民法院应当予以支持。

经股东同意转让的股权，在同等条件下，转让股东以外的其他股东主张优先购买的，人民法院应当予以支持，但转让股东依据本规定第二十条放弃转让的除外。

第二十一条 有限责任公司的股东向股东以外的人转让股权，未就其股权转让事项征求其他股东意见，或者以欺诈、恶意串通等手段，损害其他股东优先购买权，其他股东主张按照同等条件购买该转让股权的，人民法院应当予以支持，但其他股东自知道或者应当知道行使优先购买权的同等条件之日起三十日内没有主张，或者自股权变更登记之日起超过一年的除外。

前款规定的其他股东仅提出确认股权转让合同及股权变动效力等请求，未同时主张按照同等条件购买转让股权的，人民法院不予支持，但其他股东非因自身原因导致无法行使优先购买权，请求损害赔偿的除外。

股东以外的股权受让人，因股东行使优先购买权而不能实现合同目的的，可以依法请求转让股东承担相应民事责任。

111. 股权未办理变更再次转让，有效吗？

【情景案例】

2019 年 7 月 1 日，甲公司与范某签订一份《股权转让协议》，约定：范某将所持有的乙公司 70% 的股权转让给甲公司，转让价款为 200 万元，双方约定于 2019 年 7 月 31 日前办理股权变更手续。2019 年 7 月 3 日，甲公司给范某支付股权转让款 200 万元。彭某是范某的表弟，其得知范某转股事宜后，表示愿意以 280 万元受让其所持乙公司 70% 的股权。2019 年 7 月 10 日，范某将已转让给甲公司的股权再次转让给彭某。甲公司得知后，于 2019 年 7 月 20 日向法院提起诉讼，要求确认甲公司与范某签订的《股权转让协议》合法有效，范某与彭某签订的转让合同无效。范某辩称，股权未办理变更登记，只要其愿意给甲公司退还 200 万元股权转让款及利息，其可以再次转让该股权。

请问：范某的说法符合我国法律规定吗？

【案例分析】

本案涉及股权“一权多卖”的法律问题，即股权转让后，股东再次将股权转让他人的效力认定问题。

根据我国《公司法》第三十二条第三款的规定，公司登记事项发生变更的，应当办理变更登记。未经登记或者变更登记的，不得对抗第三人。根据《最高人民法院关于适用〈中华人民共和国公司法〉若干问题的规定(三)》第二十七条的规定，股权转让后尚未向公司登记机关办理变更登记，原股东将仍登记于其名下的股权转让，受让股东以其对于股权享有实际权利为由，请求认定处分股权行为无效的，人民法院可以参照《民法典》第三百一十一条的规定处理。根据《民法典》第三百一十一条的规定，无处分权人将不动产或者动产转让给受让人的，所有权人有权追回；除法律另有规定外，符合善意取得情形的，受让人取得该不动产或者动产的所有权。

本案中，范某将所持有的乙公司的股权转让给甲公司，双方签订的《股权转让协议》并不违反法律规定，应为合法有效。合同签订后，彭某明知范某已将股权转让给他人，愿以更高的价格受让股权，范某遂以较高价格将股权再次转让给彭某，并签订《股权转让协议》。范某的做法明显违反了诚实信用的基本原则，彭某明知范某已将股权转让给他人，仍受让案涉股权，并不符合善意取得的法律规定。因此，范某以股权未办理变更登记，只要退还股权转让款及利息，就可以再次转让股权的说法并不符合法律的规定。范某应当配合甲公司办理股权变更登记手续。

【风险防范建议】

关于如何防范股权转让过程中“一权多卖”的法律风险，建议如下：

(1)股权转让方与受让方签订《股权转让协议》时，建议将目标公司作为合同主体之一，共同在协议上签章。因目标公司负有办理股权变更登记相关义务，可防止转让方隐瞒真实情况“一权多卖”，导致目标公司不知情，而配合办理股权变更登记相关手续。

(2)可以采用股权转让预登记方式，即受让方在签订《股权转让协议》后，要求转让方将股权转让的信息在目标公司先进行备案或登记，有条件的可在市场监管部门进行预登记，以对抗第三人。

(3)《股权转让协议》签订后，应尽快办理股权变更登记相关手续，以防“夜长梦多”。同时《公司登记管理条例》第三十四条第一款规定，有限责任公司变更股东的，应当自变更之日起30日内申请变更登记。逾期办理，可能需要变更或重新签订《股权转让协议》等文件，将会增大股权转让的不确定性和法律风险。

(4)建议在《股权转让协议》中就转让方违约、配合办理股权变更，以及工商变更完成之前因转让方再次转让或质押股权，或因转让方原因导致股权被查封、冻结、拍卖等情形下的违约责任、损害赔偿责任作出明确约定。

【法条链接】

《民法典》第三百一十一条 无处分权人将不动产或者动产转让给受让人的，所有权人有权追回；除法律另有规定外，符合下列情形的，受让人取得该不动产或者动产的所有权：

(一)受让人受让该不动产或者动产时是善意；

(二)以合理的价格转让；

(三)转让的不动产或者动产依照法律规定应当登记的已经登记，不需要登记的已经交付给受让人。

受让人依据前款规定取得不动产或者动产的所有权的，原所有权人有权向无处分权人请求损害赔偿。

当事人善意取得其他物权的，参照适用前两款规定。

《公司法》第三十二条第三款 公司应当将股东的姓名或者名称向公司登记机关登记；登记事项发生变更的，应当办理变更登记。未经登记或者变更登记的，不得对抗第三人。

《最高人民法院关于适用〈中华人民共和国公司法〉若干问题的规定(三)》第二十七条 股权转让后尚未向公司登记机关办理变更登记，原股东将仍登记于其名下的股权转让、质押或者以其他方式处分，受让股东以其对于股权享有实际权利为由，请求认定处分股权行为无效的，人民法院可以参照民法典第三百一十一条的规定处理。

原股东处分股权造成受让股东损失，受让股东请求原股东承担赔偿责任、对于未及时办理变更登记有过错的董事、高级管理人员或者实际控制人承担相应责任的，人民法院应予支持；受让股东对于未及时办理变更登记也有过错的，可以适当减轻上述董事、高级管理人员或者实际控制人的责任。

《公司登记管理条例》第三十四条第一款 有限责任公司变更股东的，应当自变更之日起30日内申请变更登记，并应当提交新股东的主体资格证明或者自然人身份证明。

112. 受让人从无处分权人处善意受让股权，有效吗？

【情景案例】

A 公司系由甲和乙共同创办，甲出资 400 万元持股 80%，乙出资 100 万元持股 20%。甲担任公司执行董事兼总经理，负责公司的运营。2018 年 8 月 1 日，甲考虑到其弟弟丙经济困难，于是以 1 元的价格将其持有 A 公司 10% 的股权转让给其弟弟丙，并办理了股权变更登记手续。2021 年 8 月 3 日，甲由于资金周转困难，于是代丙与丁签订一份《股权转让协议》，将丙名下 10% 的股权以 160 万元的价格转让给丁。丁是甲的好友，其知道丙名下的股权系甲“赠与”丙的，且丙曾通过微信向其表示过：甲如果有需要，随时可就丙名下 10% 的 A 公司股权进行任何处置。于是，丁对甲以丙名义从事的股权转让行为予以认可，同时 A 公司为甲、丁双方及时办理了股权变更登记手续。丙得知此事后十分生气，遂诉至法院，请求确认丁受让股权的行为无效。

请问：丙的请求能得到法院支持吗？

【案例分析】

本案涉及的是受让人从无处分权人处善意受让股权相关股权转让协议的效力认定问题。

根据我国《民法典》第三百一十一条的规定，除法律另有规定外，符合下列情形的，受让人取得该不动产或者动产的所有权：(1)受让人受让该不动产或者动产时是善意；(2)以合理的价格转让；(3)转让的不动产或者动产依照法律规定应当登记的已经登记，不需要登记的已经交付给受让人。受让人依据前述规定取得不动产或者动产的所有权的，原所有权人有权向无处分权人请求损害赔偿。《最高人民法院关于适用〈中华人民共和国民法典〉物权编的解释(一)》第十四条第一款规定，受让人受让不动产或者动产时，不知道转让人无处分权，且无重大过失的，应当认定受让人为善意。

本案中，首先，案涉股权系甲“赠与”丙的，且丙表示过甲可对案涉股权进行任何处置。因此，丁完全有理由相信甲有权代为转让案涉股权，即丁受让案涉股权时是善意的。其次，案涉股权的转让价格为 160 万元，高于出资价格，且丙并无证据证明该股权转让价格低于股权现有价值，故可认定该股权转让对价是合理的。最后，A 公司已为双方办理了股权变更登记手续。因此，可以认定丁已经善意取得案涉股权，即丁从甲处受让股权的行为有效。故丙的请求不能得到法院支持。

【风险防范建议】

股权善意取得在实践中并不少见，如果操作不当，易产生法律风险。关于受让人如何降低法律风险、被侵权股东如何维权，建议如下：

(1)对于受让人，一方面，应尽可能与相关股东本人直接签署股权转让协议；另一方面，如确无法与股东本人签约，则应当提前与股东本人进行核实确认，并保留相关核实证据，或要求代理人出具授权委托书，以防无权处分情况的发生。

(2)对于被侵权股东，虽然无法要求确认股权转让行为无效，但依法有权向无处分权人请求损害赔偿。

【法条链接】

《民法典》第三百一十一条 无处分权人将不动产或者动产转让给受让人的，所有权人有权追回；除法律另有规定外，符合下列情形的，受让人取得该不动产或者动产的所有权：

(一)受让人受让该不动产或者动产时是善意；

(二)以合理的价格转让；

(三)转让的不动产或者动产依照法律规定应当登记的已经登记，不需要登记的已经交付给受让人。

受让人依据前款规定取得不动产或者动产的所有权的，原所有权人有权向无处分权人请求损害赔偿。

当事人善意取得其他物权的，参照适用前两款规定。

《最高人民法院关于适用〈中华人民共和国民法典〉物权编的解释(一)》第十四条第一款 受让人受让不动产或者动产时，不知道转让人无处分权，且无重大过失的，应当认定受让人为善意。

113. 公司发起人在禁售期内转让股权，有效吗？

【情景案例】

甲公司系一家股份有限公司，成立于2018年3月，马某是甲公司发起人之一，占有4%(800万股)的股份。2021年4月3日，马某与公司之外的苗某签订一份《股份转让协议》，约定：马某将其所持甲公司2%的股份(400万股)转让给苗某，转让价款为100万元。2021年4月6日，苗某按约定向马某支付了股权转让款。之后，马某与苗某共同要求甲公司配合办理股权变更登记手续时，遭到甲公司拒绝。甲公司认为，发起人持有本公司的股份，自公司成立之日起1年内不得转让，故马某与苗某签订的《股份转让协议》是无效的。

请问：甲公司的说法符合我国法律规定吗？

【案例分析】

本案涉及的是股权禁止转让期内达成的股份转让协议的效力认定问题。

根据我国《公司法》第一百四十一条第一款的规定，发起人持有的本公司股份，自公司成立之日起1年内不得转让。《民法典》第一百五十三条第一款规定，违反法律、行政法规的强制性规定的民事法律行为无效。但是，该强制性规定不导致该民事法律行为无效的除外。

本案中，马某在股份禁售期内与苗某签订的《股份转让协议》确与《公司法》关于发起人自公司成立之日起1年内不得转让股份的规定不符，但上述禁止性规定应指在限售期内不得发生股权转让的行为和实际效果。而且，本案中关于股份公司发起人1年内禁止转让股份的规定应为管理性强制性规定，并非效力性强制性规定。且该规定是针对股份转移设计的，并不针对合同效力。

另外，公司法规定发起人一年内不得转让其股份，主要是为了强化发起人责任，防止以公司设立为名，行资本炒作之实，损害公司及其他相关方的利益。如当事人之间只达成股份转让的合意，但未完成股份转让行为，也未实际交付股份，就不会引起股东身份和股权关系的变更，也不会减轻发起人的责任。因此，发起人与他人订立的转让股份的协议，仅在当事人之间有约束力，且股份转让的效果也只能在禁止转让期满后才能产生。故甲公司认为案涉《股份转让协议》无效的说法，并不符合法律法规的规定。

【风险防范建议】

关于发起人转让其持有的公司股份，如何防范相关法律风险，建议如下：

（1）股份有限公司的股东在禁止转让期内转让股份，要注意协议内容的特殊约定，应特别约定在禁售期满后交付股份，并进行股份变更，以避免股份转让协议因禁止转让期限制而无法落实，引发纠纷和矛盾。

（2）发起人在股份禁止转让期届满前与受让人签订股份转让协议的，亦可签订预约协议，或在转让协议中明确约定为附期限生效合同，并将协议生效时间定于股份禁止转让期届满之后。

（3）股份禁止转让期内，受让人对签订《股份转让协议》应采取审慎态度，尽量约定在股份禁止转让期满后再支付股份转让价款或者由转让方提供其他担保措施。

（4）《股份转让协议》的签署日期与股份变更日期存在一定的时间间隔，双方都应当设置严格的违约条款以保证合同的履行。

（5）如非必要，尽量等到法律规定的股份禁止转让期届满后，再转让股份或与受让人签订股权转让协议。

【法条链接】

《公司法》第一百四十一条第一款　发起人持有的本公司股份，自公司成立之日起一年内不得转让。公司公开发行股份前已发行的股份，自公司股票在证券交易所上市交易之日起一年内不得转让。

《民法典》第一百四十三条　具备下列条件的民事法律行为有效：

（一）行为人具有相应的民事行为能力；

（二）意思表示真实；

（三）不违反法律、行政法规的强制性规定，不违背公序良俗。

第一百五十三条　违反法律、行政法规的强制性规定的民事法律行为无效。但是，该强制性规定不导致该民事法律行为无效的除外。

违背公序良俗的民事法律行为无效。

第一百五十六条　民事法律行为部分无效，不影响其他部分效力的，其他部分仍然有效。

114. 发起人在禁售期内签订的于禁售期后办理过户手续的股份转让合同有效吗？

【情景案例】

A公司成立于2020年3月，系一家股份有限公司，注册资金5000万元人民币。马某是A公司的发起人，出资500万元，占公司股份比例为10%。马某由于资金周转困难，于2021年2月1日与方某签订一份《股份转让协议》，约定：马某将其所持A公司5%的股份转让给方某，转让价款为300万元；所转让股份在禁售期内由马某代为持有，并在禁售期后办理过户手续。2021年2月5日，方某按约定给马某支付股份转让款。2021年6月10日，方某要求马某办理过户手续，但马某只同意退款，不同意办理过户手续。马某认为，双方于2021年2月1日签订的协议违反法律强制性规定，系无效合同。对此，方某十分生气，因为A公司的市场估值已达10亿元，无奈之下，方某将马某诉至法院。

请问：马某的说法符合我国法律规定吗？

【案例分析】

本案涉及的是股份禁售期内签订，并约定在禁售期满后办理过户的股份转让协议的效力认定问题。

根据我国《公司法》第一百四十一条第一款的规定，发起人持有的本公司股份，自公司成立之日起1年内不得转让。《民法典》第一百五十三条第一款规定，违反法律、行政法规的强制性规定的民事法律行为无效。但是，该强制性规定不导致该民事法律行为无效的除外。

本案中，马某在股份禁售期内与方某签订《股份转让协议》，约定禁售期满后再行办理股份过户手续。该约定违反了《公司法》的规定，但本案中关于股份公司发起人在禁售期内转让股份的规定应为管理性强制性规定，并非效力性强制性规定。且该规定是针对股份转移而设的，并不针对合同效力。

本案中，马某与方某虽达成股份转让的合意，但股份转让并未依法完成，也未进行股权变更登记，方某并未登记在公司股东名册，并不会引起股东身份和股权关系的变更。因此，发起人与他人订立的转让股份的协议，仅在当事人之间有约束力，且股份转让的效果也只能在禁售期满后才能产生。故马某认为禁售期内签订的股份转让协议违反我国法律强制性规定系无效合同的说法，并不符合法律法规的规定。

【风险防范建议】

关于禁售期内转让发起人持有的公司股份，如何防范法律风险，建议如下：

（1）股份有限公司的股东在禁售期内转让股份，要注意协议内容的特殊约定，应特别约定在禁售期满后交付股份，并进行股份变更，以避免股份转让协议因禁售期限制而无法落实，引发纠纷和矛盾。

（2）股份禁售期内，受让人可与转让方就股份转让签订意向书、预约合同或附期限股份转让合同，约定在股份禁售期满后签订《股份转让协议》，或约定股份禁售期满后附期限股份转让合同立即生效。同时受让方应在股份禁售期满后股份交割时再支付股份转让价款。

（3）为了避免夜长梦多，股份转受让双方尽量等到法律规定的股份禁售期届满后，再签订股份转让协议或转让股份。

【法条链接】

《公司法》第一百四十一条第一款 发起人持有的本公司股份，自公司成立之日起一年内不得转让。公司公开发行股份前已发行的股份，自公司股票在证券交易所上市交易之日起一年内不得转让。

《民法典》第一百四十三条 具备下列条件的民事法律行为有效：

（一）行为人具有相应的民事行为能力；

（二）意思表示真实；

（三）不违反法律、行政法规的强制性规定，不违背公序良俗。

第一百五十三条 违反法律、行政法规的强制性规定的民事法律行为无效。但是，该强制性规定不导致该民事法律行为无效的除外。

违背公序良俗的民事法律行为无效。

第一百五十六条 民事法律行为部分无效，不影响其他部分效力的，其他部分仍然有效。

第一百六十条 民事法律行为可以附期限，但是根据其性质不得附期限的除外。附生效期限的民事法律行为，自期限届至时生效。附终止期限的民事法律行为，自期限届满时失效。

115. 股权转让合同对公司资产归属作出的约定，有效吗？

【情景案例】

甲公司于2017年5月20日成立，注册资本1000万元，由任某、袁某与柳某共同创办，分别持股50%、30%、20%，任某担任公司执行董事，袁某担任公司监事，柳某担任公司技术总监。在工作期间，柳某为履行职责设计出名称为“××加湿器”的外观设计专利。之后，由甲公司作为专利权人申请该外观设计专利并获得授权，专利证书记载专利设计人为柳某，专利权人为甲公司。2021年3月8日，柳某与任某签订一份《股权转让合同》，约定：柳某将所持甲公司20%的股权以200万元转让给任某；“××加湿器”的外观设计专利权归柳某所有。2021年6月6日，柳某得知甲公司继续使用“××加湿器”的外观设计专利，于是要求其缴纳专利许可费用，但遭到袁某拒绝。袁某认为，“××加湿器”的外观设计专利权归甲公司所有，柳某与任某签订《股权转让协议》对甲公司资产进行处分的条款，是无效的。

请问：袁某的说法符合我国法律规定吗？

【案例分析】

本案涉及的是股东私自处分公司财产的股权转让协议条款的效力认定问题。

根据我国《专利法》第六条第一款的规定，执行本单位的任务或者主要是利用本单位的物质技术条件所完成的发明创造为职务发明创造。职务发明创造申请专利的权利属于该单位；申请被批准后，该单位为专利权人。《民法典》第二百四十条规定，所有权人对自己的不动产或者动产，依法享有占有、使用、收益和处分的权利。根据该法第三百一十一条的规定，无处分权人将不动产或者动产转让给受让人的，所有权人有权追回。

本案中，案涉外观设计专利的设计人虽然为柳某，但该专利是柳某为履行职责（执行甲公司任务）所设计，依法应属于职务发明创造，专利权人应为甲公司，即该专利属于甲公司资产。既然案涉专利系公司资产，任某作为甲公司股东，无权对公司的资产擅自进行处分。因此，柳某与任某签订的《股权转让协议》对案涉专利进行处分的条款是无效的。因此，袁某的说法符合我国法律规定。

【风险防范建议】

关于类似情况下如何防范相关法律风险，建议如下：

（1）在拟定股权转让协议条款前，建议对相关拟转让专利是否属于职务发明创造、专利权属登记等情况进行调查了解，以防范因转让方无处分权导致的相关法律风险。

（2）在股权转让协议中就因转让方无专利处分权导致专利转让无效的情况约定相关违约责任，以方便实现后续的权益救济。

【法条链接】

《专利法》第六条第一款　执行本单位的任务或者主要是利用本单位的物质技术条件所完成的发明创造为职务发明创造。职务发明创造申请专利的权利属于该单位，申请被批准后，该单位为专利权人。该单位可以依法处置其职务发明创造申请专利的权利和专利权，促进相关发明创造的实施和运用。

《民法典》第二百四十条　所有权人对自己的不动产或者动产，依法享有占有、使用、收益和处分的权利。

第三百一十一条第一款　无处分权人将不动产或者动产转让给受让人的，所有权人有权追回；除法律另有规定外，符合下列情形的，受让人取得该不动产或者动产的所有权：

（一）受让人受让该不动产或者动产时是善意；

（二）以合理的价格转让；

（三）转让的不动产或者动产依照法律规定应当登记的已经登记，不需要登记的已经交付给受让人。

116. 当事人在股权转让协议中签订“对赌协议”条款，有效吗？

【情景案例】

甲公司成立于2015年3月，注册资本5000万元，鲍某持股80%，担任甲公司董事长。2021年1月1日，鲍某与某投资公司签订一份《股权转让协议》，约定：鲍某将所持甲公司20%的股权转让给某投资公司，转让价款为8000万元；某投资公司受让股权后，如果甲公司2021年7月1日前无法实现IPO合格上市目标，鲍某应当在30个工作日内，按照年5%的溢价回购某投资公司所持有目标公司的股权。2021年8月2日，甲公司未能实现IPO上市目标，鲍某也未依约履行回购义务，某投资公司遂诉至法院，要求鲍某按协议约定回购其所持甲公司的股权。鲍某认为，双方协议中约定的“对赌协议”条款是无效的，因此其无须回购某投资公司的股权。

请问：鲍某的说法符合我国法律规定吗？

【案例分析】

本案涉及的是投资方与目标公司股东在股权转让协议中订立的“对赌协议”条款的效力认定问题。

我国《公司法》第七十一条第一款规定，有限责任公司的股东之间可以相互转让其全部或者部分股权。根据《全国法院民商事审判工作会议纪要》的规定，对于投资方与目标公司的股东或者实际控制人订立的“对赌协议”，如无其他无效事由，认定有效并支持实际履行，实践中并无争议。

本案中，鲍某原持有甲公司80%股权，将其所持甲公司20%的股权转让给某投资公司后，鲍某仍持有甲公司60%股权，即仍为甲公司股东。既然双方均为甲公司股东，鲍某与某投资公司依法可以相互转让其全部或者部分股权。案涉“对赌协议”的订立主体为投资方与目标公司的股东，根据《全国法院民商事审判工作会议纪要》的前述规定，如案涉股权转让协议也符合《民法典》第一百四十三条规定的法律行为有效条件，则双方协议中所约定的“对赌协议”条款应当是有效的。因此，鲍某的说法不符合我国法律规定。

【风险防范建议】

实践中，在股权投资领域约定“对赌协议”条款的情况较为常见，如果操作不当，易产生法律风险。关于如何降低法律风险，建议如下：

（1）投资方投资入股目标公司时，应当与目标公司的股东或者实际控制人订立“对赌协议”，建议不要与目标公司订立“对赌协议”，以免“对赌协议”被认定无效或无法实际履行。

（2）投资方在订立“对赌协议”时，应当同时订立股权回购违约责任条款，以防目标公司的股东或者实际控制人后续不履行股权回购义务，也方便投资方在对方违约时进行权益救济。

【法条链接】

《公司法》第七十一条第一款　有限责任公司的股东之间可以相互转让其全部或者部分股权。

《民法典》第一百四十三条　具备下列条件的民事法律行为有效：

（一）行为人具有相应的民事行为能力；

（二）意思表示真实；

（三）不违反法律、行政法规的强制性规定，不违背公序良俗。

《全国法院民商事审判工作会议纪要》……（一）关于“对赌协议”的效力及履行　实践中俗称的“对赌协议”，又称估值调整协议……对于投资方与目标公司的股东或者实际控制人订立的“对赌协议”，如无其他无效事由，认定有效并支持实际履行，实践中并无争议。但投资方与目标公司订立的“对赌协议”是否有效以及能否实际履行，存在争议……

117. 当事人签订的名为股权转让实为借款担保的合同，有效吗？

【情景案例】

A公司成立于2019年9月，由甲与乙共同创办，注册资本600万元，甲、乙分别持股80%、20%，法定代表人为甲。2021年5月8日，甲因资金周转需要，遂向丙借款500万元，双方口头约定甲将其在A公司的股权作为借款的担保。同日，双方签订一份《股权转让协议》，约定：甲将持有的A公司的80%股权以500万元的价格转让给丙，丙于协议签订当日一次性将500万元支付给甲。之后，双方办理了股权变更手续。双方又签订一份《借款协议》，约定：甲向丙借款500万元，借期6个月,甲以所持A公司的股权作为抵押;双方要在丙向甲支付借款后的10日内办理股权变更登记;甲还款后10日内,丙无条件将股权返还给甲,并办理股权变更手续。借款期限到期后,甲无力偿还借款,为不失去A公司的股权,其向法院提起诉讼,请求法院判令丙返还股权。甲认为,虽然与丙办理了股权变更手续,但该行为实际是为借款的抵押行为,是对向丙借款行为的担保,双方之间不具有真实的股权转让关系。

请问:甲的请求能得到法院支持吗?

【案例分析】

本案涉及的是名为股权转让实为借款担保的股权转让协议的效力认定问题。

我国《民法典》第一百四十三条规定,具备下列条件的民事法律行为有效:(1)行为人具有相应的民事行为能力;(2)意思表示真实;(3)不违反法律、行政法规的强制性规定,不违背公序良俗。该法第一百四十六条第一款规定,行为人与相对人以虚假的意思表示实施的民事法律行为无效。

本案中,甲将其持有的A公司的80%股权以500万元的价格转让给丙,并将该股权变更登记至丙的名下,但股权转让并非甲和丙的真实意思表示,只是以变更股权持有人的方式进行股权质押担保。而且,双方签订的《借款协议》已经明确约定,甲以所持A公司的股权作为借款抵押。因此,借款期限到期后,即便甲无力偿还借款,也不会产生案涉股权归丙所有的结果。但这也并不意味着甲对案涉股权享有完整的所有权,因为案涉股权系甲质押给丙作为借款担保的,在甲全部返还借款之前,丙有权继续享有质押权。鉴于本案的特殊性,丙有权拒绝返还股权。如确需返还股权的,也应在股权返还后即完成股权转让登记后,立即办理该股权的质押登记手续,确保丙的质押权。综上所述,甲要求丙返还股权的请求不应得到法院支持。

【风险防范建议】

借款人将其持有的公司股权转让给出借人进行股权质押担保,存在诸多法律风险,具体如下:

(1)以股权出质的,应当签订书面股权质押合同,对双方权利义务作出明确约定,并应当到相关部门办理股权出质登记手续。

(2)通常,股权质押并不需要办理股权转让相关登记手续,为质押而办理股权转让可能会产生不必要的税费和风险,建议聘请专业的股权律师设计交易结构和股权转让条款,避免造成双方损失。

(3)以股权转让的方式进行股权质押,存在因出借人自身原因导致相关股权被查封、冻结和强制执行等风险。另外,即使借款人还款付息后,也可能出现出借人拒绝或不配合返还股权、客观上无法返还股权等风险。因此,需要对出借人的相关违约及赔偿等责任作出明确约定,以防范相关风险。

【法条链接】

《民法典》第一百四十三条 具备下列条件的民事法律行为有效:

(一)行为人具有相应的民事行为能力;

(二)意思表示真实;

(三)不违反法律、行政法规的强制性规定,不违背公序良俗。

第一百四十六条第一款 行为人与相对人以虚假的意思表示实施的民事法律行为无效。

118. 股权转让未办理变更登记手续的,可以对抗善意第三人吗?

【情景案例】

2021年3月2日,甲公司与唐某签订一份《股权转让协议》,约定:唐某将其持有乙公司20%的股权转让给甲公司,股权转让款为200万元。至2021年4月30日,甲公司分批支付完毕上述股权转让款,但由于甲公司法定代表人李某在国外出差,双方并未及时办理股权变更登记手续。由于唐某对外欠债达500多万元,在债权人催款压力下,唐某于2021年5月8日又将上述股权以200万元的价格转让给不知情的薛某。在薛某支付股权转让款后,双方办理了股权变更登记手续。同时,乙公司股东名册记载的投资者姓名也由唐某改为薛某。甲公司得知后,遂诉至法院,请求确认唐某与薛某之间的股权转让行为无效。薛某认为,其对于唐某与甲公司之间所签订协议并不知情,因此其是善意第三人,其与唐某所签订协议应当受法律保护。

请问:薛某的说法符合我国法律规定吗?

【案例分析】

本案涉及的是股权转让未经工商变更登记能否对抗善意第三人的问题。

根据我国《公司法》第三十二条的规定,股权转让时,公司登记事项发生了变更,应当办理变更登记。未经登记或者变更登记的,不得对抗第三人。根据《最高人民法院关于适用〈中华人民共和国公司法〉若干问题的规定(三)》第二十七条的规定，股权转让后尚未向公司登记机关办理变更登记，原股东将仍登记于其名下的股权转让，受让股东以其对于股权享有实际权利为由，请求认定处分股权行为无效的，人民法院可以参照法律法规关于善意取得的相关规定处理。根据《民法典》第三百一十一条的规定，无处分权人将不动产或者动产转让给受让人的，所有权人有权追回；除法律另有规定外，符合善意取得情形的，受让人取得该不动产或者动产的所有权。

本案中，唐某将其持有的乙公司的股权转让给甲公司，双方签订的《股权转让协议》并不违反法律法规的规定，应为合法有效。甲公司虽支付了股权转让款，但未及时办理股权变更登记，不得对抗第三人。后唐某因个人还债压力，又将该股权转让给不知情的薛某。薛某不但支付了股权转让款，也办理了股权变更登记手续，并记载于乙公司股东名册。薛某取得案涉股权符合我国法律关于善意取得的规定，薛某与唐某签订的股权转让协议合法有效，且已实际履行，应当得到法律的保护。甲公司对因唐某的不诚信行为造成的损失，有权要求唐某返还股权转让款并承担损失赔偿等责任。

【风险防范建议】

关于如何防范股权转让过程中，转让方重复转让股权的法律风险，建议如下：

(1)股权转让方与受让方签订《股权转让协议》时，建议将目标公司作为合同主体之一，共同在协议上签章。这样可在一定程度上防止转让方隐瞒真实情况，多次或重复转让股权的风险。

(2)《股权转让协议》签订后，应尽快办理股权变更登记相关手续，并可要求将受让方先记载于目标公司股东名册中，以防转让方重复转让股权给第三方的风险。

(3)《股权转让协议》签订时，建议约定受让方先支付少量定金，待完成变更登记手续后，再支付股权转让款，或约定股权转让款由银行、律师事务所或第三方监管，待完成股权转让的变更登记等全部手续后，再支付到转让方账户。

(4)《股权转让协议》中应就转让方违约、配合办理股权变更及变更登记完成之前因转让方再次转让或质押股权，或因转让方原因导致股权被查封、冻结、拍卖等情形下的违约责任、损害赔偿责任作出明确约定。

【法条链接】

《民法典》第三百一十一条　无处分权人将不动产或者动产转让给受让人的，所有权人有权追回；除法律另有规定外，符合下列情形的，受让人取得该不动产或

者动产的所有权:

(一)受让人受让该不动产或者动产时是善意;

(二)以合理的价格转让;

(三)转让的不动产或者动产依照法律规定应当登记的已经登记,不需要登记的已经交付给受让人。

受让人依据前款规定取得不动产或者动产的所有权的,原所有权人有权向无处分权人请求损害赔偿。

当事人善意取得其他物权的,参照适用前两款规定。

《公司法》第三十二条第三款 公司应当将股东的姓名或者名称向公司登记机关登记;登记事项发生变更的,应当办理变更登记。未经登记或者变更登记的,不得对抗第三人。

《最高人民法院关于适用〈中华人民共和国公司法〉若干问题的规定(三)》第二十七条 股权转让后尚未向公司登记机关办理变更登记,原股东将仍登记于其名下的股权转让、质押或者以其他方式处分,受让股东以其对于股权享有实际权利为由,请求认定处分股权行为无效的,人民法院可以参照民法典第三百一十一条的规定处理。

原股东处分股权造成受让股东损失,受让股东请求原股东承担赔偿责任、对于未及时办理变更登记有过错的董事、高级管理人员或者实际控制人承担相应责任的,人民法院应予支持;受让股东对于未及时办理变更登记也有过错的,可以适当减轻上述董事、高级管理人员或者实际控制人的责任。

《公司登记管理条例》第三十四条第一款 有限责任公司变更股东的,应当自变更之日起30日内申请变更登记,并应当提交新股东的主体资格证明或者自然人身份证明。

119. 未办理股权变更登记,股权转让协议生效吗?

【情景案例】

2017年8月,甲与乙共同成立A公司,注册资本100万元,甲、乙分别持股51%、49%。2021年5月1日,在甲的同意下,乙与丙签订一份《股权转让协议》,约定:乙将A公司名下所有股权转让给丙,股权转让款为80万元,在签订合同3日内支付;丙支付转让款后,双方应当在10日内办理股权办理登记手续;任何一方违约的,要向对方支付违约金5万元。协议签订后,丙有些后悔,于是不按约定履行付款义务。乙多交催收无果后,遂于2021年6月3日将丙诉至法院,要求其支付80万元股权转让款及违约金5万元。丙辩称，虽然双方签订了《股权转让协议》，但并未办理股权变更登记手续，因此协议并未生效，其无须承担任何责任。

请问：丙的说法符合我国法律规定吗？

【案例分析】

本案涉及的是未办理股权变更登记的股权转让协议的效力认定问题。

我国《民法典》第五百零二条第一款规定，依法成立的合同，自成立时生效，但是法律另有规定或者当事人另有约定的除外。该法第一百四十三条规定，具备下列条件的民事法律行为有效：(1)行为人具有相应的民事行为能力；(2)意思表示真实；(3)不违反法律、行政法规的强制性规定，不违背公序良俗。

关于案涉股权转让协议的效力，一方面，我国相关法律法规并未规定，股权转让协议必须经办理股权变更登记手续后才生效；另一方面，乙与丙在双方签订的《股权转让协议》中也并未将办理股权变更登记手续约定为协议生效条件。同时，如案涉股权转让协议具备《民法典》第一百四十三条规定的法律行为有效条件，则该协议应当自其成立时生效，即自乙与丙签订《股权转让协议》之时生效。因此，丙的说法不符合我国法律规定。

【风险防范建议】

商业实践中，股权转让行为十分常见，如果操作不当，易产生法律风险。关于如何降低相关法律风险，建议如下：

(1)股权受让方应当在股权转让协议中约定转让方办理股权变更登记的时限等内容，并约定相关违约责任，以督促转让方及时全面办理股权变更手续。

(2)由于办理股权变更登记手续并非法定的股权转让协议生效条件，股权受让方如拟将办理股权变更登记手续作为协议的生效条件，应当在股权转让协议中作出明确约定。

【法条链接】

《民法典》第一百四十三条 具备下列条件的民事法律行为有效：

(一)行为人具有相应的民事行为能力；

(二)意思表示真实；

(三)不违反法律、行政法规的强制性规定，不违背公序良俗。

第五百零二条第一款 依法成立的合同，自成立时生效，但是法律另有规定或者当事人另有约定的除外。

120. 在公司章程中规定禁止股权对外转让，该规定有效吗？

【情景案例】

甲公司成立于2019年10月，由雷某、贺某与汤某共同创办，注册资本1000万元。雷某出资600万元持股60%；贺某与汤某各出资200万元，各持股20%。甲公司的章程规定：股东的股权不得转让给本公司股东之外的自然人或单位。2021年5月，因个人急需资金周转，汤某想将股权转让给雷某或贺某，但两人都不愿意受让。无奈之下，汤某与股东之外的自然人罗某签订《股权转让合同》，将自己持有的20%股权转让给罗某。雷某与贺某知道后，认为汤某违反了公司章程禁止性规定，股权转让无效。

请问：汤某的股权转让行为有效吗？

【案例分析】

本案涉及的是公司章程禁止股东对外转让股权的效力认定问题。

我国《公司法》第七十一条规定，有限责任公司的股东之间可以相互转让其全部或者部分股权。股东向股东以外的人转让股权，应当经其他股东过半数同意。股东应就其股权转让事项书面通知其他股东征求同意，其他股东自接到书面通知之日起满30日未答复的，视为同意转让。其他股东半数以上不同意转让的，不同意的股东应当购买该转让的股权；不购买的，视为同意转让。经股东同意转让的股权，在同等条件下，其他股东有优先购买权。两个以上股东主张行使优先购买权的，协商确定各自的购买比例；协商不成的，按照转让时各自的出资比例行使优先购买权。公司章程对股权转让另有规定的，从其规定。

《公司法》第七十一条第四款虽然规定有限责任公司章程对股权转让另有规定的，从其规定，但章程规定不能违反法律规定，损害股东的合法权利。股权就其性质而言属于股东财产，因此股权对应的财产权依法应当得到保护。《公司法》虽然基于有限责任公司人合性的因素赋予了公司章程对股权转让作出特殊规定的权力，但若公司章程规定违法侵害股东合法权益，应当被认定无效。甲公司章程在规定禁止股东对外转让股权的同时，并未规定任何救济途径，严重损害了股东汤某对其股权的基本处分权；而且，本案中甲公司其他股东均不同意受让股权，这实际就造成汤某无法转让股权的结果。因此，甲公司章程中关于禁止股东对外转让股权的规定因违法损害股东合法权利而无效。同时，由于甲公司不同意汤某对外转让股权的股东未购买相关股权，依法应视为其他股东同意转让，因此，汤某的股权转让行为有效。

【风险防范建议】

实务中,股东通常在公司章程中对股权转让进行特别规定,如果规定不当,易导致相关规定无效。为确保相关规定的有效性,建议如下:

(1)股东在公司章程中对股权转让进行特别规定时,应当把握合法合规的原则,确保相关特别规定不会因违法违规而被认定无效。

(2)公司章程中关于股权转让的特别规定,应当建立在对各方面情况进行长远与实际考量的基础上,并兼顾合理性,以避免与本案情况类似的尴尬情形发生。

(3)公司章程在规定禁止股东对外转让股权的同时,还应当规定相应的救济途径,以避免相关规定因违法损害股东合法权利而无效。

【法条链接】

《公司法》第七十一条　有限责任公司的股东之间可以相互转让其全部或者部分股权。

股东向股东以外的人转让股权,应当经其他股东过半数同意。股东应就其股权转让事项书面通知其他股东征求同意,其他股东自接到书面通知之日起满三十日未答复的,视为同意转让。其他股东半数以上不同意转让的,不同意的股东应当购买该转让的股权;不购买的,视为同意转让。

经股东同意转让的股权,在同等条件下,其他股东有优先购买权。两个以上股东主张行使优先购买权的,协商确定各自的购买比例;协商不成的,按照转让时各自的出资比例行使优先购买权。

公司章程对股权转让另有规定的,从其规定。

第一百五十二条　董事、高级管理人员违反法律、行政法规或者公司章程的规定,损害股东利益的,股东可以向人民法院提起诉讼。

121. 公司章程规定离职股东必须转让股权的内容,有效吗?

【情景案例】

甲公司成立于1995年,注册资本1亿元。毕某系甲公司的技术总监,在甲公司实施的股权激励计划中,毕某于2017年1月获得甲公司0.5%的股权。甲公司的章程第十五条规定:公司内部实行“股随岗变”的原则,通过公司股权激励计划获得股权的员工,在与公司中止劳动关系时,其必须将其股权转让给公司指定的人员。2021年3月1日,毕某向甲公司提出辞职申请。2021年3月10日,甲公司作出解除与毕某劳动合同关系的决定，并依据法律规定通知所有股东召开股东会，并作出股东会决议，公司其他股东均同意将毕某在公司的0.5%的股权转让给新任技术总监常某。公司将股东会决议内容通知毕某，要求其于5日内协助办理变更登记，毕某明确予以拒绝。协商无果后，甲公司诉至法院，要求毕某将持有甲公司0.5%的股权转让给常某。

请问：甲公司的请求能得到法院支持吗？

【案例分析】

本案涉及的是公司章程对股权激励的股东转让股权作出限制性规定是否有效的问题。

我国《公司法》第七十一条规定，有限责任公司的股东之间可以相互转让其全部或者部分股权。股东向股东以外的人转让股权，应当经其他股东过半数同意。公司章程对股权转让另有规定的，从其规定。《民法典》第一百五十八条规定，民事法律行为可以附条件。附生效条件的民事法律行为，自条件成就时生效。附解除条件的民事法律行为，自条件成就时失效。

本案中，毕某作为甲公司的技术总监，因股权激励取得案涉股权。鉴于甲公司的章程明确规定通过股权激励计划获得的股权，实行"股随岗变"的原则，员工在与公司中止劳动关系时，必须将其股权转让给公司指定的人员。因甲公司章程系全体股东依法制定的公司"宪章"，对公司及全体股东均产生约束力，该章程同样适用于毕某。甲公司章程对公司股东转让股权作出限制性规定，约定员工股东在符合约定的"退股条件"下按约转让股权的行为，符合有限责任公司封闭性和人合性的特点，亦系公司自治原则的体现，不违反《公司法》的禁止性规定，应为合法有效。甲公司的请求如无其他法定无效的情形，应得能到法院的支持。

【风险防范建议】

公司股权激励时，通常采用"股随岗变"的原则，并对离职员工的股权转让作出限制。关于如何防范或减少纠纷，建议如下：

（1）公司股权激励时，在激励计划或方案中应对员工离职时的股权转让或回购的相关条件、规则及转让价格确定原则等作出约定，并细化相关程序，严格违约责任，以防控相关纠纷的发生。

（2）公司可结合股权激励计划，就员工股权退出或回购事宜，巧妙设计公司章程，对拒不履行股权退出或回购义务的股东，在符合约定条件时，可限制其股东权利或按法定程序予以除名。

【法条链接】

《公司法》第七十一条　有限责任公司的股东之间可以相互转让其全部或者部分股权。

股东向股东以外的人转让股权，应当经其他股东过半数同意。股东应就其股权转让事项书面通知其他股东征求同意，其他股东自接到书面通知之日起满三十日未答复的，视为同意转让。其他股东半数以上不同意转让的，不同意的股东应当购买该转让的股权；不购买的，视为同意转让。

经股东同意转让的股权，在同等条件下，其他股东有优先购买权。两个以上股东主张行使优先购买权的，协商确定各自的购买比例；协商不成的，按照转让时各自的出资比例行使优先购买权。

公司章程对股权转让另有规定的，从其规定。

《民法典》第一百五十八条　民事法律行为可以附条件，但是根据其性质不得附条件的除外。附生效条件的民事法律行为，自条件成就时生效。附解除条件的民事法律行为，自条件成就时失效。

122. 股东在章程中事先约定股权转让时的价格，有效吗？

【情景案例】

A公司成立于2000年，由甲、乙和丙三人成立，注册资本100万元。甲出资50万元占股50%，乙出资30万元占股30%，丙出资20万占股20%。为维护股东的人合性和减少纠纷，经三人协商同意，公司章程中约定了股东今后转让股权价格，具体内容为：1%的股权转让价格为1万元。随着公司的发展，A公司在2020年注册资本已增加到1000万元，公司净资产达3000多万元。2021年3月，丙计划移民到加拿大，打算将股权全部转让出去，但按公司章程规定的价格转让股权明显不合理，丙不知道如何是好。

请问：A公司的章程事先约定股权转让价格，有效吗？

【案例分析】

本案涉及的是股权转让价格在公司章程中事先作出约定是否有效的问题。

我国《公司法》第七十一条规定，有限责任公司的股东之间可以相互转让其全部或者部分股权。股东向股东以外的人转让股权，应当经其他股东过半数同意。公司章程对股权转让另有规定的，从其规定。《民法典》第五百三十三条规定，合同成立后，合同的基础条件发生了当事人在订立合同时无法预见的、不属于商业风险的重大变化，继续履行合同对于当事人一方明显不公平的，受不利影响的当事人可以与对方重新协商；在合理期限内协商不成的，当事人可以请求人民法院或者仲裁机构变更或者解除合同。

本案中，公司的创始股东为维护股东的人合性和减少纠纷，经协商一致在公司章程中约定了股东今后转让股权的价格，该规定对于所有的股东都是适用的，无预先设计的对特定股东的歧视，程序上不存在损害特定股东的权利问题。该约定未违反国家法律法规的强制性规定，且经全体股东签字确认，如不存在欺诈、胁迫、乘人之危等导致结果显失公平的情况，该约定应为有效。当然，如果公司章程约定的转让价格与转让股权时的市场价值严重偏离，或公司经营状况发生重大变化，继续按股东先前约定的价格转让股权显失公平的，丙股东亦可请求人民法院或仲裁机构对该约定予以变更、撤销或解除。

【风险防范建议】

实践中，股东在公司章程中对股权转让的价格作出限制性规定，很容易引发矛盾和纠纷，并可能导致相关规定无效。关于如何防范相关风险，建议如下：

（1）股东在公司章程中对股权转让价格进行特别规定或限制时，应当充分考虑股东财产权的保护问题，坚持合法、合理、公平的原则。

（2）股东在公司章程中事先约定的股权转让价格是否合理，需要结合限制的期限、限制的范围、限制的目的、转让价格确定的标准及公司股权结构等因素综合考量。不分期限长短，不考虑公司经营状况等实际情况，采用“一刀切”或绝对化的标准限制股权转让价格，侵害了股东的财产权利，存在被撤销或认定无效的重大风险。因此，如股东在章程中确需约定股权转让的价格，可结合股东持有股权的期限长短、公司经营状况、公司最近的融资价格、公司净资产或净利润等因素，综合考量制定相应的股权转让价格确定依据和原则，必要时引入评估、竞价等机制。

【法条链接】

《公司法》第七十一条　有限责任公司的股东之间可以相互转让其全部或者部分股权。

股东向股东以外的人转让股权，应当经其他股东过半数同意……

……

公司章程对股权转让另有规定的，从其规定。

《民法典》第一百四十八条 一方以欺诈手段，使对方在违背真实意思的情况下实施的民事法律行为，受欺诈方有权请求人民法院或者仲裁机构予以撤销。

第一百五十条 一方或者第三人以胁迫手段，使对方在违背真实意思的情况下实施的民事法律行为，受胁迫方有权请求人民法院或者仲裁机构予以撤销。

第一百五十一条 一方利用对方处于危困状态、缺乏判断能力等情形，致使民事法律行为成立时显失公平的，受损害方有权请求人民法院或者仲裁机构予以撤销。

第二百四十条 所有权人对自己的不动产或者动产，依法享有占有、使用、收益和处分的权利。

第五百三十三条 合同成立后，合同的基础条件发生了当事人在订立合同时无法预见的、不属于商业风险的重大变化，继续履行合同对于当事人一方明显不公平的，受不利影响的当事人可以与对方重新协商；在合理期限内协商不成的，当事人可以请求人民法院或者仲裁机构变更或者解除合同。

人民法院或者仲裁机构应当结合案件的实际情况，根据公平原则变更或者解除合同。

123. 董事会违背股东意志，将股东拟转让的股权擅自转让他人，有效吗？

【情景案例】

甲公司由齐某、常某、傅某等 7 人共同创办，其中齐某持股 50%、常某持股 20%、傅某持股 8%。齐某担任公司董事长，全面负责公司运营。2019 年 5 月 20 日，经与傅某商量，常某拟将甲公司名下股权以 200 万元的价格转让给傅某。同日，齐某得知此事后，马上召开董事会并作出“关于常某股权转让的决议”，内容如下：将常某所持股权转让给书面申请购买的 6 名股东，具体购买的数额按股东原出资占股本比例计算。次日，6 名股东将购买常某股权的款项如数缴纳给甲公司财务康某。康某将该股权转让款交给常某时，常某拒绝接收，并于 2019 年 5 月 28 日遂起诉到法院，以董事会决议侵犯其股东权益为由，请求撤销甲公司董事会作出的瓜分自己股权的决议。

请问：常某的请求能得到法院支持吗？

【案例分析】

本案涉及的是公司股东之间转让股权，公司董事会是否有权干涉或决定股东转让股权的问题。

我国《公司法》第七十一条规定，有限责任公司的股东之间可以相互转让其全部或者部分股权。公司章程对股权转让另有规定的，从其规定。

本案中，常某作为甲公司的股东，其将持有的公司股权转让给公司股东傅某，符合法律法规的规定。如甲公司章程对公司股东之间转让股权没有作出特别规定，也未就股东之间转让股权授予公司董事会相关权利，则甲公司董事会无权干涉常某转让股权。甲公司董事会超越职权，作出“关于常某股权转让的决议”，将常某所持股权转让给公司其他股东的行为，侵害了常某的股东权利。常某关于撤销甲公司董事会作出的前述决议的请求，能够得到法院的支持。

【风险防范建议】

实践中，很多企业在公司章程中关于股权转让事宜多引用《公司法》的一般规定或直接套用市场监管部门的章程“模板”，导致诸多纠纷发生，更有甚者导致公司控制权发生变更。关于如何防范相关风险，建议如下：

（1）建议在公司设立或公司修订章程时，尽量少用或不用市场监管部门提供的公司章程“模板”，而应根据本公司的实际情况和需要，结合公司股东意见，聘请专业律师起草个性化的公司章程。

（2）在公司章程中，应对股权转让事宜作出详尽的规定，就公司股东之间转让股权的程序、规则及多名股东受让股权的处理原则等进行规定，以防范公司控制权发生重大变化或引发相关纠纷。同时，公司章程更应对股东向公司股东以外的人转让股权、股东婚变、股东死亡等情形下的股权处理与转让程序、规则等作出规定。

（3）公司可在章程中，就股东转让股权事宜授予公司董事会一定的权利，但应限定在合法合理的范畴内，以避免相关规定因违法或损害股东合法权利而无效。

【法条链接】

《公司法》第七十一条　有限责任公司的股东之间可以相互转让其全部或者部分股权。

股东向股东以外的人转让股权，应当经其他股东过半数同意。股东应就其股权转让事项书面通知其他股东征求同意，其他股东自接到书面通知之日起满三十日未答复的，视为同意转让。其他股东半数以上不同意转让的，不同意的股东应当购买该转让的股权；不购买的，视为同意转让。

经股东同意转让的股权，在同等条件下，其他股东有优先购买权。两个以上股东主张行使优先购买权的，协商确定各自的购买比例；协商不成的，按照转让时各自的出资比例行使优先购买权。

公司章程对股权转让另有规定的，从其规定。

124. 转让被查封的股权，有效吗？

【情景案例】

A公司由齐某与康某共同创办，二人分别持股90%、10%。2021年4月10日，康某与伍某签订一份《股权转让协议》，约定：康某将其持有的A公司全部股权转让给伍某，转让价格为100万元，协议签订时伍某预付50万元，待股权变更手续办理后2日内支付余款。之后，在办理股权变更登记手续时，伍某才得知受让股权于签订《股权转让协议》前已被法院查封。为此，伍某十分生气，遂将康某诉至法院，请求确认双方所签《股权转让协议》无效，并要求康某返还预付款50万元及利息。

请问：伍某的请求能得到法院支持吗？

【案例分析】

本案涉及的是转让被查封股权的股权转让协议的效力认定问题。

我国《民法典》第五百零二条第一款规定，依法成立的合同，自成立时生效，但是法律另有规定或者当事人另有约定的除外。该法第一百四十三条规定，具备下列条件的民事法律行为有效：(1)行为人具有相应的民事行为能力；(2)意思表示真实；(3)不违反法律、行政法规的强制性规定，不违背公序良俗。

查封作为民事诉讼中一种财产保全的强制措施，是法院依法作出的具有法律强制力的行为，在一定期限内，被查封的股权在办理股权变更登记时会受到限制。但查封股权限制的只是股东的处分权，而非剥夺股东的所有权。在未进一步由法院代为处分被查封股权用以清偿债务前，股东仍不丧失对该股权的所有权，其对该股权的处分权也不因此而彻底丧失。且由于查封具有一定的期限性，一旦查封到期或者被解除，查封对股东权利的限制即消失。案涉股权被查封造成办理股权变更登记受阻，但并不意味办理股权变更登记的可能完全丧失，也不意味着股权丧失；如相关方通过履行债务解除对案涉股权的查封，则双方办理股权变更登记的障碍将消除。因此，此系法律上的一时性履行不能，该查封事实的存在并不必然地导致股权转让协议无效。如案涉股权转让协议也具备我国《民法典》第一百四十三条规定的法律行为有效条件，则该协议应当自双方签约完成时生效。故伍某的请求不能得到法院支持。

【风险防范建议】

商业实践中，双方交易的标的股权被查封、冻结的情况并不少见，如处理不当，极易产生法律风险。关于股权受让方如何规避相关风险，建议如下：

（1）在签订股权转让协议前，股权受让方应当要求转让方提供或自行核查标的股权相关工商登记材料，明确标的股权是否存在被查封、质押等权利限制情况，以确保股权交易的顺利进行，确保自身权益不受损。

（2）股权受让方应当要求股权转让方在股权转让协议中承诺和保证标的股权不存在被查封等权利限制情况，并约定相关违约责任，以防类似情况的发生。

【法条链接】

《民法典》第一百四十三条 具备下列条件的民事法律行为有效：

（一）行为人具有相应的民事行为能力；

（二）意思表示真实；

（三）不违反法律、行政法规的强制性规定，不违背公序良俗。

第五百零二条第一款 依法成立的合同，自成立时生效，但是法律另有规定或者当事人另有约定的除外。

125. 股东向股东以外的人转让股权，未经其他股东过半数同意，有效吗？

【情景案例】

甲公司成立于2016年8月，由顾某、孟某等5人共同创办，顾某担任公司董事长。2021年3月18日，孟某与股东以外自然人黄某签订一份《股权转让合同》，约定：孟某将其持有甲公司20%的股权转让给黄某，转让价款为60万元，在签订协议时一次性支付。协议签订后，黄某给孟某支付了60万元股权转让款。之后，黄某在办理股权变更登记手续时，遇到顾某等股东的阻拦。顾某认为，孟某向黄某转让股权，未经甲公司其他股东过半数同意，违法我国法律强制性规定，他们签订的《股权转让合同》应当无效。

请问：顾某的说法符合我国法律规定吗？

【案例分析】

本案涉及的是股东向股东以外的人转让股权，未经其他股东过半数同意，股权转让协议的效力认定问题。

我国《公司法》第七十一条规定，股东向股东以外的人转让股权，应当经其他股东过半数同意，且其他股东在同等条件下享有优先购买权。《最高人民法院关于适用〈中华人民共和国公司法〉若干问题的规定（四）》第二十一条规定，有限责任公司的股东向股东以外的人转让股权，未就其股权转让事项征求其他股东意见，其他股东仅提出确认股权转让合同及股权变动效力等请求，未同时主张按照同等条件购买转让股权的，人民法院不予支持，但其他股东非因自身原因导致无法行使优先购买权，请求损害赔偿的除外。股东以外的股权受让人，因股东行使优先购买权而不能实现合同目的的，可以依法请求转让股东承担相应民事责任。

本案中，孟某与甲公司股东以外的自然人黄某签订《股权转让合同》，系双方真实意思表示。根据《公司法》第七十一条的规定，股东向股东以外的人转让股权，应当经其他股东过半数同意，且其他股东在同等条件下享有优先购买权。但该规定不是强制性效力性规定，而是管理性规定。因此，案涉《股权转让合同》应为合法有效。《最高人民法院关于适用〈中华人民共和国公司法〉若干问题的规定（四）》第二十一条也明确规定，有限责任公司的股东向股东以外的人转让股权，未就其股权转让事项征求其他股东意见，其他股东仅提出确认股权转让合同及股权变动效力等请求，未同时主张按照同等条件购买转让股权的，人民法院不予支持。本案中，甲公司股东顾某以案涉《股权转让合同》，未经其他股东过半数同意，违反我国法律强制性规定，请求确认无效。但其未同时主张按照同等条件购买孟某转让的股权，故顾某的说法并不符合我国法律规定。

【风险防范建议】

实践中，常因有限公司未经其他股东过半数同意，而引发股权转让合同纠纷。关于如何防范相关法律风险，建议如下：

（1）股权转让前，转让方及受让方应核实公司章程、章程修正案、股东会决议等内部文件对公司股东对外转让股权是否有特别约定；如有，应谨慎处理。

（2）签订股权转让协议时，要重视签订协议前的程序性风险，建议在购买公司的股权时应当要求目标公司提前或及时召开股东会，作出同意出让方股东对外转让股权、放弃优先购买权的股东会决议。

（3）股东对外转让股权时，应尊重其他股东的优先购买权，转让方应将标的股权的数量、价格、支付方式、付款期限等要素通知其他股东，并给予较为合理、明确的优先购买权行使期限。

（4）为了避免纠纷的发生，可以在股权转让协议中明确约定以公司其他股东过半数同意股权转让作为生效条件,在股权转让合同生效之前受让方不支付相关股权转让款,以防转让方利用程序瑕疵恶意占用受让方资金。

(5)股权转让时,可以在股权转让协议中约定因其他股东行使优先购买权而导致受让方不能实现合同目的的,转让方应对受让方承担相应的民事责任。

【法条链接】

《公司法》第七十一条 有限责任公司的股东之间可以相互转让其全部或者部分股权。

股东向股东以外的人转让股权,应当经其他股东过半数同意。股东应就其股权转让事项书面通知其他股东征求同意,其他股东自接到书面通知之日起满三十日未答复的,视为同意转让。其他股东半数以上不同意转让的,不同意的股东应当购买该转让的股权;不购买的,视为同意转让。

经股东同意转让的股权,在同等条件下,其他股东有优先购买权。两个以上股东主张行使优先购买权的,协商确定各自的购买比例;协商不成的,按照转让时各自的出资比例行使优先购买权。

公司章程对股权转让另有规定的,从其规定。

《民法典》第一百四十三条 具备下列条件的民事法律行为有效:

(一)行为人具有相应的民事行为能力;

(二)意思表示真实;

(三)不违反法律、行政法规的强制性规定,不违背公序良俗。

第一百五十三条 违反法律、行政法规的强制性规定的民事法律行为无效。但是,该强制性规定不导致该民事法律行为无效的除外。

违背公序良俗的民事法律行为无效。

《最高人民法院关于适用〈中华人民共和国公司法〉若干问题的规定(四)》第二十一条 有限责任公司的股东向股东以外的人转让股权,未就其股权转让事项征求其他股东意见,或者以欺诈、恶意串通等手段,损害其他股东优先购买权,其他股东主张按照同等条件购买该转让股权的,人民法院应当予以支持,但其他股东自知道或者应当知道行使优先购买权的同等条件之日起三十日内没有主张,或者自股权变更登记之日起超过一年的除外。

前款规定的其他股东仅提出确认股权转让合同及股权变动效力等请求,未同时主张按照同等条件购买转让股权的,人民法院不予支持,但其他股东非因自身原因导致无法行使优先购买权,请求损害赔偿的除外。

股东以外的股权受让人,因股东行使优先购买权而不能实现合同目的的,可以依法请求转让股东承担相应民事责任。

126. 公司可以回购股东的股权吗?

【情景案例】

A有限公司成立于2018年8月,甲、乙、丙分别出资500万元、300万元、200万元,共计1000万元注册资本。甲担任公司法定代表人兼执行董事,乙担任公司财务总监,丙不参与公司经营。2020年4月5日,A公司召开股东会并作出决议,主要内容为:丙因资金周转需要提出退股,公司决定以280万元的价格回购丙的股权,该股权暂由公司持有,以后用于实施股权激励计划。当日,A公司与丙签订《股权回购协议》,并从A公司银行账户给丙转账了300万元股权回购款。

请问:A公司的回购股权行为符合我国法律规定吗?

【案例分析】

本案涉及的是有限公司回购本公司股权是否合法的问题。

根据我国《公司法》第七十四条的规定,有限公司满足特定条件时,对股东会相关决议投反对票的股东可以请求公司按照合理的价格收购其股权。第一百四十二条规定,股份有限公司将股份用于员工持股计划或者股权激励的,可以收购本公司股份。《最高人民法院关于适用〈中华人民共和国公司法〉若干问题的规定(二)》第五条规定,人民法院审理解散公司诉讼案件,应当注重调解。当事人协商同意由公司或者股东收购股份,或者以减资等方式使公司存续,且不违反法律、行政法规强制性规定的,人民法院应予支持。

本案中,丙因资金周转需要退股,A公司召开股东会并作出回购丙持有的本公司股权,并不违反法律法规的强制性规定,公司法亦不禁止有限公司回购本公司股权。法无明文禁止即自由,A公司为了实施股权激励,以合理的价格回购本公司股权,既实现了股东的合法退出,又解决了股权激励所需的股权来源问题。司法实践中,公司章程关于员工持股、公司回购的相关条款,只要不违反《公司法》等法律法规强制性规定,通常会被人民法院认可。因此,有限公司在满足一定条件的情况下,公司可以回购股东持有的本公司的股权。

【风险防范建议】

有限公司回购股东持有的本公司股权,存在一定的法律风险。关于如何防范相关法律风险,建议如下:

(1)有限公司回购股东持有的本公司股权,存在抽逃出资的嫌疑,容易引发公司资本不实及损害债权人利益等纠纷,除公司章程有公司回购的明确规定外,通常应慎用公司回购。确需要公司回购的,建议通过公开程序,回购股权的价格应公允合理。

(2)《公司法》关于回购异议股东的股权,是法律对中小股东权益的特殊保护,需要满足法定的条件,由特定的主体提出回购,且需经法定程序方可进行。操作不当容易引发纠纷,必要时可聘请律师等专业人士提供支持。

【法条链接】

《公司法》第七十四条　有下列情形之一的,对股东会该项决议投反对票的股东可以请求公司按照合理的价格收购其股权:

(一)公司连续五年不向股东分配利润,而公司该五年连续盈利,并且符合本法规定的分配利润条件的;

(二)公司合并、分立、转让主要财产的;

(三)公司章程规定的营业期限届满或者章程规定的其他解散事由出现,股东会会议通过决议修改章程使公司存续的。

自股东会会议决议通过之日起六十日内,股东与公司不能达成股权收购协议的,股东可以自股东会会议决议通过之日起九十日内向人民法院提起诉讼。

第一百四十二条　公司不得收购本公司股份。但是,有下列情形之一的除外:

(一)减少公司注册资本;

(二)与持有本公司股份的其他公司合并;

(三)将股份用于员工持股计划或者股权激励;

(四)股东因对股东大会作出的公司合并、分立决议持异议,要求公司收购其股份;

(五)将股份用于转换上市公司发行的可转换为股票的公司债券;

(六)上市公司为维护公司价值及股东权益所必需。

公司因前款第(一)项、第(二)项规定的情形收购本公司股份的,应当经股东大会决议;公司因前款第(三)项、第(五)项、第(六)项规定的情形收购本公司股份的,可以依照公司章程的规定或者股东大会的授权,经三分之二以上董事出席的董事会会议决议。

公司依照本条第一款规定收购本公司股份后,属于第(一)项情形的,应当自收购之日起十日内注销;属于第(二)项、第(四)项情形的,应当在六个月内转让或者注销;属于第(三)项、第(五)项、第(六)项情形的,公司合计持有的本公司股份数不得超过本公司已发行股份总额的百分之十,并应当在三年内转让或者注销。

上市公司收购本公司股份的,应当依照《中华人民共和国证券法》的规定履行信息披露义务。上市公司因本条第一款第(三)项、第(五)项、第(六)项规定的情形收购本公司股份的,应当通过公开的集中交易方式进行。

公司不得接受本公司的股票作为质押权的标的。

《最高人民法院关于适用〈中华人民共和国公司法〉若干问题的规定(二)》第五条 人民法院审理解散公司诉讼案件,应当注重调解。当事人协商同意由公司或者股东收购股份,或者以减资等方式使公司存续,且不违反法律、行政法规强制性规定的,人民法院应予支持。当事人不能协商一致使公司存续的,人民法院应当及时判决。

经人民法院调解公司收购原告股份的,公司应当自调解书生效之日起六个月内将股份转让或者注销。股份转让或者注销之前,原告不得以公司收购其股份为由对抗公司债权人。

127. 附生效条件的股权转让合同,有效吗?

【情景案例】

2021年2月1日,穆某与萧某签订一份《股权转让协议》,约定:穆某将其持有的甲公司28%的股权转让给萧某,转让总价款为300万元;本合同在甲公司作出同意穆某对外转让股权的股东会决议之日起生效。之后,由于甲公司股东会不同意穆某对外转让股权,于是没有作出上述股东会决议。由于没有甲公司的股东会决议,萧某经慎重考虑后,最终决定放弃受让穆某的股权。为此,双方发生争议。协商无果后,穆某诉至法院,要求萧某按协议约定支付300万元股权转让款。穆某认为,甲公司所有股东都放弃受让其股权,根据我国《公司法》的规定,其可以对外转让股权;因此,《股权转让协议》约定的"由甲公司股东会决议同意"的条款是无效的。

请问:穆某的说法符合我国法律规定吗?

【案例分析】

本案涉及的是附生效条件的股权转让合同何时生效的问题。

我国《公司法》第七十一条规定,股东向股东以外的人转让股权,应当经其他股东过半数同意。《民法典》第一百五十八条规定,民事法律行为可以附条件,但是根据其性质不得附条件的除外。附生效条件的民事法律行为,自条件成就时生效。

本案中，穆某与萧某签订的《股权转让协议》明确约定，在甲公司作出同意穆某对外转让股权的股东会决议之日起生效，该约定系双方对合同生效条件的特别约定，符合有限公司人和性的要求和《公司法》的相关规定，系股权转受让双方当事人真实意思表示，并不违反法律、行政法规的强制性规定，该约定应为合法有效。虽然甲公司不同意穆某对外转让股权，但由于不同意转让的股东均不购买案涉股权，应当视为同意转让。因此，案涉《股权转让协议》应当视为已经生效。穆某认为"由甲公司股东会决议同意"的条款是无效的说法，并不符合我国法律法规的规定。

【风险防范建议】

实践中，有限公司股东向股东以外的人转让股权容易发生纠纷。关于如何防范相关法律风险，建议如下：

（1）有限公司股权转让在签订协议前，首先应查看目标公司的章程对股东转让股权的特殊约定，评估股权转让的可行性。股权转让合同不得违反法律、法规、政策或公司章程关于转让时间、转让主体、受让主体等禁止性规定。

（2）《股权转让协议》可以依法约定生效的条件，在条件未成就时《股权转让协议》未生效，股权受让方应严格控制合同风险，谨防合同尚未生效时已支付部分甚至全部股权转让款的风险。

（3）股权转让合同的效力与股权转让行为的效力是不同层面的问题，对附生效条件的合同，股权转让方与受让方应在《股权转让协议》中就缔约过失责任等作出相应约定，以防范相关风险。

（4）有限公司股东向股东以外的人转让股权，合同的订立应遵守《公司法》程序上的要求。为减少股权转让的不确定性，可在外部转让意向阶段将"股东会同意转让决定"这一程序前置，由其他股东充分讨论是否同意转让及是否行使优先购买权，以防范相关风险。

【法条链接】

《公司法》第七十一条　有限责任公司的股东之间可以相互转让其全部或者部分股权。

股东向股东以外的人转让股权，应当经其他股东过半数同意。股东应就其股权转让事项书面通知其他股东征求同意，其他股东自接到书面通知之日起满三十日未答复的，视为同意转让。其他股东半数以上不同意转让的，不同意的股东应当购买该转让的股权；不购买的，视为同意转让。

经股东同意转让的股权,在同等条件下,其他股东有优先购买权。两个以上股东主张行使优先购买权的,协商确定各自的购买比例;协商不成的,按照转让时各自的出资比例行使优先购买权。

公司章程对股权转让另有规定的,从其规定。

《民法典》第一百五十八条　民事法律行为可以附条件,但是根据其性质不得附条件的除外。附生效条件的民事法律行为,自条件成就时生效。附解除条件的民事法律行为,自条件成就时失效。

第五百零二条第一款　依法成立的合同,自成立时生效,但是法律另有规定或者当事人另有约定的除外。

128. 转让已设定质押的股权,有效吗?

【情景案例】

A公司成立于2017年3月,由尹某与姚某共同创办,注册资本200万元,姚某出资50万元持股25%。2018年5月7日,因资金周转需要,姚某将其持有A公司的所有股权质押给B担保公司且办理股权出质设立登记。2021年4月1日,姚某与邵某签订一份《股权转让协议》,约定姚某将所持A公司的25%股权转让给邵某,转让价款为80万元。当日,邵某一次性给姚某支付了80万元股权转让款。之后,由于股权办理出质登记,故股东变更登记无法进行。为此,邵某诉至法院,请求确认双方所签订的《股权转让协议》无效,并要求姚某返还80万元股权转让款及利息。

请问:邵某的请求能得到法院支持吗?

【案例分析】

本案涉及的是转让已设定质押的股权转让协议的效力认定问题。

我国《民法典》第五百零二条第一款规定,依法成立的合同,自成立时生效,但是法律另有规定或者当事人另有约定的除外。该法第一百四十三条规定,具备下列条件的民事法律行为有效:(1)行为人具有相应的民事行为能力;(2)意思表示真实;(3)不违反法律、行政法规的强制性规定,不违背公序良俗。

股权质押作为债权担保的一种方式,其只是限制了质押股东的处分权,而非剥夺股东的所有权。在未进一步处分被质押股权用以清偿债务前,相关股东仍不丧失对该股权的所有权,其对该股权的处分权也不因此而彻底丧失。且由于质押具有一定的期限性,一旦被解除,质押对股东权利的限制即消失。案涉股权被质押造成办理股权变更登记受阻，但并不意味办理股权变更登记的可能完全丧失。本案中姚某转让质押股权所得的价款，应当向质权人提前清偿债务或者提存，通过履行债务或进行提存，亦可解除对案涉股权的质押，则双方办理股权变更登记的障碍将消除。因此，此为法律上的一时性履行不能，该质押事实的存在并不必然导致股权转让协议无效。如案涉股权转让协议也具备我国《民法典》第一百四十三条规定的法律行为有效条件，则该协议应当自双方签约完成时生效。故邵某的请求不能得到法院支持。

【风险防范建议】

实践中，交易标的系被质押的股权的情况并不罕见，如处理不当，难免产生法律风险。关于股权受让方如何规避相关风险，建议如下：

（1）在签订股权转让协议前，股权受让方应当要求转让方提供或自行核查标的股权相关工商登记材料，明确标的股权是否存在被质押等权利限制情况，以确保股权交易的顺利进行，确保自身权益不受损。

（2）股权受让方应当要求股权转让方在股权转让协议中承诺和保证标的股权不存在被质押等权利限制情况，并约定相关违约责任，以防类似情况的发生。

【法条链接】

《民法典》第一百四十三条　具备下列条件的民事法律行为有效：

（一）行为人具有相应的民事行为能力；

（二）意思表示真实；

（三）不违反法律、行政法规的强制性规定，不违背公序良俗。

第四百四十三条　以基金份额、股权出质的，质权自办理出质登记时设立。

基金份额、股权出质后，不得转让，但是出质人与质权人协商同意的除外。出质人转让基金份额、股权所得的价款，应当向质权人提前清偿债务或者提存。

第四百四十六条　权利质权除适用本节规定外，适用本章第一节的有关规定。

第五百零二条第一款　依法成立的合同，自成立时生效，但是法律另有规定或者当事人另有约定的除外。

129. 未成年人可以受让股权吗？

【情景案例】

汪某、毛某与戴某是甲公司的股东，分别持股70%、20%、10%，汪某担任公司法定代表人兼总经理，戴某担任公司生产经理。经过多年发展，甲公司已成为颇具实力的公司，年产值达5亿元。2021年2月，刚刚过完60岁生日的戴某到公司参加股东会，在股东会上，戴某提出想退休回家，并将持有的全部股权转让给10岁的孙子。对此，汪某没有异议，但毛某提出反对意见。毛某认为，戴某的孙子系未成年人，其不可以受让股权。

请问：毛某的说法符合我国法律规定吗？

【案例分析】

本案涉及的是未成年人受让股权的合法性问题。

我国《民法典》第十九条规定，8周岁以上的未成年人为限制民事行为能力人，实施民事法律行为由其法定代理人代理或者经其法定代理人同意、追认；但是，可以独立实施纯获利益的民事法律行为或者与其年龄、智力相适应的民事法律行为。《公司法》第七十一条规定，股东向股东以外的人转让股权，应当经其他股东过半数同意；其他股东半数以上不同意转让的，不同意的股东应当购买该转让的股权。该法第七十五条规定，自然人股东死亡后，其合法继承人可以继承股东资格；但是，公司章程另有规定的除外。该法第一百四十六条规定，无民事行为能力或者限制民事行为能力不得担任公司的董事、监事、高级管理人员。

本案中，戴某10周岁的孙子系限制行为能力人。限制民事行为能力人由于其行为能力有限，不能投资设立公司，即不能成为公司的原始股东。但这并不意味着限制行为能力人就不可以成为公司股东，因为《公司法》等相关法律法规并未对公司股东的行为能力作出任何限制性规定，故未成年人可以通过受让、受赠股权等方式成为公司股东，只是不能成为公司的原始股东，且不得担任公司的董事、监事、高级管理人员。另外，《公司法》第七十五条的规定也间接表明，未成年人是可以成为公司股东的。因此，毛某的说法不符合我国法律规定。

【风险防范建议】

在司法实践中，有限责任公司的股东将其股权转让或赠与给未成年直系亲属的情况时有发生。关于公司股东如何避免此种情况发生，建议如下：

(1)公司设立之初，在发起人协议或公司章程中明确，未经其他股东一致同意，任何股东不得将其股权转让给未成年人。

(2)如果发起人协议及公司章程中均未进行前述特别约定，不同意转让的股东(需过半数)也可以通过优先受让相关股权的方式避免股权转让给未成年人。

【法条链接】

《民法典》第十九条　八周岁以上的未成年人为限制民事行为能力人，实施民事法律行为由其法定代理人代理或者经其法定代理人同意、追认；但是，可以独立实施纯获利益的民事法律行为或者与其年龄、智力相适应的民事法律行为。

第二十条　不满八周岁的未成年人为无民事行为能力人，由其法定代理人代理实施民事法律行为。

《公司法》第七十一条第二款　股东向股东以外的人转让股权，应当经其他股东过半数同意。股东应就其股权转让事项书面通知其他股东征求同意，其他股东自接到书面通知之日起满三十日未答复的，视为同意转让。其他股东半数以上不同意转让的，不同意的股东应当购买该转让的股权；不购买的，视为同意转让。

第七十五条　自然人股东死亡后，其合法继承人可以继承股东资格；但是，公司章程另有规定的除外。

第一百四十六条第一款　有下列情形之一的，不得担任公司的董事、监事、高级管理人员：

（一）无民事行为能力或者限制民事行为能力；

……

130. 股权转让导致有限责任公司股东人数超过 50 人的，转让行为是否有效？

【情景案例】

甲公司成立于 2017 年 5 月，公司共由 50 位股东组成，宋某是大股东，占有公司 67% 的股权，熊某等 49 人是小股东，共占有公司 33% 的股权。2021 年 3 月 1 日，宋某因为购房急需用钱，遂将自己持有甲公司 7% 的股权转让给股东之外的自然人庞某，转让金额为 70 万元。熊某得知此事后，表示这种做法不妥。熊某认为，宋某的股权转让导致有限责任公司股东人数超过 50 人，转让合同无效。

请问：熊某的说法符合我国法律规定吗？

【案例分析】

本案涉及的是有限公司因股权转让导致股东人数超过法定人数时，股权转让的效力认定问题。

我国《公司法》第二十四条规定，有限责任公司由 50 个以下股东出资设立。

《民法典》第一百三十六条第一款规定，民事法律行为自成立时生效，但是法律另有规定或者当事人另有约定的除外。第一百五十三条规定，违反法律、行政法规的强制性规定的民事法律行为无效。但是，该强制性规定不导致该民事法律行为无效的除外。

本案中，宋某将持有的甲公司部分股权转让给股东之外的自然人庞某，导致甲公司股东超过 50 人。虽然《公司法》禁止有限公司设立时股东人数超过 50 人，但并未禁止在公司存续期间，股东将其股权转让给多名买方，也未规定因股权转让导致股东超过法定人数时即为无效。宋某将持有的甲公司股权转让给庞某，并未违反法律、行政法规的效力性强制性规定。况且，股权转让协议与股权变更系不同的法律概念，根据契约自由精神，宋某与庞某的股权转让行为应为合法有效。

【风险防范建议】

实践中，因股权转让导致公司股东人数不符合法律规定，可能引发合同效力及合同履行等诸多纠纷。关于如何防范股权转让的相关风险，建议如下：

（1）股权转让时，应审慎核查目标公司的股东人数及公司章程相关规定，合理构建股权转让交易架构，谨防因股权转让导致公司股东人数高于或低于法定人数。

（2）如有限公司因股权转让导致股东人数超过 50 人，可通过股权代持、设立合伙企业、股权信托等方式，或将公司变更为股份有限公司等形式，以防范因股东人数不符合法律规定而引发相关纠纷。

【法条链接】

《公司法》第二十四条 有限责任公司由五十个以下股东出资设立。

第七十一条 有限责任公司的股东之间可以相互转让其全部或者部分股权。

股东向股东以外的人转让股权，应当经其他股东过半数同意。股东应就其股权转让事项书面通知其他股东征求同意，其他股东自接到书面通知之日起满三十日未答复的，视为同意转让。其他股东半数以上不同意转让的，不同意的股东应当购买该转让的股权；不购买的，视为同意转让。

……

《民法典》第一百三十六条 民事法律行为自成立时生效，但是法律另有规定或者当事人另有约定的除外。

行为人非依法律规定或者未经对方同意，不得擅自变更或者解除民事法律行为。

第一百五十三条 违反法律、行政法规的强制性规定的民事法律行为无效。但是,该强制性规定不导致该民事法律行为无效的除外。

违背公序良俗的民事法律行为无效。

三、股权转让合同的履行纠纷

131. 受让方以合同约定用公司分红支付为由拒不支付股权转让款,可以吗?

【情景案例】

A公司由甲、乙两人共同出资,于2016年5月12日设立。其中,甲的投资额为60万元,占注册资本的60%;乙的投资额为40万元,占注册资本的40%。丙是乙的大学同学,两人关系甚好。由于丙擅长营销,乙与甲经商量后,决定邀请丙加入A公司。2020年7月1日,乙与丙签订一份《股权转让协议》,约定:乙将所持A公司20%的股权转让给丙,转让价款为20万元;合同签订后3日内,丙先支付5万元预付款,余款通过公司的分红来支付。次日,丙按约定给乙支付了5万元,乙与丙办理了股权变更登记。之后,由于市场行情不好,A公司一直处于亏损状态,由于没有分红,丙因此也没有给乙支付剩余的股权转让款。2021年5月,乙由于资金周转困难,遂要求丙尽快支付股权转让款15万元,但遭到丙的拒绝。协商无果后,乙遂诉至法院,要求丙支付15万元股权转让款。

请问:乙的请求能得到法院支持吗?

【案例分析】

本案涉及的是股权转让合同履行过程中的支付问题。

我国《民法典》第六百二十六条规定,买受人应当按照约定的数额和支付方式支付价款。对价款的数额和支付方式没有约定或者约定不明确的,按照有利于实现合同目的的方式履行。该法第一百四十二条规定,有相对人的意思表示的解释,应当按照所使用的词句,结合相关条款、行为的性质和目的、习惯以及诚信原则,确定意思表示的含义。

本案中,乙将所持A公司的部分股权转让给丙,并办理了股权变更登记,丙仅支付了部分股权转让款,双方约定余款通过公司的分红来支付。从双方股权转让协议的约定来看,以公司分红支付股权转让价款只是双方约定支付股权转让款的一种付款方式,并不是支付股权转让款所附的条件。丙以公司未分红为由,拒绝履行股权转让款的支付义务,并不符合双方股权转让法律关系中,转让人获取约定的股权转让对价、受让人获取目标公司相应股权的合同目的。且有悖于诚实信用和有效合同全面履行的原则。

另外，根据《公司法》的规定，公司利润分配的主体是公司，公司是否分配利润，取决于公司经营状况、是否有盈余和可分配利润以及公司股东会是否通过利润分配决议。本案中乙与丙签订股权转让协议，是乙对自己私权利的处分，即使公司不分配利润，也不能成为丙不支付乙股权转让款的正当抗辩理由。因此，乙的请求应当得到人民法院的支持。

【风险防范建议】

实践中，股权转让方与受让方经常因股权转让合同的履行及股权转让款的支付方式、支付期限等发生纠纷。关于如何防范相关法律风险，建议如下：

(1)股权转让合同中，对股权转让款的支付方式、支付期限等尽可能作出严谨、明确、具体的约定，避免模糊、笼统、含混或容易引发歧义的条款约定。

(2)为了减少纠纷，督促双方及时履行合同，可约定在受让方支付全部或大部分股权转让款后，再行办理股权变更登记手续。

(3)股权转让协议应对双方履行主要义务的时间节点及相应的违约责任作出严格约定，明确违约责任、损失赔偿责任及合同解除与终止等。

【法条链接】

《民法典》第一百四十二条 有相对人的意思表示的解释，应当按照所使用的词句，结合相关条款、行为的性质和目的、习惯以及诚信原则，确定意思表示的含义。

无相对人的意思表示的解释，不能完全拘泥于所使用的词句，而应当结合相关条款、行为的性质和目的、习惯以及诚信原则，确定行为人的真实意思。

第一百五十八条 民事法律行为可以附条件，但是根据其性质不得附条件的除外。附生效条件的民事法律行为，自条件成就时生效。附解除条件的民事法律行为，自条件成就时失效。

第五百一十条 合同生效后，当事人就质量、价款或者报酬、履行地点等内容没有约定或者约定不明确的，可以协议补充；不能达成补充协议的，按照合同相关条款或者交易习惯确定。

第五百一十一条 当事人就有关合同内容约定不明确，依据前条规定仍不能确定的，适用下列规定：

……

(四)履行期限不明确的，债务人可以随时履行，债权人也可以随时请求履行，但是应当给对方必要的准备时间。

（五）履行方式不明确的，按照有利于实现合同目的的方式履行。

（六）履行费用的负担不明确的，由履行义务一方负担；因债权人原因增加的履行费用，由债权人负担。

第六百二十六条 买受人应当按照约定的数额和支付方式支付价款。对价款的数额和支付方式没有约定或者约定不明确的，适用本法第五百一十条、第五百一十一条第二项和第五项的规定。

第六百二十八条 买受人应当按照约定的时间支付价款。对支付时间没有约定或者约定不明确，依据本法第五百一十条的规定仍不能确定的，买受人应当在收到标的物或者提取标的物单证的同时支付。

132. 在股权转让中，能否以债权抵偿股权转让款？

【情景案例】

2021 年 3 月 19 日，甲公司与乙公司签订一份《股权转让协议》，约定：甲公司将其所持丙公司 40% 的股权转让给乙公司，转让价款为 400 万元，转让价款的支付时间为 2021 年 3 月 31 日前。甲公司与乙公司经常有业务往来，乙公司准备支付股权转让款时，突然发现甲公司上月拖欠的 150 万元货款还未支付，于是向甲公司提出以该 150 万元债权抵销同等数额的股权转让款，但遭到甲公司拒绝。甲公司认为，这是两个不同的法律行为，为避免日后发生不必要纠纷，乙公司应当先按约定支付股权转让款，其收到款项后会马上偿还 150 万元债务。

请问：乙公司可以债权抵偿股权转让款吗？

【案例分析】

本案涉及的是债务相互抵销的法律问题。

根据《民法典》第五百六十八条的规定，当事人互负债务，该债务的标的物种类、品质相同的，任何一方可以将自己的债务与对方的到期债务抵销。当事人主张抵销的，应当通知对方，通知自到达对方时生效。

本案中，甲公司将持有的丙公司股权转让给乙公司，乙公司需向甲公司支付相应的股权转让款。同时，甲公司因业务往来，拖欠乙公司到期货款。甲、乙公司之间互负债务，互享债权，双方互负债务的标的均为金钱给付，且双方债务均已到期。因此，乙公司要求以债权（货款）抵偿部分股权转让款，符合法律规定，在乙公司通知甲公司后，可以依法进行债务抵销。

【风险防范建议】

实践中,债务互相抵销的法定条件具体如下:

(1)抵销人与被抵销人之间互负债务、互享债权是双方行使债务抵销的前提条件。

(2)抵销的债务必须是同种类的给付,如果双方互负债务的标的物种类不同,原则上不允许抵销。

(3)抵销具有用相互清偿的作用,因此只有双方债务均已到期,才可以主张抵销。

(4)当事人主张抵销的,应当通知对方。通知自到达对方时生效。

【法条链接】

《民法典》第五百五十七条 有下列情形之一的,债权债务终止:

(一)债务已经履行;

(二)债务相互抵销;

……

合同解除的,该合同的权利义务关系终止。

第五百六十八条 当事人互负债务,该债务的标的物种类、品质相同的,任何一方可以将自己的债务与对方的到期债务抵销;但是,根据债务性质、按照当事人约定或者依照法律规定不得抵销的除外。

当事人主张抵销的,应当通知对方。通知自到达对方时生效。抵销不得附条件或者附期限。

第五百六十九条 当事人互负债务,标的物种类、品质不相同的,经协商一致,也可以抵销。

133. 转让股权需要缴纳税金吗?

【情景案例】

A公司由董某与梁某共同创办,注册资本1000万元,董某出资800万元持股80%。2019年3月1日,董某与刘某签订一份《股权转让协议》,约定:董某将其所持A公司30%的股权转让给刘某,股权转让金额为500万元。之后,双方办理了股权变更登记手续。2019年12月,税务人员在对甲公司进行税务检查时发现,董某转让公司的股权时,没有依法进行申报缴税。董某辩称,转让股权不是经营行为，无须进行缴纳任何税收。

请问：董某的说法符合我国法律规定吗？

【案例分析】

本案涉及的是个人持有的非上市公司股权进行股权转让时，是否需要缴纳税金的问题。

《财政部、国家税务总局关于全面推开营业税改征增值税试点的通知》规定，金融商品转让，是指转让外汇、有价证券、非货物期货和其他金融商品所有权的业务活动。根据该规定可知，自“营改增”后，个人持有的非上市公司股权进行股权转让时，不再需要交纳增值税。《股权转让所得个人所得税管理办法（试行）》第四条规定，个人转让股权，以股权转让收入减除股权原值和合理费用后的余额为应纳税所得额，按“财产转让所得”缴纳个人所得税。《印花税暂行条例》及其施行细则规定，产权转移书据，是指单位和个人产权的买卖、继承、赠与、交换、分割等所立的书据。《国家税务总局关于印花税若干具体问题的解释和规定的通知》规定，财产所有权转移书据的征税范围是：经政府管理机关登记注册的动产，不动产的所有权转移所立的书据，以及企业股权转让所立的书据。适用税率按所载金额5‰贴花。非上市公司股权转让的印花税率为：由立据双方依据协议价格的5‰的税率计征印花税。

本案中，董某将出资300万获得的“30%的公司股权”以500万元的价格转让给刘某，应当缴纳个人所得税和印花税，但不需要缴纳增值税和营业税，故董某的说法错误。

【风险防范建议】

在实务中，部分投资者通过故意压低股价，甚至签订“阴阳合同”等方式逃避税收。但必须提醒的是，依法纳税是每个公民应尽的义务。逃避税收轻者会被税务机关追缴其不缴或者少缴的税款、滞纳金，并处以罚款；构成犯罪的，甚至会被依法追究刑事责任。股东作为企业的投资者和管理人，一旦被税务机关处罚，将会严重影响企业形象，构成犯罪身陷囹圄的，将会对公司的管理造成沉重打击，故每位投资者都应当依法纳税。做好各种风险管理才能让企业走得更远。

【法条链接】

《税收征收管理法》第六十二条　纳税人未按照规定的期限办理纳税申报和报送纳税资料的，或者扣缴义务人未按照规定的期限向税务机关报送代扣代缴、代收代缴税款报告表和有关资料的，由税务机关责令限期改正，可以处二千元以下的罚款；情节严重的，可以处二千元以上一万元以下的罚款。

第六十三条第一款　纳税人伪造、变造、隐匿、擅自销毁帐簿、记帐凭证，或者在帐簿上多列支出或者不列、少列收入，或者经税务机关通知申报而拒不申报或者进行虚假的纳税申报，不缴或者少缴应纳税款的，是偷税。对纳税人偷税的，由税务机关追缴其不缴或者少缴的税款、滞纳金，并处不缴或者少缴的税款百分之五十以上五倍以下的罚款；构成犯罪的，依法追究刑事责任。

《刑法》第二百零一条　纳税人采取欺骗、隐瞒手段进行虚假纳税申报或者不申报，逃避缴纳税款数额较大并且占应纳税额百分之十以上的，处三年以下有期徒刑或者拘役，并处罚金；数额巨大并且占应纳税额百分之三十以上的，处三年以上七年以下有期徒刑，并处罚金。

扣缴义务人采取前款所列手段，不缴或者少缴已扣、已收税款，数额较大的，依照前款的规定处罚。

……

《股权转让所得个人所得税管理办法（试行）》第三条　本办法所称股权转让是指个人将股权转让给其他个人或法人的行为，包括以下情形：

（一）出售股权；

（二）公司回购股权；

（三）发行人首次公开发行新股时，被投资企业股东将其持有的股份以公开发行方式一并向投资者发售；

（四）股权被司法或行政机关强制过户；

（五）以股权对外投资或进行其他非货币性交易；

（六）以股权抵偿债务；

（七）其他股权转移行为。

第四条　个人转让股权，以股权转让收入减除股权原值和合理费用后的余额为应纳税所得额，按“财产转让所得”缴纳个人所得税。

合理费用是指股权转让时按照规定支付的有关税费。

134. 股权继承人未完成股权继承手续，无法转让股权，股权受让人怎么办？

【情景案例】

A公司成立于2015年8月，甲实际出资20万元占股20%，公司章程对于股权继承没有任何规定。2019年3月10日，甲因病去世。在去世前，甲立下遗嘱由儿子乙继承其所持A公司的全部股权。由于乙无意参与A公司的经营管理,乙于2019年3月18日与丙签订了一份《股权转让协议》,约定:乙将持有A公司的20%的股权以100万元的价格转让给丙,丙应当在协议签订之日起3日内一次性支付股权转让款。2019年3月19日,A公司召开股东大会,其余股东在了解《股权转让协议》的情况后均没有表示异议,一致同意乙将股权转让给丙。2019年3月20日,丙按约定履行了支付股权转让款的义务。之后,丙多次催乙配合办理股东变更登记手续,但遭到乙的拒绝。乙认为,A公司工商登记的股东名字是其父亲甲,要待A公司将股东名字变更为自己后才能配合丙办理股东变更手续,但现在A公司迟迟未能予以配合。协商无果后,丙遂诉至法院,请求判令乙尽快协助办理股东变更登记手续。

请问:丙应当如何维护自己的合法权益?

【案例分析】

本案涉及的是有限责任公司的股权继承及转让的问题。

我国《公司法》第七十五条规定,自然人股东死亡后,其合法继承人可以继承股东资格,但公司章程另有规定的除外。

本案中,甲立下遗嘱由儿子乙继承其所持A公司的全部股权,由于A公司的章程对股权继承没有特别规定,因此乙可继承甲的股东资格。目前A公司工商登记的股东名字是甲,乙未完成股权继承。由于乙、丙取得股权的方式系基于不同的法律关系,所以乙需要先完成股权继承手续,即将其父亲甲的名字从内部的股东名册和公示的工商登记中变更为自己,然后才能将股权转让给丙。综上所述,丙应当追加A公司为被告,请求法院要求A公司尽快协助乙完成股权继承手续,并要求乙在完成手续后立即进行股权转让。

【风险防范建议】

有限责任公司具有人合性与资合性的双重特点,核心股东的专业能力、社会资源等非资本性因素对公司的发展非常重要。在实务中,由于继承股东与原有股东管理理念不同,公司因为新旧股东更替导致公司管理动荡的情况屡屡发生。为防止这种情况,建议在公司章程中制定相应的股权继承规则,具体如下:

(1)死亡股东的股权优先由其他股东以一定的价格购买,并且明确价格的计算方法和购买方式。

(2)在其他股东不愿意购买的情况下,由死亡股东的继承人继承。

(3)对其他股东购买股权及继承人继承股权设定一个合理期限,防止相应股权的主体长期不确定。

(4)可以考虑对继承股东的表决权行使进行限制,如规定继承人继承股东资格后,其表决权不可撤销地授权给其他股东行使。

(5)对其他股东的购买股权程序或继承股权程序,如通知、递交继承人资料、价格确定、争议处理机制等尽可能在章程中予以明确。

【法条链接】

《公司法》第七十五条 自然人股东死亡后,其合法继承人可以继承股东资格;但是,公司章程另有规定的除外。

135. 公司被宣告破产,股权转让合同还需要履行吗?

【情景案例】

A公司系一家股份有限公司,成立于2010年1月,阮某系该公司发起人之一。A公司注册资本为1000万元,阮某出资100万元持股10%。2021年1月20日,阮某与杜某签订一份《股权转让合同》,约定3年禁售期满后,阮某将其所持A公司的10%股权转让给杜某,股权转让款为300万元,支付方式为:合同签订时支付100万元,余款在办理股东变更登记后3日内支付。同日,杜某向阮某支付股权转让款100万元。令阮某与杜某意想不到的是,A公司因经营不善于2021年7月20日被法院宣告破产。2021年7月26日,杜某诉至法院,请求判令解除其与阮某所签订的股权转让合同,要求阮某返还已支付的100元股权转让款。

请问:杜某的请求能得到法院支持吗?

【案例分析】

本案涉及的是公司进入破产程序后,股权转让合同还能否履行的问题。

根据我国《民法典》第五百六十三条的规定,当事人一方迟延履行债务或者有其他违约行为致使不能实现合同目的,另一方当事人可以解除合同。根据《企业破产法》第二十五条的规定,管理人决定债务人的内部管理事务。

本案中,杜某若想解除合同,并要求阮某返还已支付的100万元股权转让款,关键在于合同目的是否还能实现,A公司的股权是否还能进行交易。笔者认为杜某的请求难以得到法院支持,理由如下:(1)当事人订立股权转让合同后,公司被宣告破产不影响合同的继续履行。股权因公司被宣告破产导致的贬值损失属于正常商业风险,当事人应根据合同约定承担相应责任和风险。

(2)A 公司因经营不善被法院宣告破产,但尚未被注销,A 公司的股份仍然存在,股权仍在并可转让,不影响股权转让合同继续履行。(3)现有法律法规虽没有明确将办理股权变更手续作为清算组或管理人的职责,但该事项应属于《企业破产法》第二十五条第一款第(三)项所指的"内部管理事务",在不侵犯其他股东和债权人的利益的情况下,管理人可以协助办理相关手续并不违反法律规定。综上所述,杜某应当继续履行此前签订的股权转让合同。

【风险防范建议】

关于受让具有禁售期的股权时,投资人如何防范因目标公司破产而产生的风险,建议如下:

(1)投资者在正式交易前,应当对目标公司的经营情况进行尽职调查,如果发现目标公司存在资不抵债、遭遇重大经营困难等情况,应当放弃受让股权或者对股权价值进行重新评估。

(2)合理约定股权转让过渡期的损益承担。过渡期,是指基准日至交割日之间的期限。过渡期内,股权价格会发生波动,造成过渡期损益。过渡期的损益可以通过约定确定归转让方或受让方所有或承担,如约定:"过渡期的盈利归股权受让方享受,亏损由股权转让方承担"。

(3)合理设计合同约定解除权,如在《股权转让合同》中约定:"在完成股权变更登记前,若发生目标公司被宣告破产、解散等严重降低股权价格的事件,投资者享有合同解除权",从而让投资者保留退出股权交易的途径。

【法条链接】

《企业破产法》第二十五条　管理人履行下列职责:

(一)接管债务人的财产、印章和账簿、文书等资料;

(二)调查债务人财产状况,制作财产状况报告;

(三)决定债务人的内部管理事务;

……

本法对管理人的职责另有规定的,适用其规定。

《民法典》第五百六十三条　有下列情形之一的,当事人可以解除合同:

(一)因不可抗力致使不能实现合同目的;

(二)在履行期限届满前,当事人一方明确表示或者以自己的行为表明不履行主要债务;

(三)当事人一方迟延履行主要债务,经催告后在合理期限内仍未履行;

（四）当事人一方迟延履行债务或者有其他违约行为致使不能实现合同目的；

（五）法律规定的其他情形。

以持续履行的债务为内容的不定期合同，当事人可以随时解除合同，但是应当在合理期限之前通知对方。

136. 股权转让方不按约定履行义务，可以要求受让方支付转让款吗？

【情景案例】

甲公司成立于2018年1月，注册资本30万元，由季某一人出资创办。2021年5月1日，季某与贾某签订一份《股权转让协议》，约定：季某将持有的甲公司全部股权以30万元的对价转让给贾某，季某应在2021年5月20日前办好股权变更登记手续；贾某应当在协议签订时支付5万元，余款在办理股权变更登记完成后3日内支付。之后，贾某按约定给季某支付5万元，但季某由于个人原因在2021年5月20日前未完成股权变更登记手续。季某要求贾某先行支付剩余股权转让款25万元，并保证余款到账后马上办理股权变更登记手续。贾某明确拒绝季某的要求。为此，季某诉至法院，认为贾某未按约定履行合同义务，并要求贾某按约定支付剩余股权转让款25万元。

请问：季某的请求能得到法院支持吗？

【案例分析】

本案涉及的是股权转让合同双方当事人的合同义务即支付股权转让款和办理股权变更登记手续先后履行顺序的问题。

我国《民法典》第五百二十六条规定，当事人互负债务，有先后履行顺序，应当先履行债务一方未履行的，后履行一方有权拒绝其履行请求。

本案中，双方约定的合同义务履行顺序为：贾某在协议签订时支付5万元股权转让款；季某在2021年5月20日前办好股权变更登记手续；季某支付剩余股权转让款25万元。根据上述法律规定及合同约定，季某支付剩余股权转让款25万元的前提条件为季某如期办好股权变更登记手续。现季某由于个人原因未完成股权变更登记手续，贾某享有法定的“先履行抗辩权”，故季某的请求不能得到法院支持。

【风险防范建议】

在实践中，股权交易往往伴随数额巨大的资金流动并涉及众多的细节，为降低法律风险，建议如下：

(1)重视《股权转让合同》设计的付款流程和股权交易时间节点，确保股权转让款的支付和股权转让的审批和股权变更相匹配，减少后续合作中双方可能存在的争议，如约定："签订本协议之日，股权受让方支付10%的股权转让款作为定金；双方共同提交股权变更登记材料之日，股权受让方支付40%的股权转让款；市场监督管理部门完成股权变更登记之日，股权受让方支付30%的股权转让款；双方完成企业管理交接之日，股权受让方支付20%的股权转让款"。

(2)密切联系、关注交易相对方，定时敦促其办理股权变更登记手续或筹集股权转让款。

(3)若对方存在明显的违约行为或违约风险，应当及时向其发函询问情况，积极收集和固定相关证据，为后续的诉讼活动做准备。

【法条链接】

《民法典》第五百二十五条　当事人互负债务，没有先后履行顺序的，应当同时履行。一方在对方履行之前有权拒绝其履行请求。一方在对方履行债务不符合约定时，有权拒绝其相应的履行请求。

第五百二十六条　当事人互负债务，有先后履行顺序，应当先履行债务一方未履行的，后履行一方有权拒绝其履行请求。先履行一方履行债务不符合约定的，后履行一方有权拒绝其相应的履行请求。

137. 股权转让合同约定某日期之前履行，是否包括该日期当天？

【情景案例】

甲公司成立于2013年8月，注册资本500万元，江某系甲公司的股东之一，占股10%。2021年3月1日，江某与童某签订一份《股权转让协议》，约定：江某将所持甲公司10%的股权转让给童某，转让价款为50万元；因江某急需资金周转，童某务必在2021年3月5日之前支付全部转让款，否则江某有权解除合同并要求童某承担5万元的违约责任。由于货款催收较慢，童某直至2021年3月5日下午4时才筹集到50万元，当童某打算将钱交付江某时，江某以童某违约为由拒绝接收。之后，江某诉至法院，请求判令解除其与童某签订的《股权转让协议》，并要求童某支付5万元违约金。童某辩称，合同约定是2021年3月5日前支付股权转让款，是江某不收钱，其本人没有违约。江某认为，2021年3月5日之前不包括当天，即童某至迟应当在3月4日支付。

请问:江某的说法符合我国法律规定吗?

【案例分析】

本案涉及的是对有争议的合同条款应当如何进行解释、适用的问题。

根据我国《民法典》第一百四十二条与第四百六十六条的规定,有相对人的意思表示的解释,应当按照所使用的词句,结合相关条款、行为的性质和目的、习惯以及诚信原则,确定意思表示的含义。当事人对合同条款的理解有争议的,同样以此确定争议条款的含义。

本案中,《股权转让协议》约定"童某务必在 2021 年 3 月 5 日之前支付全部转让款",而在《股权转让协议》的实际履行过程中,童某直至 2021 年 3 月 5 日才筹集资金完毕。"2021 年 3 月 5 日"是否包含在"2021 年 3 月 5 日之前"系本案的焦点问题。《民法典》第一千二百五十九条规定:民法所称的"以上""以下""以内""届满",包括本数;所称的"不满""超过""以外",不包括本数。对于"以前"是否包括本数,虽然民事法律和司法解释没有明文规定,但通常"以前"与"以内"相近,"以后"与"以外"相近。综上所述,就本案所涉"2021 年 3 月 5 日前支付"的约定而言,应当包括本数,即童某在 2021 年 3 月 5 日下午支付货款的行为并未违约,故江某的说法不符合我国法律规定。

【风险防范建议】

为避免不必要的法律纠纷,在草拟文本、签订合同时应当注意以下事项:

(1)当事人在订立合同时,须对合同文义进行明确的界定,用语要准确明晰,避免语意不清的词汇,对于语意不清的表达应当进行充分解释。

(2)如果签订合同后才发现有部分条款、用语存在争议,应当立即与对方当事人进行沟通,并保留相应的来往函件、聊天记录等证据。在意见达成一致后,应当尽快签订"补充协议",降低各种不必要的法律风险。

【法条链接】

《民法典》第一百四十二条 有相对人的意思表示的解释,应当按照所使用的词句,结合相关条款、行为的性质和目的、习惯以及诚信原则,确定意思表示的含义。

无相对人的意思表示的解释,不能完全拘泥于所使用的词句,而应当结合相关条款、行为的性质和目的、习惯以及诚信原则,确定行为人的真实意思。

第四百六十六条第一款 当事人对合同条款的理解有争议的,应当依据本法第一百四十二条第一款的规定,确定争议条款的含义。

第一千二百五十九条　民法所称的“以上”、“以下”、“以内”、“届满”，包括本数；所称的“不满”、“超过”、“以外”，不包括本数。

138. 因转让方原因导致协议无法履行，受让方可要求赔偿损失吗？

【情景案例】

A公司由甲、乙、丙三人共同创办，分别持股50%、30%、20%。2021年3月1日，丙在没有经甲、乙同意的情况下，与B公司签订了一份《股权转让协议》，协议主要内容为：丙将所持A公司20%的股权转让给B公司，股权转让价格为2000万元；股权转让款的支付采取分期付款形式，协议签订之日起3日内支付1000万元，余款在2021年12月31日前支付。尽管B公司也明知该笔交易没有得到其余股东的同意，但仍心存侥幸，合同签订3日后便依约向丙支付了1000万元。

2021年3月10日，甲得知丙将股权转让给B公司后表示反对。协商无果后，甲向某仲裁委员会申请仲裁。2021年6月28日，某仲裁委员会作出终局裁决，裁决的主要内容为：2021年12月31日前，甲有权行使作为A公司股东所享有的同等条件对丙拟转让的A公司20%股权的优先购买权。仲裁裁决生效后，甲一次性向丙支付股权总价款2000万元，成功受让丙所持A公司的全部股权。丙自知理亏，便向B公司退还1000万元本金。B公司不服，向法院起诉要求丙赔偿其经济损失40万元，具体包括：B公司为筹建资金向某国际信投公司支付的高额贷款利息20万元、财务顾问费用2万元，向某会计师事务所支付的审计费3万元，以及B公司内负责股权收购的职工在收购期间的工资15万元。

请问：B公司的主张能否得到支持？

【案例分析】

本案涉及的是由于转让方的过错导致股权转让合同无法履行时，股权受让方如何索赔的问题。

根据我国《民法典》第五百六十三条的规定，当事人一方迟延履行债务或者有其他违约行为致使不能实现合同目的，另一方当事人有权解除合同并有权请求赔偿损失。该法第五百八十四条规定，当事人一方不履行合同义务或者履行合同义务不符合约定，造成对方损失的，损失赔偿额应当相当于因违约所造成的损失，但是不得超过违约一方订立合同时预见到或者应当预见到的因违约可能造成的损失。

本案中，因某仲裁委员会已裁决甲享有优先购买权，且甲已支付全额的股权转让款并受让股权，丙与B公司之间的《股权转让协议》已无继续履行的可能。

合同目的不能实现,B 公司有权解除《股权转让协议》并有权请求赔偿损失,但不得超过丙在订立合同时预见到或者应当预见到的因违约可能造成的损失。

在 B 公司主张的 40 万元赔偿款中,20 万元的贷款利息以及 2 万元的财务顾问费用属于 B 公司筹集资金所产生的费用,而筹集资金的方式多种多样,丙可以预见的损失应该是资金占用期间的利息损失,故该诉请只能得到部分支持。而 3 万元的审计费以及 15 万元的工资,是 B 公司为实现合同目的,诚意履约而实际支付或必须对外支付的款项,属于丙在订立合同时能合理预见的范围,应认定为合同不能履行所产生的损失。

另外,合同被依法解除的主要是因为丙在签订《股权转让协议》之初没有事先取得其余股东的同意,损害其他股东的优先购买权。因此丙存在重大过失,对合同解除应当承担主要责任。但 B 公司心存侥幸,对合同解除亦存在一定过错,应当承担次要责任。综上所述,B 公司的部分主张能得到法院支持。

【风险防范建议】

关于在进行股权交易时,股权交易双方应当如何尊重其他股东的优先购买权,建议如下:

(1)签订《股权转让协议》之前,股权转让方应当向其余具有优先购买权的股东寄送《关于转让××公司××%股权的通知书》。通知书中不仅要载明股权转让价格、股权转让款的付款方式、期限以及办理股权工商变更的时间,还应当设置默示同意条款,如"请贵方在收到本通知书之日起 30 日内书面答复是否同意本人对外转让股权。如未在上述期限内书面答复的,视为同意本人转让股权。如贵方及其他股东半数以上不同意转让,贵方应当按前述的条件购买相应的股权;贵方不购买的,视为同意转让"。

(2)《关于转让××公司××%股权的通知书》应当使用 EMS 寄出。EMS 寄送单的留言栏或者备注栏处应当备注"《关于转让××公司××%股权的通知书》",并妥善保管 EMS 底单,查询并记录通知书送达收件人的时间,以备将来发生法律纠纷时作为证据提交。

(3)在《股权转让协议》中应当明确约定违约责任的承担方式,并使用"一般原则+部分列举"的方法明确约定赔偿范围,如"若因股权转让方所转让的股权存在权利瑕疵被他人追索或本次股权交易存在程序瑕疵等情况,导致股权交易失败,股权转让方应当承担受让方在本次股权交易中的一切损失,包括但不限于贷款利息、财务顾问费用、审计费、投入的员工工资等"。

【法条链接】

《民法典》第五百六十三条 有下列情形之一的，当事人可以解除合同：

（一）因不可抗力致使不能实现合同目的；

（二）在履行期限届满前，当事人一方明确表示或者以自己的行为表明不履行主要债务；

（三）当事人一方迟延履行主要债务，经催告后在合理期限内仍未履行；

（四）当事人一方迟延履行债务或者有其他违约行为致使不能实现合同目的；

（五）法律规定的其他情形。

以持续履行的债务为内容的不定期合同，当事人可以随时解除合同，但是应当在合理期限之前通知对方。

第五百六十六条第一款 合同解除后，尚未履行的，终止履行；已经履行的，根据履行情况和合同性质，当事人可以请求恢复原状或者采取其他补救措施，并有权请求赔偿损失。

第五百八十四条 当事人一方不履行合同义务或者履行合同义务不符合约定，造成对方损失的，损失赔偿额应当相当于因违约所造成的损失，包括合同履行后可以获得的利益；但是，不得超过违约一方订立合同时预见到或者应当预见到的因违约可能造成的损失。

139. 股东患重大疾病的，可否要求公司回购股权？

【情景案例】

2017 年 8 月，颜某、郭某与梅某共同创办甲公司，注册资本 100 万元。颜某出资 50 万元持股 50%，郭某出资 30 万元持股 30%，梅某出资 20 万元持股 20%。颜某担任公司法定代表人兼执行董事。2019 年 1 月，梅某在体检时被查出患肺癌，急需一大笔钱进行治疗。2019 年 6 月，梅某因看病已将家中积蓄花完。无奈之下，梅某请求甲公司回购其股权，但遭到甲公司的拒绝。颜某认为，梅某可以将股权转让给他人，但不能要求公司回购股权，因为这样会让公司注册资本减少，损害债权人利益。

请问：颜某的说法符合我国法律规定吗？

【案例分析】

本案涉及的是股东在何种情况下能要求公司回购股权的问题。

基于公司资本维持原则,《公司法》第一百四十二条明确规定公司不得收购本公司的股份,除非有法律规定的特别情况。但为了有效保护中小股东的合法权益,《公司法》第七十四条亦明确规定了中小股东的股权回购请求权,异议股东在出现法律规定的某些特殊情况下(连续5年盈利不分红,公司合并、分立、转让主要财产,修改章程使公司存续),有权要求公司对其出资的股权予以收购。

本案中,梅某身患重病并不属于《公司法》第七十四条规定的三种情形之一,梅某不能据此要求公司回购其股权。但根据《公司法》第一百四十二条的规定,甲公司可以通过减少注册资本的形式向梅某收购股权,从而实现梅某"变卖股权"筹钱治病的目的。但需要注意的是,这种做法不具有请求权基础,需要股东会会议作出减少注册资本的决议,并经代表2/3以上表决权的股东通过。综上所述,颜某的说法并不完全准确。

【风险防范建议】

实务中,关于股东出现资金周转困难或患病等情况急需用钱,如何通过股权变现,建议如下:

(1)积极与公司各股东及董事会协商,争取公司以减少注册资本的形式向其收购股份。但该方法难度较大,实际操作可能还会遭遇债权人的反对并要求公司提前清偿所有债务。

(2)与其他股东或战略投资者协商,以较为优惠的价钱转让股权。

(3)以自己持有的股权作为质押物,向银行等金融机构贷款筹钱,但贷款数额一般仅为评估价值的70%。

【法条链接】

《公司法》第七十四条 有下列情形之一的,对股东会该项决议投反对票的股东可以请求公司按照合理的价格收购其股权:

(一)公司连续五年不向股东分配利润,而公司该五年连续盈利,并且符合本法规定的分配利润条件的;

(二)公司合并、分立、转让主要财产的;

(三)公司章程规定的营业期限届满或者章程规定的其他解散事由出现,股东会会议通过决议修改章程使公司存续的。

自股东会会议决议通过之日起六十日内,股东与公司不能达成股权收购协议的,股东可以自股东会会议决议通过之日起九十日内向人民法院提起诉讼。

第一百四十二条 公司不得收购本公司股份。但是,有下列情形之一的除外:

（一）减少公司注册资本；

（二）与持有本公司股份的其他公司合并；

（三）将股份用于员工持股计划或者股权激励；

（四）股东因对股东大会作出的公司合并、分立决议持异议，要求公司收购其股份；

（五）将股份用于转换上市公司发行的可转换为股票的公司债券；

（六）上市公司为维护公司价值及股东权益所必需。

公司因前款第（一）项、第（二）项规定的情形收购本公司股份的，应当经股东大会决议；公司因前款第（三）项、第（五）项、第（六）项规定的情形收购本公司股份的，可以依照公司章程的规定或者股东大会的授权，经三分之二以上董事出席的董事会会议决议。

公司依照本条第一款规定收购本公司股份后，属于第（一）项情形的，应当自收购之日起十日内注销；属于第（二）项、第（四）项情形的，应当在六个月内转让或者注销；属于第（三）项、第（五）项、第（六）项情形的，公司合计持有的本公司股份数不得超过本公司已发行股份总额的百分之十，并应当在三年内转让或者注销。

……

140. 已办理股权转让变更手续，但受让人不付款，怎么办？

【情景案例】

A公司由盛某和林某共同创办，二人分别持股60%、40%，盛某是法定代表人。2021年3月10日，林某因家里急需用钱，在盛某的同意下与徐某签订一份《股权转让协议》，约定将其所持A公司全部股权转让给徐某，转让价格为80万元。2021年3月20日，林某与徐某办妥了股权变更手续。然而，徐某不按约定支付股权转让款，林某催促3个多月徐某仍然没有付款，只是一再表示“股权转让款一定会给，只是目前为公司经营投入了大量资金，希望能在宽限几日”。经查明，徐某在受让股权后积极参与A公司的经营管理，并亲自制定、实施了多项重大战略决策。

请问：林某可以如何维护自身合法权益？

【案例分析】

本案涉及的是受让方在受让股权后不支付价款，股权转让方能否要求返还股权的问题。

根据我国《民法典》第五百六十三条的规定，当事人一方迟延履行主要债务，经催告后在合理期限内仍未履行，另一方当事人可以解除合同。该法第五百六十六条规定，合同解除后，尚未履行的终止履行；已经履行的，根据履行情况和合同性质，当事人可以请求恢复原状或者采取其他补救措施，并有权请求赔偿损失。但股权返还的问题涉及合同法律法规与公司法律法规的冲突的问题。合同法律法规是行为法，规范合同双方的权利义务；而公司法兼有行为法和组织法的特征，涉及公司、公司债权人、公司股东及公司员工等众多利害关系人的利益。

本案中，徐某在林某催告3个多月后仍不支付股权转让款，已经满足合同解除的条件。合同解除后，林某可以要求徐某返还股权或者赔偿损失。但是在本案中，由于徐某已经实际参与了公司的经营管理，并亲自制定、实施了多项重大战略决策，为维护公司经营管理的稳定性、保护既成的交易关系，在徐某具有支付能力的情况下，法院不会轻易支持林某解除合同并返还股权的请求，而更倾向于判令徐某继续履行股权转让合同，在限定期限内向林某支付股权转让款。

综上所述，林某应该尽快向人民法院起诉，并通过诉讼保全冻结争议股权或者林某相应的财产，为后续的诉讼策略做准备。

【风险防范建议】

在股权交易中，为防止股权受让人在受让股权后逾期支付款项，建议如下：

(1)重视《股权转让合同》设计的付款流程和股权交易时间节点，确保股权转让款的支付和股权转让的审批与股权变更相匹配，如约定："签订本协议之日，股权受让方支付10%的股权转让款作为定金；双方共同提交股权变更登记材料之日，股权受让方支付40%的股权转让款；市场监督管理部门完成股权变更登记之日，股权受让方支付30%的股权转让款；双方完成企业管理交接之日，股权受让方支付20%的股权转让款"。

(2)当事人可通过银行共管账户的模式，可以先将股权转让款汇入双方共同监管的资金共管账户。待股权转让合同获得审批且股权变更登记手续完成后，双方再将该股权转让款释放至转让方账户中。

【法条链接】

《民法典》第五百六十三条 有下列情形之一的，当事人可以解除合同：

(一)因不可抗力致使不能实现合同目的；

(二)在履行期限届满前，当事人一方明确表示或者以自己的行为表明不履行主要债务；

（三）当事人一方迟延履行主要债务，经催告后在合理期限内仍未履行；

（四）当事人一方迟延履行债务或者有其他违约行为致使不能实现合同目的；

（五）法律规定的其他情形。

以持续履行的债务为内容的不定期合同，当事人可以随时解除合同，但是应当在合理期限之前通知对方。

第五百六十六条第一款　合同解除后，尚未履行的，终止履行；已经履行的，根据履行情况和合同性质，当事人可以请求恢复原状或者采取其他补救措施，并有权请求赔偿损失。

141. 股东优先购买权受到侵害，怎么办？

【情景案例】

A公司成立于2012年3月，注册资本100万元。工商登记资料记载，公司目前股东为霍某（持股比例为50%）、万某（持股比例为30%）、柯某（持股比例为20%），由霍某担任法定代表人。2021年4月1日，万某与卢某签订一份《股权转让协议》，约定：万某将其持有A公司30%的股权作价60万元转让给卢某。当日，卢某通过银行转账方式向万某支付了60万元。上述协议签订之前，万某并未将其转让股权事宜告知霍某与柯某，甲公司也并未就此事召开过股东会会议进行讨论并形成同意的决议。霍某得知万某将股权转让他人后，表示强烈反对。

请问：请问霍某应当如何进行维权？

【案例分析】

本案涉及的是股东在优先购买权受到侵害时如何维权的问题。

我国《公司法》第七十一条规定，股东向股东以外的人转让股权，应当经其他股东过半数同意。《最高人民法院关于适用〈中华人民共和国公司法〉若干问题的规定（四）》第二十一条规定，有限责任公司的股东向股东以外的人转让股权，未就其股权转让事项征求其他股东意见，损害其他股东优先购买权，其他股东可以主张按照同等条件购买该转让股权。

本案中，万某并未将其转让股权事宜告知霍某与柯某，甲公司也并未就此事召开过股东会会议进行讨论并形成同意的决议。因此，霍某可以在得知此事的30日内向人民法院起诉，要求撤销万某与卢某签订的《股权转让协议》，并以同等条件行使优先购买权。值得注意的是，如果霍某明确表示不购买案涉股权，则不能主张万某与卢某侵犯了其优先购买权，也就无权撤销万某与卢某签订的《股权转让协议》。

【风险防范建议】

股东优先购买权受到侵害后,在维权时应当注意以下事项:

(1)知道优先购买权受到侵害后,应当自知道或者应当知道行使优先购买权的同等条件之日起30日内,或者自股权变更登记之日起1年内,向法院“主张按照同等条件购买该转让股权”。如果非因自身原因导致无法行使优先购买权,股东可以向法院请求损害赔偿。如果过期仍未提起诉讼,则不能继续追究对方的法律责任。

(2)起诉时的诉讼请求应当是撤销对方的《股权转让协议》并主张行使优先购买权,不能是确定《股权转让协议》无效,否则将不能得到法院支持。具体的诉讼策略应当根据实际情况咨询律师。

【法条链接】

《民法典》第一百四十三条　具备下列条件的民事法律行为有效:

(一)行为人具有相应的民事行为能力;

(二)意思表示真实;

(三)不违反法律、行政法规的强制性规定,不违背公序良俗。

《公司法》第七十一条　有限责任公司的股东之间可以相互转让其全部或者部分股权。

股东向股东以外的人转让股权,应当经其他股东过半数同意。股东应就其股权转让事项书面通知其他股东征求同意,其他股东自接到书面通知之日起满三十日未答复的,视为同意转让。其他股东半数以上不同意转让的,不同意的股东应当购买该转让的股权;不购买的,视为同意转让。

经股东同意转让的股权,在同等条件下,其他股东有优先购买权。两个以上股东主张行使优先购买权的,协商确定各自的购买比例;协商不成的,按照转让时各自的出资比例行使优先购买权。

公司章程对股权转让另有规定的,从其规定。

《最高人民法院关于适用〈中华人民共和国公司法〉若干问题的规定(四)》第二十一条　有限责任公司的股东向股东以外的人转让股权,未就其股权转让事项征求其他股东意见,或者以欺诈、恶意串通等手段,损害其他股东优先购买权,其他股东主张按照同等条件购买该转让股权的,人民法院应当予以支持,但其他股东自知道或者应当知道行使优先购买权的同等条件之日起三十日内没有主张,或者自股权变更登记之日起超过一年的除外。

前款规定的其他股东仅提出确认股权转让合同及股权变动效力等请求，未同时主张按照同等条件购买转让股权的，人民法院不予支持，但其他股东非因自身原因导致无法行使优先购买权，请求损害赔偿的除外。

股东以外的股权受让人，因股东行使优先购买权而不能实现合同目的的，可以依法请求转让股东承担相应民事责任。

四、股权转让合同的解除纠纷

142. 股权转让协议解除后，转让方不返还股权转让款，怎么办？

【情景案例】

2021年3月1日，邱某与骆某签订一份《股权转让协议》，约定：骆某受让邱某在甲公司20%的股权，转让款为100万元。当日，骆某通过中国工商银行向邱某支付了100万元，邱某向骆某出具收条。2021年3月10日，邱某与骆某签订一份《股权转让解除协议》，约定：双方自愿解除于2021年3月1日签订的《股权转让协议》；邱某将收到的股权转让款分两次返还给骆某，具体返还数额和日期为2021年3月31日之前返还30万元，2021年4月30日之前返还70万元，如邱某逾期未还，则每日按照未还数额的1‰支付违约金。2021年3月30日，邱某向骆某返还了30万元。由于资金周转困难，邱某直至2021年5月5日仍未返还余款，由此引发纠纷。

请问：骆某可以如何维权？

【案例分析】

本案涉及的是股权转让合同被解除后如何返还财产的问题。

我国《民法典》第五百六十二条第一款规定，当事人协商一致，可以解除合同。第五百六十六条第一款规定，合同解除后，已经履行的，根据履行情况和合同性质，当事人可以请求恢复原状并有权请求赔偿损失。

本案中，《股权转让协议》被依法解除后，邱某迟迟未向骆某返还余款，已经构成违约，依法应当承担违约责任。对于骆某而言，可通过以下方式进行维权：

（1）如果邱某确实是资金周转困难，可根据其还款能力重新签订一份《还款协议》，明确还款计划。为保证邱某能按期还款，建议在《还款协议》中约定1年期贷款市场报价利率LPR 4倍的利息，并要求邱某提供担保物或保证人。

（2）如果邱某只是借口资金周转困难，实际是无理拖欠股权转让款，建议直接向法院提起诉讼，要求邱某返还未归还的股权转让款70万元并支付违约金。

【风险防范建议】

股权转让合同解除后，转让方不及时返还股权转让款的，受让方在维权时应当注意以下事项：

（1）在协商无果后，应当及时向法院提起诉讼，不能因为相互关系熟络或者心存幻想就一再拖延。值得注意的是，因为要求解除合同并返还股权的除斥期间只有1年，解除事由发生1年后将无法要求解除合同。而要求对方继续履行合同并支付股权转让款的诉讼时效只有3年，3年届满后，股权转让人虽然仍能向法院起诉，但此时已经失去胜诉权。

（2）如果发现转让方有转移财产可能性的，应当立即向法院申请财产保全，以保证胜诉判决能顺利执行。需要注意的是，在向法院申请财产保全时，法院会要求提供一定数额的担保（诉讼中财产保全，法院要求申请人提供担保的数额不超过请求范围的30%），如果受让方没有财产可提供担保，可以向保险公司购买"诉讼财产保全责任保险"。另外，财产保全申请人还应当穷尽手段调查包括不动产、车辆、股权、银行存款等财产线索，并编制《财产线索清单》提交法院。

【法条链接】

《民法典》第五百六十二条第一款　当事人协商一致，可以解除合同。

第五百六十六条第一款　合同解除后，尚未履行的，终止履行；已经履行的，根据履行情况和合同性质，当事人可以请求恢复原状或者采取其他补救措施，并有权请求赔偿损失。

143. 当事人之间签订股权转让协议后，当约定的解除条件出现时，一方有权解除合同吗？

【情景案例】

A公司于2012年8月10日成立，注册资本1000万元，高某系A公司股东之一，出资100万元占股10%。2021年6月8日，A公司召开股东会并作出如下决议：为扩大公司生产规模，公司决定于2021年7月31日前在某工业园购买一间面积为2万平方米的厂房。2021年7月8日，高某与夏某签订一份《股权转让协议》，约定：高某将所持A公司的10%股权转让给夏某，转让价格为500万元，合同签订之时支付预付款20万元,余款在办理股权变更手续后3日内支付;如果A公司于2019年7月31日前未能在某工业园购买新厂房,夏某有权解除本合同,且高某应当在协议解除后3日内返还预付款。之后,因A公司突然出现资金周转困难,其在2021年7月未能在某工业区内购买新厂房。

请问:夏某可以单方面解除合同吗?

【案例分析】

本案涉及的是约定解除权如何行使的问题。

我国《民法典》第五百六十二条第二款规定,当事人可以约定一方解除合同的事由。解除合同的事由发生时,解除权人可以解除合同。该法第一百五十三条规定,违反法律、行政法规的强制性规定的民事法律行为无效,违背公序良俗的民事法律行为无效。

本案中,双方签订的《股权转让协议》是双方真实的意思表示,且已于双方签订后生效。《股权转让协议》中"如果A公司于2021年7月31日前未能在某工业园购买新厂房,夏某有权解除本合同,且高某应当在协议解除后3日内返还预付款"的约定亦未违反法律、行政法规的强制性规定与公序良俗,合法有效。现因A公司突然出现资金周转困难,其2021年7月未能在某工业区内购买新厂房,根据上述的合同约定及法律规定,夏某有权要求单方面解除合同。需要说明的是,夏某需要给高某发一份《解除合同通知书》,合同自高某收到该通知书后解除。如果高某对解除合同有异议,双方均可以请求人民法院确认解除行为的效力。

【风险防范建议】

关于如何防范股权转让协议履行过程中出现违约情况等法律风险,建议如下:

(1)在股权转让协议中,通常约定,受让方延迟付款情况下,转让方拥有单方合同解除权,但是该解除权的行使并不是任意的、没有期限的,转让方欲行使合同解除权务必在对方的违约行为补正之前及时发出解除通知,否则在解除通知发出之前合同仍在继续履行,再以对方违约而行使合同解除权,会被法院认定为有违诚信原则解除无效。

(2)对股权受让方而言,在迟延付款等原因触发对方的合同解除权时,若想继续履行合同取得股权,应当在转让方未发出解除通知前补正自己的违约行为,补正的力度要达到转换合同义务履行顺序的要求,将合同继续履行的责任转嫁到对方身上(如争取在最短的时间内筹足资金给对方)。由于股权受让方此前已经违约,转让方此时仍有可能要求解除合同。如果转让方坚持解除合同并准备再次转让股权时,需及时提起诉讼要求继续履行合同。

【法条链接】

《民法典》第一百五十三条 违反法律、行政法规的强制性规定的民事法律行为无效。但是,该强制性规定不导致该民事法律行为无效的除外。

违背公序良俗的民事法律行为无效。

第五百六十二条第二款 当事人可以约定一方解除合同的事由。解除合同的事由发生时,解除权人可以解除合同。

第五百六十五条第一款 当事人一方依法主张解除合同的,应当通知对方。合同自通知到达对方时解除;通知载明债务人在一定期限内不履行债务则合同自动解除,债务人在该期限内未履行债务的,合同自通知载明的期限届满时解除。对方对解除合同有异议的,任何一方当事人均可以请求人民法院或者仲裁机构确认解除行为的效力。

144. 股权转让合同签订后,因法律或政策变化原因导致合同目的不能实现,受让方有权解除合同吗?①

【情景案例】

2014年9月25日,甲公司与乙公司签订一份《股权转让合同》,打算通过转让股权的形式收购丙煤矿公司的采矿权。合同主要内容为:甲公司将持有丙煤矿公司60%的股权转让给乙公司,转让价款为6000万元,同时特别约定"无论丙煤矿公司拥有的探矿许可证或采矿许可证是否作废、到期或失效,乙公司均无条件地履行本协议约定的所有条款"。合同签订后,乙公司按约定于2014年9月27日给甲公司支付了第一期股权转让款3000万元。令人意外的是,国家能源局于2014年10月12日出台的《关于调控煤炭总量优化产业布局的指导意见》(以下简称《指导意见》)导致丙煤矿公司的核心经营区域短期内无法办理采矿权证。为此,乙公司以《指导意见》的出台属于情势变更为由,向甲公司提出解除合同,并要求甲公司退还股权转让款3000万元。甲公司认为,《指导意见》的出台不属于情

① 本案例主要为了说明我国民法情势变更原则。鉴于《民法典》未对《合同法》(已失效)关于情势变更原则的规定进行修改,且本案例发生在特定时间,本书拟引用《民法典》法条解释本案例。——编者注

势变更，而是属于正常的商业风险，因此不同意解除合同。

请问：乙公司有权解除合同吗？

【案例分析】

本案涉及的是情势变更的认定及法律适用的问题。

我国《民法典》第五百三十三条规定，合同成立后，合同的基础条件发生了当事人在订立合同时无法预见的、不属于商业风险的重大变化，继续履行合同对于当事人一方明显不公平的，受不利影响的当事人可以请求人民法院或者仲裁机构变更或者解除合同。人民法院或者仲裁机构应当结合案件的实际情况，根据公平原则变更或者解除合同。

所谓情势，是指客观情况，具体泛指一切与合同有关的客观事实。所谓变更，是指合同赖以成立的环境或基础发生异常之变动。正确判断客观情况的变化属于情势变更还是商业风险，需要依案情从可预见性、归责性以及产生后果等方面进行分析。

本案中，《指导意见》的出台只是导致丙煤矿公司的核心经营区域短期内无法办理采矿权证，并没有彻底导致合同目的无法实现。此外，双方在合同订立之初，便已经在合同中明确“无论丙煤矿公司拥有的探矿许可证或采矿许可证是否作废、到期或失效，乙公司均无条件地履行本协议约定的所有条款”。综上所述，乙公司在订立合同之初便预见了本次交易可能存在的风险，故《指导意见》的出台属于商业风险而不是情势变更，乙公司无权要求解除合同。

【风险防范建议】

关于收购股权时，受让方如何规避法律或政策变化导致的法律风险，建议如下：

（1）在交易前期做好尽职调查工作，对国家产业政策变化及潜在的商业风险进行充分评估。

（2）经评估，法律或政策近期内可能会发生变化的，建议将相关内容写入合同中去，以规避相应风险。如约定“因法律或政策发生变化导致合同目的不能实现，股权受让方在法律或政策变动之日起1年内有权解除合同。”

【法条链接】

《民法典》第五百零九条第一款 当事人应当按照约定全面履行自己的义务。

第五百三十三条 合同成立后，合同的基础条件发生了当事人在订立合同时无法预见的、不属于商业风险的重大变化，继续履行合同对于当事人一方明显不公平的，受不利影响的当事人可以与对方重新协商；在合理期限内协商不成的，当事人可以请求人民法院或者仲裁机构变更或者解除合同。

人民法院或者仲裁机构应当结合案件的实际情况，根据公平原则变更或者解除合同。

第五百七十七条 当事人一方不履行合同义务或者履行合同义务不符合约定的，应当承担继续履行、采取补救措施或者赔偿损失等违约责任。

145. 受让方迟延支付股权转让款，转让方可以解除股权转让协议吗？

【情景案例】

甲公司成立于2015年8月，注册资本为2000万元，股东为：莫某（出资1200万元，占股60%）、房某（出资800万元，占股40%）。2021年6月1日，房某与缪某签订一份《股权转让协议》，约定：(1)房某将其持有的甲公司40%的股权作价500万元转让给缪某。(2)由于甲公司的股权因借贷关系已设定质押，在本协议签订后，视为缪某已取得甲公司40%的股权。在甲公司质权释放后，房某有义务配合缪某办理股权变更登记。(3)缪某应分两期向房某支付股权转让款，首期40%的转让款应在本协议签订后的15个工作日内支付完毕，余款在办理股权为更登记手续后2日内支付。(4)本协议签订后，缪某应于7个工作日内筹集1000万资金交付甲公司用于偿还其借款，解除股权质押以释放股权。(5)任何一方违反本协议约定条款，即构成违约，守约方有权向违约方要求损失赔偿，并有权单方解除合同。

合同签订后，缪某于2021年6月5日筹集1000万元资金交付甲公司以帮助其释放股权。但因资金紧张等原因，缪某未能按约定支付第一期股权转让款200万元。2021年6月20日，房某通过邮政快递给缪某寄送了一份《解除协议通知书》，声称缪某逾期支付首期转让款已属违约，并援引《股权转让协议》第5条要求解除合同。

请问：房某可以单方面解除《股权转让协议》吗？

【案例分析】

本案涉及的是违约行为是否必然导致守约方有权行使约定解除权的问题。

我国《民法典》第五百六十二条规定，当事人可以约定一方解除合同的事由。解除合同的事由发生时，解除权人可以解除合同。

本案中，虽然缪某迟延支付首期股权转让款属于违约行为，但房某并不能必然据此享有合同解除权。《股权转让协议书》第5条泛化了作为合同约定解除条件的违约行为，将所有违约行为不加区分同质化。若简单依此履行，必将造成解除合同过于随意，增加了合同被解除的风险，不利于交易安全和稳定。故上述款项实属对解除条件约定不明。合同当事人出现违约情形时，不能当然以此为由主张解除合同，而应当结合合同履行情况、违约程度等因素，从合理平衡双方利益出发，慎重判断合同是否符合法定解除条件。

缪某于2021年6月5日筹集1000万元资金交付甲公司以帮助其释放股权。综观《股权转让协议书》，缪某系以支付1000万元解除案涉股权质押与支付股权转让价款500万共同作为其受让甲公司40%股权的对价。据此，缪某虽未按时支付首期股权转让款200万元固然构成违约，但其于2021年6月5日按照《股权转让协议书》约定履行了为解除案涉股权质押支付1000万元的义务，仍然表明了具有继续履行《股权转让协议书》的意愿，并实际履行了合同义务的大部分内容。

综上所述，为合理平衡双方利益，维护交易安全，房某于2021年6月20日无权要求解除《股权转让协议》，双方应当继续履行约定的合同义务。但需要说明的是，如果在房某2021年6月20日后继续多次催告后，缪某没有合理理由仍不支付股权转让款，房某则有权解除《股权转让协议》。

【风险防范建议】

实务中，受让方迟延支付股权转让款的情形时有发生。关于如何规避相应法律风险，建议如下：

（1）充分利用国家企业信用信息公示系统、中国法院判决书网、天眼查、实地考察等方式，了解合作方的信用情况以及资金实力。对于主营业务尚未成熟或者存在较多违约历史的合作方，应当进行慎重的风险评估并谨慎选择与其合作。

（2）合理设置合同条款，充分保障守约方的合法权益。如在股权转让合同中明确约定“股权受让方充分了解本次股权交易的付款计划和股权转让流程，股权受让方承诺已经做好充分的资金准备。如果股权受让方延迟支付的股权转让款单笔超过3%或累计超过5%，守约方有权解除合同并追究股权受让方一切责任，包括但不限于违约金××万、诉讼费、律师费、差旅费、误工费、股权因市场波动产生的贬值等”。

（3）如果交易风险较大，股权转让方应当要求股权受让方提供高价值的抵押物作为担保，或者第三人作为保证人。值得注意的是，抵押权需要双方前往登记机构进行登记才能生效。

(4)为保证资金安全,双方可以通过选择银行共管账户的交易模式,将股权转让款先汇入双方共同监管的资金共管账户。在办理股权变更登记后,再将该股权转让款释放汇入转让方账户。

【法条链接】

《民法典》第五百六十二条　当事人协商一致,可以解除合同。

当事人可以约定一方解除合同的事由。解除合同的事由发生时,解除权人可以解除合同。

第五百六十三条　有下列情形之一的,当事人可以解除合同:

(一)因不可抗力致使不能实现合同目的;

(二)在履行期限届满前,当事人一方明确表示或者以自己的行为表明不履行主要债务;

(三)当事人一方迟延履行主要债务,经催告后在合理期限内仍未履行;

(四)当事人一方迟延履行债务或者有其他违约行为致使不能实现合同目的;

(五)法律规定的其他情形。

以持续履行的债务为内容的不定期合同,当事人可以随时解除合同,但是应当在合理期限之前通知对方。

146. 受让人虽未按期支付转让款,但合同解除不利于保护既成交易关系的,转让人可以解除合同吗?

【情景案例】

2021年3月1日,蔡某与田某签订一份《股权转让协议》,约定:蔡某将其持有的甲公司50%的股权转让给田某,转让价格为500万元;协议签订后,田某务必在2021年3月31日内一次性支付所有股权转让款。在协议签订后,蔡某依法为田某办理了股权变更登记手续,但田某一直没有向蔡某支付股权转让款。2021年7月1日,蔡某向田某发出律师函,要求田某7日内足额支付股权转让款。2021年7月10日,蔡某诉至法院,以田某迟延履行主要债务,经催告后在合理期限内仍未履行为由,请求法院判决解除双方签订的股权转让协议。经法院查明,2021年5月6日,田某已将持有甲公司50%的股权转让给第三人李某,李某此前并不知道田某和蔡某之间的交易。

请问:蔡某的请求能得到法院支持吗?

【案例分析】

本案涉及的是合同解除不利于保护既成交易关系时，法院是否支持原告解除合同的问题。

根据我国《民法典》第五百六十三条的规定，当事人一方迟延履行主要债务，经催告后在合理期限内仍未履行，当事人可以解除合同。在实务中，法院对于是否判决解除合同考虑的因素还有很多，既要保护合同双方当事人的利益，也要兼顾第三人的合法权益以及社会利益。

本案中，田某虽然逾期支付股权转款项，但其于 2021 年 5 月 6 日已将持有甲公司 50% 的股权转让给第三人李某。案涉股权在 2021 年 5 月 6 日时仍登记在田某名下，田某将股权转让给李某依法有效。此时若坚持解除合同，股权亦无回转之可能。此外，公司的稳定涉及公司债权人、公司股东及公司员工等众多利害关系人的利益。截至起诉之日，李某已经合法持有股权半年有余。为维护公司的稳定性，保护既成交易安全，蔡某坚持解除合同并不是最优的解决方案。蔡某应当变更诉讼请求，要求田某足额支付股权转让款并赔偿经济损失。

【风险防范建议】

关于如何规避股权转让方在收取转让款后将股权"一股二卖"的法律风险，建议如下：

（1）涉及股权交易的物权变动行为需要进行登记才能生效，故仅仅签订合同并不能当然取得股权这一物权。股权转让方在递交股权登记变更手续之前仍有可能将其再次转卖给不知情的第三方。为此，应当重视《股权转让合同》设计的付款流程和股权交易时间节点，确保股权转让款的支付和股权转让的审批和股权变更相匹配，如约定："签订本协议之日，股权受让方支付 10% 的股权转让款作为定金；双方共同提交股权变更登记材料之日，股权受让方支付 40% 的股权转让款；市场监督管理部门完成股权变更登记之日，股权受让方支付 30% 的股权转让款；双方完成企业管理交接之日，股权受让方支付 20% 的股权转让款"。

（2）在《股权转让协议》中约定高额的违约条款，让股权转让方不敢轻易将股权再次出售。如约定："股权转让方承诺在签订本协议后不再与第三方洽谈本合同涉及股权的交易。若股权转让方未经受让方同意，擅自将股权再次出售给第三方，则赔付受让方数额为合同总价款 50% 的违约金。"

【法条链接】

《民法典》第五百六十三条　有下列情形之一的，当事人可以解除合同：

（一）因不可抗力致使不能实现合同目的；

（二）在履行期限届满前，当事人一方明确表示或者以自己的行为表明不履行主要债务；

（三）当事人一方迟延履行主要债务，经催告后在合理期限内仍未履行；

（四）当事人一方迟延履行债务或者有其他违约行为致使不能实现合同目的；

（五）法律规定的其他情形。

以持续履行的债务为内容的不定期合同，当事人可以随时解除合同，但是应当在合理期限之前通知对方。

第五百七十七条　当事人一方不履行合同义务或者履行合同义务不符合约定的，应当承担继续履行、采取补救措施或者赔偿损失等违约责任。

第五百七十九条　当事人一方未支付价款、报酬、租金、利息，或者不履行其他金钱债务的，对方可以请求其支付。

147. 股权受让人在合理期限内没有行使约定解除权，该权利会消灭吗？

【情景案例】

2021 年 1 月 22 日，甲公司与乙公司签订《股权转让协议》，约定：甲公司以5.4 亿元的价格将丙公司的 100% 股权转让给乙公司，乙公司先付 1000 万元保证金，并在 2021 年 3 月 22 日前付清全款。同时，《股权转让协议》还特别约定：逾期支付任何款项超过 10 日的，无论延迟支付金额多少，一律视为乙公司单方违约，甲公司有权随时单方解除合同，乙公司必须予以配合并承担违约金 2000 万元。在 2021 年 3 月 22 日前，乙公司共只支付 2 亿元款项，在 2021 年 6 月 24 日至 7 月 29 日又陆续支付了 3.4 亿元，至此股权转让款全部到位，甲公司应办理丙公司股权的工商变更登记。

经法院查明，甲公司接受了迟延支付的 3.4 亿元，且未提出异议，也无证据证明在诉讼前向乙公司发出了解除《股权转让协议》的通知。2021 年 8 月，甲公司在未告知乙公司的情形下又将涉事股权转让给了其他第三方并办理了工商登记。

2021 年 9 月 11 日，乙公司提起诉讼要求继续履行合同；在诉讼过程中，甲公司于 2021 年 10 月 22 日以迟延支付为由，向乙公司发出了解除通知，并同时提起反诉要求确认合同解除。

请问:甲公司要求确认合同解除的反诉能否得到法院支持?

【案例分析】

本案涉及的是约定解除权应当如何行使的问题。

我国《民法典》第五百六十二条第二款规定,当事人可以约定一方解除合同的事由。解除合同的事由发生时,解除权人可以解除合同。第五百六十四条规定,当事人没有约定解除权行使期限,自解除权人知道或者应当知道解除事由之日起1年内不行使,该权利消灭。

本案中,乙公司未按合同约定在2021年3月22日前付清全部股权转让款,构成违约,甲公司享有合同解除权。但甲公司在本案诉讼程序开始前并未向乙公司发出过解除合同的通知,且其接受了乙公司迟延支付的3.4亿元价款而未提出异议,据此可认定《股权转让协议》仍在履行。甲公司在诉讼期间虽然发出了解除通知,但本案由人民法院受理后,应当由人民法院依法对该合同的效力及履行情况作出认定。甲公司在本案一审诉讼期间发出解除合同通知的行为,并不能改变本案诉讼前已经确定的合同效力及履行状态。

根据合同约定,乙公司将股权转让款支付完毕,合同的履行义务转移到甲公司一方,即应当由甲公司负责办理丙公司的股权变更手续。此时甲公司既未对逾期支付的款项提出异议,也未办理丙公司的股权变更手续,而是将已经约定转让给乙公司的案涉股权再次转让给第三人并办理了工商登记变更手续,阻碍生效合同的继续履行,已构成违约。甲公司在诉讼过程中行使合同解除权,以对抗乙公司要求其继续履行合同的诉讼请求,有违诚信原则,解除无效。

综上所述,甲公司此时已无法要求解除合同。

【风险防范建议】

股权转让合同的履行往往不会一帆风顺,任何一方违约均可能导致合同目的不能实现。在此种情形下,合同解除权是守约方摆脱合同枷锁、维护己方合法权益的有力武器。但是,合同解除权的行使时机却值得我们注意,在诉讼前行使解除权和在诉讼中行使解除权可能会是两种截然不同的结果,为此建议如下:

(1)对于股权转让方而言,应当尽早行使合同约定解除权。在股权转让协议中,通常约定受让方延迟付款情况下,转让方拥有单方的合同解除权,但是该解除权的行使并不是任意的、没有期限的。解除权需要在知道或者应当知道解除合同的事由发生时1年内行使,否则解除权消灭,不得要求解除合同。另外,转让方行使合同解除权必须在对方的违约行为补正之前及时发出解除通知,否则在解除通知发出之前合同仍在继续履行,再以对方违约行使合同解除权,会被法院认定为有违诚信原则而解除无效。

(2)对于股权受让方而言,在收到股权转让方寄送的《合同解除通知》后,应当立即对自己的履约行为进行合规性审查。如果自身不存在违约行为或者违约行为并不足以导致解除合同,应当积极收集证据,要求受让方继续履行合同。受让方不同意继续履行合同的,应当立即前往法院起诉。如果自身确实存在重大的违约行为,应当及时补正自己的违约行为,积极与股权转让方协议解决。如果受让方接受了我们的补正行为,但又不愿意继续履行合同,此时可以选择前往法院起诉,要求受让方继续履行合同。

【法条链接】

《民法典》第五百六十二条第二款 当事人可以约定一方解除合同的事由。解除合同的事由发生时,解除权人可以解除合同。

第五百六十四条 法律规定或者当事人约定解除权行使期限,期限届满当事人不行使的,该权利消灭。

法律没有规定或者当事人没有约定解除权行使期限,自解除权人知道或者应当知道解除事由之日起一年内不行使,或者经对方催告后在合理期限内不行使的,该权利消灭。

第五百六十五条第一款 当事人一方依法主张解除合同的,应当通知对方。合同自通知到达对方时解除;通知载明债务人在一定期限内不履行债务则合同自动解除,债务人在该期限内未履行债务的,合同自通知载明的期限届满时解除。对方对解除合同有异议的,任何一方当事人均可以请求人民法院或者仲裁机构确认解除行为的效力。

148. 股权转让合同已履行完毕,受让方以股权转让前公司经营状况不佳提出解除合同,可以吗?

【情景案例】

2015 年 3 月,甲与乙两人出资成立 A 公司,注册资本 300 万元。甲出资 210 万元,占注册资本 70%;乙出资 90 万元,占注册资本 30%。2021 年 6 月 10 日,乙与丙签订一份《股权转让协议》,约定:乙将所持 A 公司 30% 的股权转让给丙,转让价格为 150 万元。之后,丙按约定支付了股权转让款,乙也按约定配合丙办理了股权变更手续。丙入股后在 A 公司担任技术总监一职,在其上班一个月后,丙发现A公司在2020年1月开始销售额逐渐减少，公司利润跟自己的预期相差甚远。2021年7月12日，丙将乙诉至法院，以股权转让前A公司经营状况不佳为由，请求判令解除双方所签订的股权转让协议，并要求乙返还150万元股权转让款。

请问：丙的请求能得到法院支持吗？

【案例分析】

本案涉及的是公司经营不佳是否属于合同解除事由的问题。

我国《民法典》第四百六十五条第一款规定，依法成立的合同，受法律保护。根据该法第五百六十三条的规定，若因不可抗力、一方当事人明确表示不履行主要债务，或迟延履行主要债务经催告后在合理期限内仍未履行，或其他违约行为导致合同目的不能实现，当事人可以解除合同。

本案中，丙按约定支付了股权转让款，乙亦按约定配合丙办理了股权变更手续，《股权转让协议》已经履行完毕，根据《民法典》第五百五十七条的规定，双方债权债务已经终止，《股权转让协议》已无解除之必要。此外，依法成立的合同受法律保护，非因法定事由或双方约定不得解除。公司经营状况不佳不属于《民法典》第五百六十三条规定的当事人行使法定解除权的情况，而是属于正常的商业风险，丙在签订《股权转让协议》应当做好充分的市场调研及风险评估。

综上所述，丙的请求不能得到法院支持。

【风险防范建议】

受让股权时，关于如何防止类似法律风险，建议如下：

（1）在股权交易之前务必做好尽职调查。尽职调查，是指在收购过程中收购者对目标公司的资产和负债情况、经营和财务情况、法律关系以及目标企业所面临的机会与潜在的风险进行的一系列调查。尽职调查是企业收购兼并程序中最重要的环节之一，也是收购运作过程中重要的风险防范工具。调查不仅限于审查历史的财务状况，更着重于协助并购方合理地预期未来，也发生于风险投资和企业公开上市前期工作中。

（2）若评估目标公司未来存在一定的商业风险，投资人在受让股权时可与转让方签订“对赌协议”。对赌协议又称估值调整机制，是投资人为降低信息不对称导致的投资风险，保护自身利益，与被投资人就未来约定的事项进行的一种约定。这里的事项可以是公司未来的经营业绩，也可以是限期内完成的某些事项（如5年内在纳斯达克上市）。若被投资方在承诺期限内不能完成约定的事项，则投资方有权行使某种权利（如按照一定价格回购其股权）。

【法条链接】

《民法典》第四百六十五条第一款 依法成立的合同,受法律保护。

第五百五十七条 有下列情形之一的,债权债务终止:

(一)债务已经履行

……

第五百六十三条 有下列情形之一的,当事人可以解除合同:

(一)因不可抗力致使不能实现合同目的;

(二)在履行期限届满前,当事人一方明确表示或者以自己的行为表明不履行主要债务;

(三)当事人一方迟延履行主要债务,经催告后在合理期限内仍未履行;

(四)当事人一方迟延履行债务或者有其他违约行为致使不能实现合同目的;

(五)法律规定的其他情形。

以持续履行的债务为内容的不定期合同,当事人可以随时解除合同,但是应当在合理期限之前通知对方。

149. 因转让方原因逾期未办理股权变更登记,受让方可以解除合同吗?

【情景案例】

2021 年 7 月 1 日,胡某与凌某签订一份《股权转让协议》,约定:胡某将所持有甲公司 8% 的股权转让给凌某,转让价格为 80 万元;胡某应当在凌某支付股权转让款后 20 日内办理好股权变更登记手续。当天,凌某按约定将 80 万元股权转让款打入胡某的银行账户。2021 年 7 月 5 日,甲公司召开股东会,全体股东一致同意胡某与凌某之间的转股协议,并对公司原章程进行了修改,修改后的公司章程将凌某列为股东,写明凌某所占股权比例为 8%。之后,由于甲公司的公章遗失,导致胡某未能按期办理股权变更登记。为此,凌某遂向法院起诉,要求解除股权转让协议,责令胡某返还股权转让款 80 万元。

请问:凌某的请求可以得到法院支持吗?

【案例分析】

本案涉及的是转让方逾期未办理股权变更登记,是否属于合同解除事由的问题。

我国《民法典》第四百六十五条规定,依法成立的合同,受法律保护。根据该法第五百六十三条的规定，若因不可抗力，一方当事人明确表示不履行主要债务，或迟延履行主要债务经催告后在合理期限内仍未履行，或其他违约行为导致合同目的不能实现，当事人可以解除合同。

在本案中，未能按期办理股权变更登记的原因是“甲公司的公章遗失”。但是，遗失的公章完全可以通过合法程序重新刻制，甲公司亦通过“召开股东会同意胡某与凌某之间的股权交易，修改公司章程”等实际行动配合凌某，合同目的仍有较大可能得以实现。为平衡合同双方的利益，维护交易安全，维持公司股权结构的稳定，凌某的请求不会得到法院支持。依法成立的合同受法律保护，凌某应当给予一定的缓冲期限让胡某完成股权变更登记手续。

【风险防范建议】

实务中，如果转让方逾期不办理股权变更登记，受让方可通过以下方式维权：

(1)积极与转让方协商，要求其按照合同约定及时办理股权变更登记。

(2)如果协商不成，可以选择向转让股权的公司反馈情况，请求其居中调解。

(3)如果上述方法均无法解决问题，建议立即向法院提起股权转让纠纷之诉，请求法院判令转让方继续履行合同。

【法条链接】

《民法典》第四百六十五条第一款　依法成立的合同，受法律保护。

第五百六十三条　有下列情形之一的，当事人可以解除合同：

(一)因不可抗力致使不能实现合同目的；

(二)在履行期限届满前，当事人一方明确表示或者以自己的行为表明不履行主要债务；

(三)当事人一方迟延履行主要债务，经催告后在合理期限内仍未履行；

(四)当事人一方迟延履行债务或者有其他违约行为致使不能实现合同目的；

(五)法律规定的其他情形。

以持续履行的债务为内容的不定期合同，当事人可以随时解除合同，但是应当在合理期限之前通知对方。

150. 股权转让合同中约定“双方永不反悔”，还可主张解除合同吗？

【情景案例】

2021年6月1日，丁某与宣某签订一份《股权转让协议》，约定：丁某将其持有的A公司20%的股权转让给宣某，股权转让价格为200万元，分两期付清，每期支付100万元，第一期付款时间为2021年7月31日，第二期付款时间为2021年8月31日。双方还特别约定："此协议经双方签字后生效，永不反悔。"协议签订后，宣某按约定向丁某支付第一期股权转让款100万元。因宣某在2021年8月31日未支付第二期股权转让款，丁某于2021年9月2日向法院提起诉讼，以丁某根本违约为由，提出解除双方签订的股权转让协议，同时正式向宣某送达了《关于解除协议的通知》。同时，丁某于2021年9月2日向法院提起诉讼丁某认为，股权转让协议约定了"双方永不反悔"的条款，丁某无权单方面解除合同；至于第二期款项并非其故意不支付，是因为最近资金周转遇到一些困难，预计2021年10月10日前可支付。

请问：请问丁某的请求能得到法院支持吗？

【案例分析】

本案涉及的是法定解除权能否被双方约定排除适用的问题。

我国《民法典》第五百六十三条规定，若因不可抗力，一方当事人明确表示不履行主要债务，或迟延履行主要债务经催告后在合理期限内仍未履行，或其他违约行为导致合同目的不能实现，当事人可以解除合同。第五百零九条第二款规定，当事人应当遵循诚信原则，根据合同的性质、目的和交易习惯履行通知、协助、保密等义务。

依法成立的合同受法律保护，非因双方合意或合同目的无法实现不得解除。而法定解除权是法律赋予双方当事人的法定权利，系守约方摆脱合同枷锁、维护己方合法权益的有力武器，不得被双方当事人排除适用。

本案中，宣某已按约定向丁某支付第一期股权转让款100万元，只是由于资金周转困难无法按期支付余款，但承诺2021年10月10日前支付。由此可见，双方签订的案涉《股权转让协议》的合同目的能够实现，该种情况并不符合《民法典》第五百六十三条规定中的"当事人一方迟延履行债务或者有其他违约行为致使不能实现合同目的"。此外，双方曾经在《股权转让协议》约定"双方永不反悔"，从诚实信用的角度，并依据上述《民法典》第五百零九条之规定，丁某亦应当给予对方一定的缓冲期限，要求宣某继续履行合同义务。

综上所述，丁某要求解除合同的诉请不会得到法院支持。

【风险防范建议】

实务中，在股权转让协议中约定"永不反悔"的条款，虽然并不会导致合同永远不能解除,但也成为法院认定当事人是否享有合同解除权的“考量因素”,加大合同被法院判决解除的难度。为防范上述风险,建议不要在合同中写入“永不反悔”的条款,或者在写入“永不反悔”时设置兜底条款,如“受让人未付款款项达到合同总价款50%时,转让人可解除合同”。

【法条链接】

《民法典》第五百零九条第二款 当事人应当遵循诚信原则,根据合同的性质、目的和交易习惯履行通知、协助、保密等义务。

第五百六十三条 有下列情形之一的,当事人可以解除合同:

(一)因不可抗力致使不能实现合同目的;

(二)在履行期限届满前,当事人一方明确表示或者以自己的行为表明不履行主要债务;

(三)当事人一方迟延履行主要债务,经催告后在合理期限内仍未履行;

(四)当事人一方迟延履行债务或者有其他违约行为致使不能实现合同目的;

(五)法律规定的其他情形。

以持续履行的债务为内容的不定期合同,当事人可以随时解除合同,但是应当在合理期限之前通知对方。

五、股权转让合同的违约责任纠纷

151. 受让人不按约定支付股权转让款,转让人可要求其继续履行并承担违约责任吗?

【情景案例】

2021年3月7日,赵某与钱某签订一份《股权转让协议》,约定:赵某将持有甲公司30%的股权作价250万元转让给钱某;股权转让款分三期支付,2021年3月31日前、4月15日前、4月30日前钱某分别需支付50万元、100万元、100万元,如果未按期付款,逾期期间应当按未支付的股权转让款的每日1‰支付违约金。钱某按合同约定支付了前二期的股权转让款,但由于资金周转困难,于2021年5月10日仍未支付第三期股权转让款。经多次催收无果后,赵某于2021年5月31日诉至法院,要求钱某按约定支付第三期股权转让款及相应违约金。

请问:赵某的请求能得到法院支持吗?

【案例分析】

本案涉及的是逾期支付股权转让款应当承担何种违约责任的问题。

我国《民法典》第五百八十五条规定，当事人可以约定一方违约时应当根据违约情况向对方支付一定数额的违约金，也可以约定因违约产生的损失赔偿额的计算方法。

本案中，钱某因为资金周转困难未能按期支付第三期股权转让款，已构成违约。根据《股权转让协议》的约定以及上述法律规定，钱某应当立即向赵某支付第三期股权转让款，并按未支付的股权转让款每日1‰的标准支付违约金。

故赵某的请求能得到法院支持。

【风险防范建议】

在股权转让合同中，法律允许双方当事人约定违约金。但在确定违约金具体数额或计算方法时，应当注意以下事项：

（1）《民法典》第五百八十五条规定，约定的违约金过分高于造成的损失的，人民法院可以根据当事人的请求予以适当减少。因此，在约定损失赔偿额的计算方法时，应当对未来可能出现的损失进行合理预估，避免约定过高的计算方法。

（2）2020年8月20日下午，最高人民法院举行新闻发布会正式发布新修正的《最高人民法院关于审理民间借贷案件适用法律若干问题的规定》（以下简称《规定》），将民间借贷利率司法保护上限调整为"一年期贷款市场报价利率（LPR）的4倍"。股权交易虽然与民间借贷没有直接关联，但《规定》的出台将极大影响法院对于货币时间价值的认定，所以在约定损失赔偿额的计算方法时，不宜超过年利率15.4%（以2020年8月20日为例）。

【法条链接】

《民法典》第五百八十五条 当事人可以约定一方违约时应当根据违约情况向对方支付一定数额的违约金，也可以约定因违约产生的损失赔偿额的计算方法。

约定的违约金低于造成的损失的，人民法院或者仲裁机构可以根据当事人的请求予以增加；约定的违约金过分高于造成的损失的，人民法院或者仲裁机构可以根据当事人的请求予以适当减少。

当事人就迟延履行约定违约金的，违约方支付违约金后，还应当履行债务。

《最高人民法院关于审理民间借贷案件适用法律若干问题的规定》第二十八条第一款 借贷双方对逾期利率有约定的，从其约定，但是以不超过合同成立时一年期贷款市场报价利率四倍为限。

152. 约定第三人支付股权转让款但未付，受让方要承担违约责任吗？

【情景案例】

李某与周某两人是大学同学，两人关系甚好。2021 年 3 月 1 日，周某向李某借款 70 万元，借款期限为半年。2021 年 6 月 15 日，孙某与李某签订一份《股权转让协议》，约定：孙某将持有 A 公司 20% 的股权转让给李某，股权转让款为 100 万元，该款在协议生效后 3 日内支付 30 万元，余款在 2021 年 7 月 15 日之前由周某代为支付；若受让方未能按约定支付股权转让款，受让方应按照应支付而未支付的款项的 10% 支付违约金。周某对此事亦予以认可。

之后，李某按约定给孙某支付了 30 万元，但周某未在约定期限内给孙某支付剩余的股权转让款。2021 年 8 月 15 日，孙某将此事诉至法院，请求判令李某立即支付剩余股权转让款 70 万元及违约金 7 万元。

请问：孙某的请求能得到法院支持吗？

【案例分析】

本案涉及的是合同约定的第三人未能按期支付股权转让款时，股权受让方是否应当承担违约责任的问题。

我国《民法典》第五百二十三条规定，当事人约定由第三人向债权人履行债务，第三人不履行债务或者履行债务不符合约定的，债务人应当向债权人承担违约责任。第五百七十七条规定，当事人一方不履行合同义务或者履行合同义务不符合约定的，应当承担继续履行、采取补救措施或者赔偿损失等违约责任。

本案中，孙某和李某约定 70 万元股权转让余款由周某支付。但应当明确，股权转让价款的支付义务仍应归属于股权受让人，双方的此种约定属于对合同履行义务的特别安排，该种安排应视为由第三方代为履行。根据《民法典》第五百二十三条、第五百七十七条、第五百八十五条第一款之规定，周某未能如期支付剩余的股权转让款，该违约行为产生的违约责任应由李某承担，孙某依法有权要求李某承担违约责任。

综上所述，孙某“请求判令李某立即支付剩余股权转让款 70 万元及违约金 7 万元”的诉请于法有据，能够得到法院的支持。

【风险防范建议】

股权转让合同中约定由第三人支付转让款的,相关风险及防范建议如下:

(1)就转让方而言,可能会出现第三人不能或不按期支付股权转让款的风险。因此,在签订合同前要对第三人的履行能力进行尽职调查,确认其有足够的履约能力。为充分保障自身权益,建议转让方在股权转让合同中明确约定第三人不能按期付款,由股权受让方承担付款责任,或者让股权受让方提供足额担保。

(2)就受让方而言,在第三人代为支付转让款时,相关违约责任仍由受让方承担,第三人不直接承担违约责任。因此,应当时刻提醒甚至敦促第三人履行合同债务。建议受让方与第三人另行签署备忘录等文件,明确约定第三人不能按期支付转让款的,足额赔偿受让方的一切损失,包括但不限于转让方向受让方主张的违约金和赔偿款。

【法条链接】

《民法典》第五百二十三条 当事人约定由第三人向债权人履行债务,第三人不履行债务或者履行债务不符合约定的,债务人应当向债权人承担违约责任。

第五百五十一条 债务人将债务的全部或者部分转移给第三人的,应当经债权人同意。

债务人或者第三人可以催告债权人在合理期限内予以同意,债权人未作表示的,视为不同意。

第五百七十七条 当事人一方不履行合同义务或者履行合同义务不符合约定的,应当承担继续履行、采取补救措施或者赔偿损失等违约责任。

第五百八十五条第一款 当事人可以约定一方违约时应当根据违约情况向对方支付一定数额的违约金,也可以约定因违约产生的损失赔偿额的计算方法。

153. 受托人对委托范围内收取的股权转让定金要承担连带责任吗?

【情景案例】

2021 年 1 月 7 日,乙公司与甲公司签订一份《股权转让意向书》,约定:为尽快盘活森林大厦项目,甲公司同意将其持有的丙公司 100% 的股权全部转让给乙公司,乙公司拟以 2500 万元受让,乙方在意向书签订当日支付定金 250 万元给甲方,该笔定金到达甲公司或甲公司指定账户之日起 2 个月内,甲乙双方必须正式签订《股权转让协议》。如未在 2 个月内完成上述工作,经双方协商可解除本意向书,甲公司向乙公司退回定金,双方不属违约。2021 年 1 月 7 日,乙公司将 250 万元通过银行转账划入甲公司指定的 A 公司的银行账户。A 公司收款后向乙公司出具了收据,确认收到股权转让定金 250 万元。

但截至 2021 年 6 月 1 日,《股权转让意向书》中约定的工作事项仍未完成,甲公司与乙公司亦未签订正式的股权转让协议。现乙公司向法院提起诉讼,请求判令:(1)解除《股权转让意向书》;(2)甲公司向乙公司退还定金 250 万元,A 公司承担连带责任。

另经法院查明,甲公司曾于 2021 年 1 月 7 日向 A 公司出具一份《委托书》,内容为:"根据甲公司与乙公司于 2021 年 1 月 7 日签订的《股权转让意向书》,现甲公司委托 A 公司收取股权(丙公司)转让定金人民币 250 万元整。"《委托书》加盖上述甲公司与丙公司印章。

问:乙公司的诉讼请求能否得到法院支持?

【案例分析】

本案涉及的是受托人对委托范围内收取的股权转让定金是否要承担连带责任的问题。

我国《民法典》第一百六十二条规定,代理人在代理权限内,以被代理人名义实施的民事法律行为,对被代理人发生效力。

本案中,虽然 A 公司向乙公司开出收据确认收取其划付的股权转让定金 250 万元,但甲公司向 A 公司出具一份《委托书》已充分证实 A 公司的收款行为是在该甲公司的授权范围内履行相应的委托事务。结合《委托书》的内容、出具时间以及乙公司于 2021 年 1 月 7 日向 A 公司转账 250 万元的事实,可以推知乙公司在付款时对甲公司与 A 公司之间的委托代理关系是明确知悉的。在此情况下,A 公司收取款项的法律后果应当由委托人即甲公司自行承担,故乙公司要求 A 公司对甲公司的债务承担连带清偿责任,欠缺法律依据,不能得到法院支持。

【风险防范建议】

在代股权转让方收取股权转让款或股权转让定金时,务必要求股权转让方出具书面的《授权委托书》,以明确代理关系。行为人没有代理权、超越代理权实施代理行为,未经被代理人追认的,对被代理人不发生效力。如果《授权委托书》未明确授权范围,容易导致《授权委托书》不被认可,相应民事法律行为的法律后果将由受托人直接承受。在出具书面的授权委托书时,应当特别注意载明以下事项:

（1）明确的委托事项，即代股权转让方完成何种事项，如“委托人因收取×××（股权受让方）股权转让款事宜，现授权×××代为处理”。

（2）明确的委托权限，即受托人可以在多大的权限内完成委托事项，如“委托人可以收取单笔20万元以下，累计300万元以下的股权转让款，超出无效”。

（3）明确的委托期限，如“本委托书的有效期为自2021年1月1日起至2021年12月31日止”。

【法条链接】

《民法典》第一百六十二条 代理人在代理权限内，以被代理人名义实施的民事法律行为，对被代理人发生效力。

第九百二十五条 受托人以自己的名义，在委托人的授权范围内与第三人订立的合同，第三人在订立合同时知道受托人与委托人之间的代理关系的，该合同直接约束委托人和第三人；但是，有确切证据证明该合同只约束受托人和第三人的除外。

154. 股权转让协议中约定转让方不得与原公司客户进行业务往来，有效吗？

【情景案例】

甲公司成立于2017年8月，由郑某与王某共同创办，二人分别持股70%、30%。2021年3月1日，郑某与王某签订一份《股权转让协议》，约定：王某将其在甲公司的全部股权转让给郑某，转让价格为30万元；王某在股权转让后可以经营与甲公司相同的业务，但在2年内（从合同生效之日起计算）不得与甲公司现有客户发生业务往来，客户名单详见合同附件；如果王某违约，违约金为10万元。上述协议签订后，郑某向王某支付了股权转让金30万元。

2021年5月20日，王某和妻子郑某共同创办乙公司，王某担任该公司法定代表人，乙公司经营业务与甲公司基本一致。2021年8月至11月，乙公司与上述《股权转让协议》中约定不得发生业务往来的10多位大客户发生了业务往来。郑某知道后十分生气。2021年12月1日，郑某以王某违反双方股权转让协议的约定提起诉讼，要求王某支付违约金10万元。

请问：郑某的请求能得到法院支持吗？

【案例分析】

本案涉及的是股权转让协议中约定不得与原公司客户进行业务往来的条款

是否有效的问题。

我国《民法典》第七条规定，民事主体从事民事活动，应当遵循诚信原则，秉持诚实，恪守承诺。第五百零九条规定，当事人应当按照约定全面履行自己的义务，应当遵循诚信原则，根据合同的性质、目的和交易习惯履行通知、协助、保密等义务。

本案中，王某在签订《股权转让协议》时系甲公司股东。该协议中关于王某在2年内不得与甲公司现有客户发生业务往来等内容，既非《公司法》第一百四十八条所规定的公司特定主体基于忠实义务，在职期间所应当承担竞业禁止义务的范畴，也非《劳动合同法》第二十三条第二款所规定的特定劳动者在解除或终止劳动合同后，所应当承担的竞业限制义务。根据上述的法律规定，该条款内容应当理解为郑某与王某在系争《股份转让协议》中，就王某将其名下全部股份转让给郑某后，王某所应当承担的后合同义务的约定。王某理应按照约定，遵循诚实信用原则，履行在2年内不得与甲公司现有客户发生业务往来的义务。

综上所述，《股权转让协议》中关于不得与原公司客户进行业务往来的约定依法有效，现王某违反合同约定与甲公司的10多位大客户发生业务往来，已构成违约，应当承担违约责任。郑某的请求可得到法院支持。

【风险防范建议】

股权转让协议中如果没有特别约定，那么转让方可与原来客户进行正常业务往来。因此，对于股权受让方而言，如果不希望转让方与原来客户有业务进行往来，必须要在股权转让协议进行特别约定，约定其在一定期限内不得与特定的客户（详细名单应当附表）进行商业往来。同时，为平衡双方的权利义务，股权受让方应当给予转让方一定的补偿金，以弥补其损失。

【法条链接】

《民法典》第七条 民事主体从事民事活动，应当遵循诚信原则，秉持诚实，恪守承诺。

第五百零九条 当事人应当按照约定全面履行自己的义务。

当事人应当遵循诚信原则，根据合同的性质、目的和交易习惯履行通知、协助、保密等义务。

……

《公司法》第一百四十八条 董事、高级管理人员不得有下列行为：

……

（五）未经股东会或者股东大会同意，利用职务便利为自己或者他人谋取属于公司的商业机会，自营或者为他人经营与所任职公司同类的业务；

……

《劳动合同法》第二十三条第二款 对负有保密义务的劳动者，用人单位可以在劳动合同或者保密协议中与劳动者约定竞业限制条款，并约定在解除或者终止劳动合同后，在竞业限制期限内按月给予劳动者经济补偿。劳动者违反竞业限制约定的，应当按照约定向用人单位支付违约金。

155. 股权转让方因自身债务而被查封其拥有的股权，导致无法完成股权过户义务的，需要承担违约责任吗？

【情景案例】

2021年6月1日，冯某与陈某签订一份《股权转让协议》，约定：冯某将所持A公司49%的股权作价800万元转让给陈某，股权转让款分两期支付，第一期于2021年6月15日前支付300万元，第二期余款于2021年6月30日前支付；冯某应在收到全部股权转让款后30日内办理股权变更手续；一方违约的，要向对方支付违约金80万元。之后，陈某按约定给冯某支付了全部股权转让款。但令人意想不到的是，冯某因欠他人债务，其所持A公司的股权于2021年7月8日被法院查封，导致无法办理股权过户手续。2021年7月30日，陈某遂至法院，要求冯某继续履行合同并支付80万元违约金。冯某辩称，股权过户手续不能办理的原因是法院查封了其股权，并非其不愿意配合，因此其无须承担违约责任。

请问：陈某的请求能得到法院支持吗？

【案例分析】

本案涉及的是违约责任是否以主观过错作为构成要件的问题。

我国《民法典》第五百七十七条规定，当事人一方不履行合同义务或者履行合同义务不符合约定的，应当承担违约责任。由此可见，我国现行法律对于违约责任的承担采用严格责任的形式，即不管债务人是否有过错，只要其未履行相应义务，即可构成违约。

本案中，冯某因欠他人债务导致名下的股权被法院查封冻结，进而导致股权无法顺利过户到陈某名下。根据上述法律规定可知，冯某的行为已构成违约，其应当承担违约责任。另外提醒注意的是，若涉案股权长期被法院查封冻结，甚至被案外人强制执行，便会导致合同目的根本无法实现，此时陈某有权要求解除合同。综上所述，陈某的请求能得到法院支持。另外，陈某可以私下与冯某协商，要求其向法院提供足额担保以解冻股权，其后迅速完成涉案股权的变更登记手续，避免涉案股权长期处于不稳定的危险状态。作为交换，陈某可以许诺不追究冯某的违约责任。

【风险防范建议】

对于股权受让方而言，为防止支付款项后不能办理股权变更登记，建议如下：

(1)重视《股权转让合同》设计的付款流程和股权交易时间节点，确保股权转让款的支付、股权转让的审批与股权变更的时间点相匹配，切勿将股权过户的时间设置在支付全部款项之后。

(2)通过银行共管账户的模式，将股权转让款汇入双方共同监管的资金共管账户，股权转让合同获得批准且股权变更完成后，再将该股权转让款释放汇入转让方账户。

【法条链接】

《民法典》第五百七十七条　当事人一方不履行合同义务或者履行合同义务不符合约定的，应当承担继续履行、采取补救措施或者赔偿损失等违约责任。

第五百八十二条　履行不符合约定的，应当按照当事人的约定承担违约责任……

第五百八十五条第一款　当事人可以约定一方违约时应当根据违约情况向对方支付一定数额的违约金，也可以约定因违约产生的损失赔偿额的计算方法。